每天学点社交
心理策略

谭小芳 ◎ 编著

中国纺织出版社

内 容 提 要

社会纷繁复杂，社交人心叵测，如何能在众人之中出类拔萃，收获成功？掌控社交心理策略，会让各种社交问题迎刃而解，轻松主宰自己的成功与幸福。

本书分为上中下三篇，从赢心——如何获得他人好感，到防攻术——人际关系的博弈，再到策略实施——掌控人心巧办事，从这三方面详尽诠释了人们身处社会所需要的各种社交心理策略。让读者利用心理学的原理，了解人们彼此的社交心理，掌握最有效的办事方案，从而帮助自己脱颖而出。

图书在版编目（CIP）数据

每天学点社交心理策略 / 谭小芳编著. —北京：中国纺织出版社，2013.4（2024.7重印）
ISBN 978-7-5064-9577-6

Ⅰ.①每… Ⅱ.①谭… Ⅲ.①心理交往—社会心理学 Ⅳ.①C912.1

中国版本图书馆CIP数据核字（2013）第017297号

策划编辑：闫 星　　责任编辑：曲小月　　责任印制：储志伟

中国纺织出版社出版发行
地址：北京东直门南大街6号　邮政编码：100027
邮购电话：010—64168110　传真：010—64168231
http://www.c-textilep.com
E-mail: faxing@c-textilep.com
德富泰（唐山）印务有限公司印刷　各地新华书店经销
2013年4月第1版　2024年7月第3次印刷
开本：710×1000　1/16　印张：15
字数：238千字　定价：58.00元

凡购本书，如有缺页、倒页、脱页，由本社图书营销中心调换

序 言

在现代快节奏的步调下,每个人都想快速成功。仰望那些拥有巅峰成就的成功者,谁不想追随他们的脚步与他们并驾齐驱甚至超越他们呢?对于成功的渴望让很多人了解到社交的重要性,这不仅是打开成功之门的钥匙,更是走向成功的一条捷径。

从古至今,凡是有所成就的人,在社交上的造诣绝不会比其他方面低,因为成功的社交是做人做事的基础。所谓做事先做人,在社交场上游刃有余、众口称赞的人,在其他方面也会一马平川、贵人多多。

社交的好处不言而喻,每个人都试图做一个社交高手。然而,社交并不是单纯地对人好或者与人结识,这其中有很多道理和奥妙。想要在社交场上如鱼得水,一些基本的社交理念、交际技巧是必须要掌握的。本书就从赢得好感的前提、攻破人心的关键、成功社交的保障等方面告诉大家该怎样成功屹立于社交场上。

首先,要赢心,要具备赢得他人好感的基本条件,比如"良好的形象"。大家都知道第一印象的重要性,只有给别人留下了良好的第一印象,别人才会注意到你,才会愿意了解你。再者,好背景和好声誉都可以提升你的可交往价值,有了这两点保障,你在社交场上与人成功结识、深入交往的几率将大大增加。最后,良好的性格也是赢得人心的必备条件。

在你不具备上面所述那些优势的时候,该如何去和别人交往,如何让他人为你所用呢?这时就需要你掌握一些攻破人心的"手段"了。当然,即使你具备了基本的条件,也可能因为竞争对手的实力而占不到优势,所以懂得如何成为领导的心腹,如何化敌为友、识破小人等也就成为你亟

需掌握的社交手段。驰骋社交场说穿了就是要充分了解交往对象的心理特点，并能认准对方的弱点，或有的放矢，或间接暗示，或心理感化，最终达到让其为我所用的目的。

想要详细了解社交攻心术的内容，需要你耐心读完这本书。书中用精彩的故事和具体实例对这些技巧进行了一一讲解，用通俗直白的语言将最核心最有用的知识传达给你。相信读完此书，你一定会对社交有一个全新的认识！同时，希望在本书的引领下，你能够快速地成长为一个社交高手！

编著者

目 录

上篇 赢心术
要攻心先赢得他人好感

第1章 好形象——社交攻心的第一步 ········· 002
　　外在形象直接影响你的社交吸引力 ········· 002
　　成功的形象是前进路上的助推器 ········· 005
　　举手投足间给别人最好的视觉效应 ········· 006
　　涵养礼仪是外在形象的润滑剂 ········· 008
　　雕琢细节，小事是树立形象的工具 ········· 010

第2章 好背景——社交攻心的有力保障 ········· 012
　　名人效应：提升影响力，拓宽发展空间 ········· 012
　　焦点效应：摆脱紧张感，帮你高人一等 ········· 013
　　马太效应：早一些立名，就多一份成功 ········· 016
　　凡勃伦效应：提高层次，令人认可你的价值 ········· 018
　　凹地效应：放低姿态，聚集更多人气 ········· 020

第3章 好声誉——社交场上的一把密钥 ········· 023
　　首因效应：完美初面，让好印象良久不衰 ········· 023
　　近因效应：步步深入，让好感与日俱增 ········· 026
　　禁果效应：适度神秘，更获他人喜爱 ········· 028

锚定效应：巧设基点，树立特别印象 …………………………… 030

第4章 好性格——成功社交的"绕指柔" …………………………… 033
性格外向，积极主动更受人喜欢 …………………………… 033
热情不减，有心才能获得最终果实 …………………………… 035
虚怀若谷，坦荡真诚走好社交大道 …………………………… 037
心态健康，用良好的情绪感染对方 …………………………… 039

中篇　防攻术

人际交往背后的博弈

第5章 消除陌生，令人对你相见恨晚 …………………………… 042
打破尴尬，和陌生人亲切交谈 …………………………… 042
初次见面，用第一句话迅速打动对方 …………………………… 044
真挚微笑，交往中成为最友好亲切的人 …………………………… 046
善用赞美，让对方与你在情感上靠拢 …………………………… 048
积极热情，真诚的心永远不会孤单 …………………………… 050
特别的你，成为陌生人记忆中的焦点 …………………………… 052
贴合人心，从对方感兴趣的话题入手 …………………………… 054

第6章 能参善谋，让你成为团队的骨干 …………………………… 056
与上级建立良好关系，得到更多赏识 …………………………… 056
选对时机向领导谏言，展现责任感 …………………………… 058
为领导排忧解难，机警善谋得认同 …………………………… 060
归功于上级，低调更得领导重视 …………………………… 062
管住自己的嘴巴，防范祸从口出 …………………………… 064
抓住展示机会，令上级感到你不负众望 …………………………… 066

第7章 以和为贵，学会与同事和谐共处 …………………………… 068
对同事冷漠，自己将举步维艰 …………………………… 068

做好本职工作，尽其职但不越俎代庖 ………………… 070
适度展露才华，但切忌争功 ………………………… 072
巧妙化解矛盾，与人和谐相处 ……………………… 074
顾全大局，尊重令你生厌的同事 …………………… 076
有事需摆明，不搞小团体 …………………………… 078

第8章　善用策略，让下属更听你的指挥 …………… 080
表现你的敢作敢当，与下属同舟共济 ……………… 080
以身作则，才能强将手下无弱兵 …………………… 082
不吝惜肯定，用信任支持下属 ……………………… 084
给予压力，适时制造竞争关系 ……………………… 086
树立威严，控制上级与下属间的距离 ……………… 088
善用奖惩，激励与鞭策下属努力奋进 ……………… 090

第9章　理解客户，让他接连与你成交 ……………… 092
用感恩回馈客户，才会赢得更多 …………………… 092
运用心理战，刺激客户达成交易 …………………… 094
从容不迫，用专业打消客户疑虑 …………………… 096
巧妙"威胁"，反令客户急于成交 …………………… 098
用心聆听，走入客户的心里 ………………………… 099
让老客户满意，客户的忠诚是最大的财富 ………… 101

第10章　宽容大度，聪明地与对手相处 ……………… 104
善待对手，用包容让对手变身永远的朋友 ………… 104
凡事让人三分，有理也要会饶人 …………………… 106
顾左右而言他，避开对手的攻击 …………………… 107
逆境出人才，感激为你制造困难的人 ……………… 109
绕开雷区禁地，切莫伤人伤己 ……………………… 111
化干戈为玉帛，小妙招轻松赢取对手心 …………… 113

第11章　得到贵人指点，拓展关系一点就透 ……………… 115
不是"跑不快"，是还没遇见伯乐 ……………………… 115
结交贵人，抄成功的近路 ………………………………… 117
擦亮眼睛，莫要与贵人擦肩而过 ………………………… 119
毛遂自荐，识货贵人选中你 ……………………………… 121
少利用，多与贵人真情相处 ……………………………… 123
编织人脉网，人脉账户需要长期注资 …………………… 125

第12章　远离陷阱，聪明地与小人博弈 …………………… 127
警惕"高帽子"，捧得越高摔得越惨 …………………… 127
防备"小喇叭"，维护自己的名声 ……………………… 129
小心满腹牢骚之人，莫让怨声磨灭激情 ………………… 131
懂得自保，躲开城府深的"老油条" …………………… 133
要与小人保持一定的距离 ………………………………… 135

下篇　玩策略
掌控人心好办事

第13章　洞察真实需求，有的放矢攻克人心 ……………… 138
千人千面，迅速识别对方个性特征 ……………………… 138
按需分配，对方缺什么就给什么 ………………………… 141
乐人之所乐，了解对方的情趣所在 ……………………… 142
说话暗合人心，到什么山上唱什么歌 …………………… 145
掌控对手强弱之处，懂得对症下药 ……………………… 147

第14章　制造心理共鸣，与对方站到同一阵营 …………… 150
引发心理认同感，与对方惺惺相惜 ……………………… 150
积极表露兴趣，带动交流气氛 …………………………… 152
互惠互利的合作，大家都是受益者 ……………………… 155
思想上要平衡，精神上得安慰 …………………………… 157

加深认同感，巩固情感基石 ··· 159

第15章　善用心理暗示，令对方心领神会 ································ 161
　　　含蓄地表达，不伤感情地解决问题 ································· 161
　　　不同方式的暗示令沟通更无碍 ····································· 163
　　　激励对方，学会积极给对方贴完美的"标签" ······················ 166
　　　深谙暗示技巧，顺利达到社交目的 ································· 168
　　　后会有期，寻求下次的交流机缘 ··································· 170

第16章　以情动人，从心理上感化他人 ·································· 173
　　　学会示弱，显得真实又可爱 ······································· 173
　　　把握分寸，好事不要一次做尽 ····································· 175
　　　评价到位，更易俘获人心 ··· 177
　　　给予对方快乐，令其欣然笑纳 ····································· 179
　　　温暖人心，把握好赞美的弧度 ····································· 181

第17章　消除心理戒备，令自己更具吸引力 ····························· 184
　　　让对方感受到你，期待与你接近 ··································· 184
　　　动用人际关系，让你坐收渔翁之利 ································· 187
　　　打开对方心门，步步"得寸进尺" ································· 189
　　　保持联系，不要冷落了友谊 ······································· 191
　　　拆除防线，获得更广的交际局面 ··································· 193

第18章　破解心理密码，提升社交能力 ·································· 196
　　　登门槛效应："以小引大"，让人接受你的请求 ··················· 196
　　　故弄玄虚，引起对方的迫切欲望 ··································· 198
　　　增减原则：让你的好感指数层层叠加 ······························· 200
　　　心知肚明，不要拆穿美丽的谎言 ··································· 202

第19章 通晓心理策略，磨砺社交技能 …… 205
  留面子效应：为他人着想，令你事半功倍 …… 205
  互惠互利原则：施以恩惠，令对方产生回报心理 …… 207
  承诺效应：众目睽睽令对方不好推辞 …… 210
  平衡原则：恰当给予他人好处，达到最终目的 …… 212
  改宗效应：不附和，与众不同让你更具魅力 …… 214
  让对方占小利，才能获得更大利益 …… 216

第20章 掌握社交规则，交际更加顺畅 …… 219
  展现低姿态，满足他人求胜心理 …… 219
  知礼懂礼，令他人感受你的高修养 …… 221
  避开交流禁忌区，把握好自己的口风 …… 223
  揭开对方的伪装，巧妙地深入别人的内心 …… 225
  别揭他人伤疤，保护好对方的脆弱之处 …… 228

参考文献 …… 230

上篇 赢心术

要攻心先赢得他人好感

第1章　好形象
——社交攻心的第一步

在如今这个竞争激烈的社会中，社交成为了人们联络感情、寻找机会的最佳方式。在这样那样的社交圈中，你到底在扮演怎样的一个角色，你在周围人心中的形象是怎样的呢？当你为了积攒更多的人脉、为了争取和某人有更多的接触机会而苦练"话术"的时候，你有没有想过，你是否做好了社交的第一步"打造好形象"呢？形象是最容易做好也是最容易影响一个人社交的基础条件，只有先将形象做好，你才有资格与他人进行更深入的交往。

外在形象直接影响你的社交吸引力

在人际交往过程中，形象的重要性无需多言，每个人都清楚第一印象的重要性。当然，不仅仅是第一印象，在与他人交往的过程中，我们每次的穿着打扮都会在不经意间影响别人对我们的评价和感受。没有人只凭借一次印象便对另一个人妄加评论，人们最终决定是否与一个人进行深入交往，是依据与这个人的多次接触而形成的综合评价。

现实生活中，我们往往有这样的经历：穿着干净、表现阳光的男孩总是被众多女生追捧；穿着大方、得体的男性总是很容易吸引职场女性；穿着干练、整齐的职场女性总是让人敬而远之，想亲近又怕被瞬间

冰冻；穿着随便、舒适的女人总是让人很容易接近，也乐于与之交往。这就是不同形象带给人们不同的感觉，也因为感觉的不同，人们选择了不同的交往方式。可见，一个人的形象在交际场上的作用是多么重要。想要成功吸引他人的目光，让他人对你保持始终如一的好感，就要在自己的形象上做足功夫。

王云和李文是同事，她俩的长相都很甜美，性格也开朗大方，深受周围同事的喜欢。在工作业绩上，两人可以说是旗鼓相当，人际关系也都很和谐。唯一不同的是，王云平时很注意形象，穿衣打扮都按照正规的职场装来，当然偶尔也会混搭一下，不过只要出现在众人的视线中，必然是漂亮、大方得体的。而李文不然，除非有重要的会议和特殊的要求，她一般都是随便穿，有时候两三个月就是三四件衣服轮换着穿。她很少买衣服，也很少化妆。虽然两个人都很漂亮，但是在大家的眼中，还是王云更胜一筹。

在一次公司评选形象代表的会议上，王云被选为公司的形象代表。李文很不服气，自己并不比王云差，长相甚至比王云还要漂亮一些，为什么形象代表不是自己，而是王云呢？她气愤地跑到经理室和经理理论，经理回答说："虽然你长得也算漂亮，可是你平时太不注重自己的形象，不像王云，时时都把美丽的一面呈现在众人面前，她给人的感觉更加舒服和有气质。作为公司的形象代表，不是只代表一天或者一个月，所以你们两个比较起来，还是王云更适合这个角色，你认为呢？"李文无言以对。

每个人都有自己美好的一面，但并不是每个人每时每刻都能把自己美好的一面展示给他人，这也就是交际场上人与人之间的差别，而这种差别恰恰是决定一个人在他人心目中整体形象的关键因素。所以，王云能当选公司的形象代表，而李文却不能。一个人的形象不是靠一天两天或者一次两次的打造就可以的。那么，除了要时刻注意自己的形象外，怎样才能让自己的好形象根植在周围人的心中呢？你可以参照以下几点来执行：

第一，合理搭配服饰。

服饰是一个人的"品牌"，是个人品味的体现，是个人形象的代表。我们与人交往时，服饰搭配得是否合理影响着你在他人心目中的形象。

服饰合理的搭配有很多种，比如一些身材肥胖的人在选择服装时可以选那些颜色比较深的衣服，这样可以显得你瘦一些；在服装颜色的搭配上，要注意颜色之间的明度相差不能太近，亦不能太远，最好是要有深色、中色、浅色三种层次的变化，如黑色与白色的明度对比太大的话，则可以用灰色作为配衬，这样便可以中和，或者可以采用其他的饰物搭配等。你可以选择穿戴干净整洁的服饰去求职、面试；在开会的时候你可以选择庄重的服饰；约会时选择服饰也需要慎重，女孩子可以选择亮丽一点但不失稳重的服饰，男孩子则选择干净、大方的服饰等。

第二，礼貌待人。

礼貌能直接拉近人与人之间的距离，如为同事开门，说一句温暖人心的话，也许这是你不经意做到的，但在同事的心中却留下了一个好的形象；节日的时候给同事发一个祝福的短信、帮助那些有需要的人等，这些都能为你的形象加分。

做到礼貌待人，需要对人谦虚，有不清楚的问题要多多请教，对待同事和领导要真诚。礼貌待人并不只是一个人的品德，也是一种与人交际的方法，是尊重他人的表现。

第三，言谈举止要得当。

得当的言谈举止往往体现出一个人的魅力。语言是社交中最重要的工具，它往往是表达个人思想的符号，是个人素质的反映。与人交往中的谈吐是否得当，也决定了他人对你印象和看法的好坏。言之有理往往给人带来好的印象，恶语伤人便招人记恨。是领导也罢，是下属也好，在交往的过程中说话都要有分寸。与人交谈时，要做到言谈举止大方得当，时刻注重自己的形象。

社交攻心离不开好形象，好形象不仅是外在的美，更重要的是内在美。一个人的个人形象直接决定着留给他人的印象，拥有一份好形象就能使你在他人心中占据重要位置，促进人与人之间的进一步交往；拥有一份好形象就能在职场中处理好人与人之间的关系，为自己打开通往成功的大门。每个人都应该对这个"社交攻心的第一块敲门砖——形象"予以足够的重视。

第1章　好形象——社交攻心的第一步

成功的形象是前进路上的助推器

随着社会的发展，形象的包装已不再是明星的"专利"，在职场上奋斗的年轻人也越来越重视包装自己的形象了。

一个成功的个人形象往往可以增加一个人的自信，而自信是成功的基础，一个成功的形象便能创造一个成功的机会。无论在职场上还是在生活中，成功的形象是一个人通往成功的重要途径。

英国CMB对几百家公司的职员进行调查，得到的结果显示，拥有成功的形象是获得提升机会的关键所在，也是拥有高职位的体现。在大多数人看来，成功的形象就是衣着、发型等一些外在的表现，其实要从实质上做到一个成功的形象是需要因场合、地位上的不同而有所改变。

第一，做到成熟稳重。

有人说："如果你想事业有成，首先你得让人看起来就像事业有成。"那么，那些事业有成的人的形象是什么样的呢？事业有成的人往往是那些成熟稳重的人。在职场中与人交往首先要成熟稳重，给人以不骄不躁的感觉，遇事不慌张，与人说话时应清晰、准确地表达出自己的意思，不随便与人高谈阔论。有些人常常表现出自己的情绪，不管什么事都要拿出来给大家讲，这是不成熟的表现。

第二，打出自己的品牌。

小张是某公司的职员，从小就出来打工，也没什么文化，但在公司短短几年，他就成为销售部的经理。他这几年来总是穿西装，小平头似乎一直没有长长过。小张刚来的时候，大家对他都没有深刻的印象，但是长时间的这种打扮潜移默化地刺激了人们的感官，让许多人一提到他就知道他是什么样子的人。

小张的个人品牌树立得很成功，他在外貌上传达了他的个人形象，这也成为他的特殊品牌。做好个人的品牌还可以通过他人的口碑，你的朋友、同事都是为你传播个人品牌的人，所以在与他们交往的过程中应处理

好你们之间的关系,把握自己的社交关系网。品牌的影响力很大,如我们买衣服时喜欢买有牌子的,哪个牌子好就买哪个,这就是品牌效应。我们个人要想在职场上获得成功,就要树立起自己的品牌,好的品牌能带给你更多成功的机会。

拥有一份成功的形象能给你增加成功的机会,进而让你更接近成功。一个人的成功形象展现给人们的是自信、尊严和实力。魅力是一个人受欢迎的程度,能得到更大范围认同的人自然是那些有魅力的人,所以,要想成为一个成功的人,就增加你个人的魅力吧;要让别人给你的形象加分,你就要有一个成功的形象。

举手投足间给别人最好的视觉效应

与人交往中我们经常可以听到这样的话:
"我永远都忘不掉他给我的第一印象。"
"我第一眼见到他时就喜欢上他了。"
"他给我的第一印象很不好,我觉得这个人很邋遢。"
"他刚进来就坐在椅子上,就在这短短的几分钟内我就知道他是什么性格。"

上面的这些话能说明什么?这说明很多人在评价一个人的时候都是以第一印象为依据的。

人们对那些美的、丑的、渺小的、高大的事物的认知都是从我们的眼睛里直接反映出来的,这就是视觉产生的作用。而在与人交往中我们会选择与那些友善的、和蔼的人交往,这也是我们经过观察后得到的结果。与人交往就要把自己最好的一面展现给大家,这样才能更深入地进行社交。那么,怎样才能给别人最好的视觉效应呢?下面有几点建议:

第一,善用首因效应给对方最好的第一印象。

要给人好印象,只需要7分钟。别小看了这短短的7分钟,在这7分钟

第1章 好形象——社交攻心的第一步

的时间里别人往往就能看穿你是个什么样的人。给人最好的视觉效果还要从神态、仪表开始,这也是与人交往过程中能否给人留下好印象的决定因素,也就是"首因效应",这个效应对人际交往的影响力超过75%。

首因效应是人们对你的评价标准,是你在对方视觉上的直接体现。给别人最好的视觉效应能使你的人际关系得到良好的发展。我们第一次登门拜访、第一次参加工作、第一次与别人一起吃饭等,别人往往都会通过这些对你的第一印象来决定是否给你办事,是否你是个可交的人,可见要做到社交攻心还需要给别人最好的视觉效应。

第二,对人微笑。

一家著名企业招聘员工,最后留下的却是那个相貌平平、学历不高的小周。当记者问为什么让小周加入这个公司时,那位经理说:"虽然她没有较高的学历,也没有姣好的容貌,但是她有一张常常面带微笑的脸,我想如果你是领导你也会这样做的。"

小周之所以能留在公司正是因为微笑起到的重要作用。在经理第一次见到小周时,看到的就是她甜甜的笑容,小周的笑容给经理留下了一个深刻的印象,所以小周才有机会留在公司。会笑的人运气一定不会太差,微笑是给人留下好印象的一个方法。现在的社会节奏越来越快,我们为工作忙碌,为生活忙碌,每天要承受很多压力,与各种各样的人打交道。清晨走进办公室的时候,对着同事笑着打声招呼,一天的工作都会轻松;对身边人的微笑,会多一个朋友。对人微笑便是给人带来的最好视觉效应,是给别人留下好印象的方式。

第三,肢体语言要得当。

肢体语言是一种无声的语言。人们往往可以通过一个人的手势、肢体动作就可以了解到他的思想意识、情绪变化,所以我们必须更好地完善自己的肢体语言。沟通专家说,在面试过程中考官越来越重视一个人的肢体语言,因为这也是一种沟通的方式。肢体语言是和我们平时说的语言不同的一种沟通形式,它通常是伴随着我们"说话"的同时产生的。比如说话时你的面部表情、你的眼神,还有说话时你常带的手势、你的站立姿势,而通常这些都是潜意识下产生的。要做到社交攻心,就要展现出最好的肢体语言,让对方产生最好的视觉上的效应,如第一次见面时,你与人握手

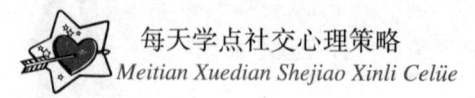

是有力还是无力的，这些都会反映到对方的心中。

给别人最好的视觉效应能使你在与人交往时留给别人一个好印象，从而打造出自己的个人品牌，增加成功的机会。

涵养礼仪是外在形象的润滑剂

人际交往中，人们往往喜欢与彬彬有礼、有绅士风度的人接触，可见人们对于礼仪、礼貌的重视程度。礼仪是交际中必不可少的润滑剂，它可以使两个互不相识的人产生最初的好感。人们也可以通过一个人守礼的程度来判断一个人的修养和内涵。可以说，礼仪从另一个方面展示着一个人的形象，知礼、守礼的人在社交场上必然更受欢迎。

礼仪是个人美好形象的标志，是一个人内在素质和外在形象的具体体现；礼仪是人们在社会交往活动中应共同遵守的行为规范和准则，是塑造个人形象的重要手段。在社会活动中，人与人之间的交谈是需要讲究礼仪的，它可以让交谈变得文明；一个人交谈过程中的举止也需要讲究礼仪，这可以使你变得高雅；一个人的穿着也要讲究礼仪，这令你显得大方。生活中处处都要讲究礼仪，良好的礼仪是个人形象的润滑剂，它能使我们个人的魅力增加。那么，怎样通过个人礼仪来树立自己的好形象，从而更好地攻破人心呢？我们可以从以下几点做起：

第一，注重个人的行为举止。

一个人的行为举止是这个人自身素质的表现。古人常说"举止庄重，进退有礼，执事谨敬，文质彬彬"，这不仅能够保持个人的形象，还对我们的事业有帮助。个人的行为举止是个人形象的一个外在形式，也能表现出这个人的身份和地位。"君子不重则不威，学则不固"，这是孔子说的一句话，他告诉我们：只有行为上表现得庄重，才能有威严。不管是处在什么场合，我们都要严格规范自己的行为举止，俗话说"站如松，坐如钟，行如风，卧如弓"，这就是说，要站有站相、坐有坐相，任何时候都

第1章　好形象——社交攻心的第一步

不要松懈。"非礼勿视，非礼勿听，非礼勿言，非礼勿动"，这也是对礼仪的要求，要想保持个人形象，就要规范自己的行为举止。

第二，尊重他人。

尊重他人是一切礼仪规范的核心，也是"待人接物"的一条重要原则。任何人想要得到别人的重视首先就要学会尊重他人，这样，别人才会以同等的尊重来对待你。那么，在人际交往中，该怎样表示出自己对他人的尊重呢？

1. 倾听他人说话。与人交往时，不要急于说话，要学会做一个好听众，认真倾听别人说话，鼓励别人说他们的事，这才会让对方觉得你很重视他。这样的人往往会有很多朋友，也会有很多机会，只会说不会听或者是随便打断对方说话的人都是不尊重别人的。

2. 为他人着想。能为他人着想的人是善良的，人们喜欢同这样的人交往，所以我们平时待人接物也应该遵守这条原则。

3. 热情待人。我们都不喜欢天天面对一个拉着脸、闷闷不乐的人，都喜欢接触快乐而热情的人。热情来源于内心对生活的热爱，它会洋溢在你的眼睛里、你的谈话中。你心中对生活的热爱，对长辈、对朋友、对同事的热爱，会通过你的一言一行流露出来，不仅使自己精神振奋，还会感染别人，让人愿意和你在一起。

第三，真诚做自己。

"东施效颦"这个典故我们都耳熟能详，模仿别人不成最后还害了自己。别人有比自己好的容貌不要怕；别人有高的才能，我们也不怕。只要做真正的自己，把自己最真实的一面展现给大家，你就是最好的、独一无二的。

良好的个人礼仪是个人形象的润滑剂，不仅可以悦人，还可以悦己。礼仪是个人道德品质、文化素养、教养良知等精神内涵的外在表现。与人交往中，礼仪不仅是个人形象的润滑剂和黏合剂，它还会使你在处理不同群体之间的关系时游刃有余，比如相互敬重、相互理解、求同存异、和睦相处。

我们不必遮遮掩掩，只要知礼守礼，按照一定的礼仪规范待人接物，即使我们不是很优秀、不是很漂亮、不是很聪明，我们也同样可以赢得自

己的朋友，建立自己的社交圈，找到自己的立足之地。人各有所长、各有所短，只要你谨守礼仪，一样可以在社交场中自由驰骋。

雕琢细节，小事是树立形象的工具

一家公司要选经理，董事长心里有两个人选比较合适，一个是古风，另一个是赵毅。两个人都很优秀，不管是办事能力还是业务水平，两人都做得相当出色，但是经理的位置只有一个，董事长想了想，决定要继续观察他们。一天，董事长带着两个人出去吃饭，两个人以为董事长要透露些消息，但是却什么也没谈，只是在吃饭的时候董事长夸奖了古风。古风觉得特别高兴。下班后，古风去停车场，在倒车的时候不小心碰到了另一辆车，然后破口大骂："这谁的车啊，怎么不长眼呢？"没想到被董事长听到了。第二天会上，董事长宣布赵毅当选为经理，古风很茫然地问道："怎么可能？"董事长笑了笑说："我原本打算选你，但是你太不注重小节了，这严重影响你的个人形象。"

有些年轻人往往对小事不屑一顾，而领导考察的时候却往往是从小事入手的。俗话说"一屋不扫何以扫天下"，小事和细节上面才最能体现一个人的真实情况和综合素质。两个能力相当的人，领导肯定会选择素质好的那个委以重任；两个能力、素质同样好的人，领导肯定会选择那个连细节都能做到完美的人。很多时候，小事才是决定一个人能否升职、能否成大事的标准。

与人交往中，往往是你不经意的一个动作、一个表情、一件小事最为打动人，也最能给人留下好印象。领导想要提拔一个人的时候往往是通过一段时间的观察，而观察就是通过各种各样的小事来考察你的工作作风和办事能力，这些小事往往是个人能力、素质、道德修养的表现。人生总是由各种各样的小事组成，不要小看了小事，也不要忽略小事。

鲍威尔是黑人，他找的第一份工作就是在一家大公司里当清洁工。

黑人常遭到白人的歧视，所以他只能从清洁工做起，但是鲍威尔却把这项工作做得有声有色，他总是又快又及时地把地面擦干净。后来，经理看到了，观察了一段时间后，觉得鲍威尔是个非常有心的人，于是破格提升了他。再后来，鲍威尔成了美国的国务卿，他职场的第一个人生经验便是：认真做好每一件小事。

即使只是简单的清洁工作，也能够体现出一个人是否用心。鲍威尔正是深知这一点，从而树立起了良好的个人形象，让老板对他的评价也大大提高，最后还得到了破格提升。现实生活中，我们也应该像鲍威尔一样看重小事。你不经意间的一举一动都能反映出你的真实能力和素质，所以说细节决定成败、小事决定成败，这些都是很有道理的。

事情虽小，但意义重大。我们周围遍布着各种各样的小事，每个人都是在一件件小事中成长，每一件大事也都是由多个小事组成的，可以说小事就是我们形象的树立者，做好小事是成就大事的基础。

不积跬步，无以至千里；不积小流，无以成江海。要想树立好个人的形象就要加强自身的素养，就必须善于从小事中学起、从实践中做起，时时反省自己。有时正是我们常常忽略了的小事才使得自己的缺点暴露出来，影响了形象。与人交往中，个人的形象尤为重要，个人形象的好坏往往决定一个人是否能给对方留下好印象。在职场中，树立好个人形象就是要把小事做好、做得漂亮，把做好小事当做是你迈进成功的第一步。

第2章 好背景
——社交攻心的有力保障

在社交中，想通过自己打拼拥有一席之地是非常困难的，这需要你具备很多方面的才能和足够的机智。如果你已经建立起自己的名声和信誉，那么很多时候别人会慕名来与你相识。作为一个有影响力的人，你的受欢迎程度，结交朋友的速度和交际圈的范围都会大大超过常人。那么，怎样使自己尽快获得好的名声，并使之为你的社交服务呢？

名人效应：提升影响力，拓宽发展空间

名人效应，是名人的出现所产生的引人注意、强化事物、扩大影响的效应，或人们模仿名人的心理现象。说白了，名人效应就是一种品牌效应，我们通常看到的广告就是很好的例子，我们崇拜的偶像拍广告、代言产品，从某种程度上就能刺激消费。更深层的意义还有名人举办慈善活动，能够很好地带动整个社会帮助弱者，还能提升名人的自身价值。如今社会的方方面面都受到了名人效应的影响。

这种名人效应带来的商业效益给很多人带来了货真价实的财富。在日常生活中，很多人都利用起这种名人效应，而且这种现象愈演愈烈。美国心理学家做过一个证明"名人效应"的有趣实验。这位心理学家从外校请来一位德语老师，在给他的心理学学生讲课时，告诉大家，今天为大家请

来了一位著名的科学家,然后,"科学家"对学生们说,他发现了一种新的化学物质,具有强烈的气味,但是对人的身体是没有害处的,只是为了测试一下大家的嗅觉,然后他打开瓶盖,过了一会,他问有哪些同学闻道了气味,看到不少同学纷纷举手。心理学家在心理暗暗笑了,其实,德语老师打开的瓶子里装的只是蒸馏水,没有任何气味。这证明"名人效应"的实验成功了。

对名人效应的追捧最明显的表现就是追星族的出现。很多小孩都会对自己喜欢的明星很信服,对这些明星盲目追捧,轻易地就会接受自己偶像的暗示。孩子们很容易被形式化、表面性的形象所吸引,他们喜欢的也都是一些歌星、影星。这些歌星、影星的言行会对他们产生很大的影响。

我们在现实生活中随处可见名人效应,最常见的就是广告,名人就成了我们生活中接触比较多、比较熟悉的公众群体。他们的出现往往可以达到扩大事态、加强影响的效果。因为广大的受众对自己喜欢的名人有极度的信任力甚至模仿力,他们会把这份信任转嫁到名人所代言的产品上,这就是商家利用名人效应的典型方法。

除了广告,名人效应还广泛存在电影和电视剧市场中。导演或制片人就是借助影片中的名人来迅速提高影片的知名度,进而提高影片的票房。由此看来,名人效应真的是随处可见。

借助名人,让更多的人认识你、了解你,就会给你更多的机会,你就会有更多的发展空间来证明自己。所以,一定不要拒绝"名人"带给你的帮助。

焦点效应:摆脱紧张感,帮你高人一筹

焦点效应也叫做社会焦点效应,是人们高估周围人对自己外表和行为关注度的一种表现。焦点效应因此也成为了业务员在销售上常用的手段。日常生活中,我们每个人都会多少体验到焦点效应。我们会把自己看做中

心,并且暗示自己别人都在关注着你,过高地估计了别人对自己的注意程度。这种心理状态往往出现在聚会或工作集会时,以为周围的人对自己的关注度很高,其实那只是焦点效应在作祟。

对于业务员来说,推销商品非常具有挑战意义,但是大多数的业务员用的都是传统的推销方法,以自己的产品为中心来推销,往往得不到好结果。他们一进门就会说自己的商品怎样怎样,这些商品的优点都有什么。其实,这就是客户之所以把推销员拒之门外的原因,就是他们不喜欢推销员絮絮叨叨地介绍自己的商品,谁会关心和在意自己不了解的东西呢?而且哪个客户会愿意花费自己的宝贵时间去听一个不认识的人讲话。每个人都愿意听关于自己的事,特别是在陌生人面前。

一个有经验的业务员绝对不会在推销时只谈自己的商品。当你走进客户的办公室时,首先要做的就是观察办公室的环境和布置,找到可以夸奖客户的突破口,比如,看见客户的办公桌上摆放的照片,照片上的人穿着博士服,照片还被精致地裱起来,这时你就可以说:"您真了不起,还是博士毕业呢!又掌管着这么大的一个公司,现在向您这样的大企业家可是不多见啊!"你的客户听到你说这些一定会很高兴,而且不用费什么劲就可以很自然地把话题说到你的产品上。因为他对你的印象好了,自然就会接受你推销的产品了。

我们在与客户第一次接触的时候,谈论的话题一定是有关客户的事,一进门就要观察客户喜欢的书、摆放的饰品、客户的衣服等,一开始不要看到什么都要说一遍,这样很容易让你的客户感觉到你在故意讨好他,在拍他的马屁,这会让客户产生警戒心理,只要举一个即可,接下来的工作就是了解客户的背景,但丑媳妇是迟早要见公婆的,迟早要谈到产品的,还有报价、合同等。当谈到自己产品的时候出现了僵局,这时不要着急,给客户思考的时间,并在这个时候自然地把话题在引导到客户的身上,让他对你有所放松,最后一定会成功。

心理学家基洛维奇做了一个实验,他们让一名学生穿上名牌T恤,然后进入教室,穿T恤的学生事先估计会有大约一半的同学注意到他的T恤。但是,最后的结果却让人意想不到,只有23%的人注意到了这一点。通过这个实验,我们就很明显地看到,我们对自身的感觉的确占据了自己内心

第2章　好背景——社交攻心的有力保障

世界的重要位置，总是高估自己，总是认为别人会倍加关注自己，其实在众多的人当中，大多是自己在关注自己，也就不存在被别人关注的道理。我们只是自己不自觉地放大了别人对自己的关注程度。

焦点效应在生活中的体现有很多。比如说，在同学聚会时，当大家拿出当年的集体照片，这时你会有什么反应？你的反应一定是先找到自己，看看当时的自己是不是表情不好或穿着不好，然后才有时间关注别人，其实每一个看到照片的人都会是先找自己。在和朋友聊天的时候，总会感觉到别人都在说自己的事情，这时的你一定也会想尽办法把话题引到自己身上，大家都希望成为焦点，成为别人评论的对象。因为有焦点效应心理，你才会因为在聚会上站在角落或者弄洒了饮料而觉得自己很失败。人们总是觉得社会聚光灯对他们格外关注，而事实并非如此。其实，注意到你把饮料弄洒或其他尴尬场景的人并没有你想象得那么多，所以，不用那么紧张。

焦点效应表现在很多方面，比如和初次见面的朋友一起吃饭，你一定会倍加小心，但是越小心就越容易出错，当你不小心把酒杯打翻或者把夹起的菜意外地掉在了桌子上，你会觉得很尴尬。再比如，在某次宴会上，你不小心把饮料洒了一身，你肯定觉得别人都在看你的笑话，你会为这件事懊恼很久。还有，在公共场合摔倒时，不管摔得有多疼，你一定会在5秒钟内迅速起身，还会装作若无其事的样子。这所有的一切都足以证明你是焦点效应的一员。当这些事情发生的时候，很多人都会觉得此刻的自己在被很多人关注着，自己不好的一面已经被很多人看见了，觉得懊恼不已，就算没有强烈的懊恼也会觉得不好意思。这些表现都很正常，因为谁不想给别人留下好印象呢？我的一个朋友每次出门前都要花很长时间挑选衣服，她觉得只要她一出门就会有很多人注视她，她必须把自己打扮得漂漂亮亮的，不能让人看出自己的一点儿瑕疵。后来我告诉她，其实根本没必要那么紧张，因为我们都只是普普通通的人，不是什么公众人物，所以根本不会有人那么关注你。即使看见了，又有谁会总记得一个陌生人的一次偶然出丑呢。

焦点效应会让我们在很多时候，对自己过分关注，还会联想到别人也会很关注自己。如果总是出现这样的联想，总是觉得自己就是别人关注的对象，你做任何事情的时候都会小心翼翼，觉得自己的一举一动都在受到别

人的关注，时间长了就会产生社交恐惧症，影响到自己的生活。

很多人都害怕社交场合，有的人认为是自己的性格所致，其实这是社交恐惧症。这样的人在社交场合中总是觉得大家都会很关注他，高估了自己在社交中的受关注程度。这样的人往往觉得参加社交就是在折磨自己，其实折磨自己的并不是别人而是自己。当他们不小心触动了图书馆的警铃或者没有准备礼物给宴会上的主人，他们就会懊恼很久。其实，他们不知道，对于自己的失误别人根本不会永远记得，永远记得的只有自己。所以，要解除社交恐惧症就要克服焦点效应。

马太效应：早一些立名，就多一份成功

1968年，美国科学史研究者罗伯特·莫顿（Robert K. Merton）首次用"马太效应"来描述这种社会心理现象：对已有相当声誉的科学家做出的贡献给予的荣誉越来越多，而对于那些还没有出名的科学家则不肯承认他们的成绩。

社会心理学家认为，"马太效应"是个既有消极作用又有积极作用的社会心理现象。一个已经成名的人和一个默默无闻的人同样的做一件非常难做的事，并且两个人都成功了。已经成名的那个人一定会得到社会的表扬，接着就会有记者采访，就会有人来求教，有人来访问，各种各样的桂冠就会戴在他的头上。而那个平凡的人就不会得到这些，他得到的往往是别人的漠不关心和嫉妒。这样一来，前者就会因为各种赞扬昏了头脑，认不清自己的功劳，就会居功自傲，摔跟头。通过这样的例子，我们就可以很明显地看出，马太效应的积极作用是：当一个人有了成就，可以防止社会过早地承认他的成就，让他可以在以后的人生道路上变得更成熟。这种效应所产生出来的荣誉和成就往往对无名者是一种极度的诱惑，所以马太效应还可以促使无名者去不断奋斗，得到自己理想的成就。

在学校教育中，"马太效应"的作用是消极的，比如，一个品学兼优

的好学生，经常受到班主任的表扬，回到家中也倍受宠爱，如此优越的成长环境带给他的也不都是欢乐。学生们给他的是这样的"优待"，风言风语声声："老师就想着他一个，什么好处都是他的。""老师就夸他能力强，经常出风头，能力能不强吗？他有缺点，但老师还要护着他。""什么三好学生，优秀团员和干部，都是他的，老师就是戴着有色眼镜看人。"等等。这类事情并不鲜见，如果不注意这种"马太效应"，那就必然造成只重视和培养少数拔尖学生，忽视和放弃大多数学生。所以，有经验的老师往往这样说："要偏爱差生，发掘他们身上的闪光点。"

到一个陌生的地方，我们往往会选择生意比较好的饭店就餐，哪怕需要等位置，我们也不愿意去客人寥寥的饭店。到医院去就诊，我们宁愿在一个有名望的医生那里排长队，也不愿意去一个医术平平的医生那里就诊。于是，人们只有看到一个饭店里就餐的人很多才会走进去吃饭，这样一来，人多的饭店人就会越来越多，生意越来越火；而人少的饭店就算饭菜再香也不会有人去，只能关门大吉。

"失败是成功之母"这句话是我们从小就听过的，并且在不断地尝试，不断地告诉自己，失败了没关系，没有失败就不会成功。但是"马太效应"和我们从小接受的教育明显背道而驰。在"马太效应"中，失败的永远都会失败下去，成功的才能更成功。父母和老师认为的"孩子只能在逆境中成长才能取得最终的成功"被"马太效应"反驳。"马太效应"在用自己的方式对抗着传统的教育理念。

我们总是在失败中找经验，却没有意识到，如果你没有成功就不会得到机会，没有机会，即使你失败得再多也不会成功。你只有成功了才会得到机会，得到了机会才能更好地展示自己的才能。不要怪别人不给你机会，要想得到机会就做出点成绩来，好好地展示自己的才能，让别人看到，堵住他们不给你机会的借口。你只有成功了，别人才会信任你，谁会把自己认为重要的工作交给一个自己不信任的人呢？得到别人的信任就会得到机会，从而发挥自己最大的潜能，取得最大的成功。我们要从成功中找经验，而不是从失败中。你肯定会说，我很难找到成功的突破口，我无法成功，只能这样庸庸碌碌，其实不必须成功，只要你把自己的才能展示出来，同样可以得到别人的信任，从此打开成功的大门，有了一次成功

才会有更多的成功。

在此,我提醒每一个梦想成功的人,每一个认为失败是成功之母的人:成功有倍增效应,你越成功就会有越多机会,也会越自信,而这些机会和自信又会使你取得更大的成功。

凡勃伦效应:提高层次,令人认可你的价值

美国经济学家凡勃伦发现:商品价格定得越高越容易畅销。它是指消费者对一种商品需求的程度因其标价较高而不是较低而增加,反映了人们非理性消费的心理愿望。

有一个禅师为了启发他的徒弟,有一天,他让徒弟拿着一块普通的石头去菜市场、黄金市场、珠宝市场分别问问价钱,前提是只是问问价钱,不要把它卖掉。徒弟按照禅师说的,先拿着石头到了菜市场,菜市场的人看见石头的大小,觉得刚好可以当家里的一个小摆设,也可以给孩子玩,这样一来,这块小石头就不值什么钱了,最多有人出5块钱。然后他又到黄金市场,令意想不到外的是居然有人愿意出1000块买他的石头,但是他还是按照禅师的吩咐,又到了珠宝市场,这次更加令他意外,这里的人愿意出5万块把石头买下来。徒弟没有敢轻易地卖掉,他回到禅师那儿,把一切告诉了禅师。禅师说,现在你还去珠宝市场,不过,不要低于50万把这块石头卖掉。徒弟被禅师说的价钱吓了一跳,但是还是按照禅师的吩咐到了珠宝市场,很多人争着要买这块石头,有人出10万,有人出20万,还有人出30万,但是徒弟说,我只是来问问价钱,我不打算按照你们出的价钱把它卖掉,人们一听,又出了更高的价钱,最终,这块石头以50万元的价钱卖了出去。他不明白为什么会有人出这么高的价钱买一块普普通通的石头,他觉得这块石头也就值5块钱,但是他的师父告诉他,如果你不要更高的价钱,它永远也不会卖出高价。石头处的环境不同,价格当然也不同。

第2章 好背景——社交攻心的有力保障

在日常生活中，我们也常常遇到这样的事情，就是在大商场的柜台上看到的一双鞋在普通的鞋店也看到过，但是价钱却有很明显的不同，在大商场卖几百块，在普通的鞋店只卖几十块，但是就是有人愿意出钱买那双贵的。如果你告诉他在普通的鞋店也有同样的鞋并且价钱很便宜，他一定认为普通鞋店的那双鞋是假的。价格越贵的东西往往越容易卖出去。其实，这些商品不一定有多好、多实用，也不一定买了它就会有多大的使用价值。消费者买它们在一定程度上是为了满足自己心理上的需要。这种商品的价格越高越会得到消费者青睐的经济现象，最早是由美国的经济学家凡勃伦发现的，因此被命名为"凡勃伦效应"。

"凡勃伦效应"是指存在于消费者身上的一种商品价格越高反而越愿意购买的消费倾向。消费者购买这些商品不仅仅是为了得到这件商品的使用价值，获得直接的物质满足，在很大的程度上是为了满足自己心理上的虚荣感，是为了在公众面前很好地炫耀自己。因为越贵的商品炫耀性就越强，比如，高级轿车可以炫耀你的地位；收集的古玩字画可以炫耀你有雅致的爱好；名贵的珠宝可以炫耀你的品味……只有高价的商品才有这种可以让人炫耀的特性，而且这种消费观念还会随着社会的发展而增长。

这种被很多消费者认为是越高价的商品越能显示自己高贵的消费观念还被称为"炫耀性消费"。他们会通过购买昂贵的商品来吸引别人的眼球。这种炫耀就是生怕别人不知道自己的优点。当然，身份不一样的人炫耀的东西也不一样，有人炫耀权力地位，有人炫耀金钱，有人炫耀才学。不同的炫耀通过不同的商品和言谈表现出来，那些昂贵的商品就是用来满足他们虚荣心的工具。

随着社会经济的发展，人们的消费会随着收入的增加而逐步由追求数量和质量过渡到追求品位格调。只要消费者有能力进行这种感性购买，"凡勃伦效应"就会出现。知道了"凡勃伦效应"的特点，我们就要学会运用这种特点，把这种效应用在自己身上，能起到很好的推销自己的作用。我们不要只把自己的形象看做简单的形象，要把自己的形象转化到商品上和服务的声誉上，再把商品带到一种更高的层次上，把商品的形象变得昂贵起来，这样你的形象也会随着商品的形象变得超凡脱俗，同时就会让别人对你刮目相看了。

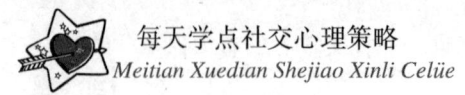

凹地效应：放低姿态，聚集更多人气

"凹地效应"又称"凹地聚集效应"，现在通常所说的"凹地效应"就是指某个地方具有某些特征或优点，从而对某些事物产生一种吸引力，导致这些事物向这个地方聚集。

有句俗话说得好："人往高处走，水往低处流。"这在任何时候都适用，在职场上更是如此，大家都不甘于做普普通通的员工，都想爬到更高的职位，但是要怎样才能在职场中越走越高呢？这就需要聚集职场人气了。

大海因为处于低洼之地，所以能海纳百川，这就是聚势的很好例子，聚势就是要有凹地的特性。如果你想让自己拥有很高的人气，让自己在任何地方都能拥有好人缘，就要拥有这种凹地特征。只有让自己成为凹地才能聚集更多的朋友和人气。当然，想要成为一块好的"凹地"也要具备很多素质。

第一，一定要谦虚，要放低自己，也就是现在常用的一个词"要低调"。翻开字典，可以看见很多表达谦虚意思的词组，如不耻下问、虚怀若谷等，这些词虽然列举起来很容易，但是要在现实生活中做到却是很难的。在生活和工作中，要尊重他人、团结协作、顾全大局，这样才算一个谦虚的人。

第二，要学会包容。包容的最好例子就是美国总统林肯先生，他就是以对政敌包容的心态著称的。他对政敌的包容不免引起其他议员的不满，一次，他们不解地问林肯："为什么要和我们的政敌交朋友，我们的目的是要消灭他们。"林肯微笑着说："我和他们成为了朋友，不正是消灭了我们的敌人吗？"议员们听了都感到自愧不如，从此更加佩服林肯的胸怀。包容不仅是一个人的气度，更是一种处世的艺术。

第三，要学会聆听。很多人很受欢迎的原因很简单，就是喜欢听别

第2章 好背景——社交攻心的有力保障

人诉说。善于聆听的人往往人缘都特别好,做事也比较容易成功。因为,多听可以收集更多的信息,更好地察言观色。我们常常会遇到说得越多、错得越多的事情,学会聆听就能避免,在现代职场上这是一项很重要的素质。认真聆听别人的说话,你一定会从中得到意想不到的收获。

职场上,学习高深的理论,钻研有难度的技术,只要你肯下功夫,都能攻下堡垒。最难的就是与人打交道,所以在打造自己的"凹地"时,千万要注意不要犯以下错误:

1. 传播谣言。谣言破坏公司的生命力。大原则就是,你有兴趣就听,但不要让大家都公推你是"广播电台"。

2. 觉得把份内工作做好就够了。工作能力、效率、可信赖的程度甚至你的学历,都不是单一指标,也不会是最重要的。

3. 常常很露骨地拍上司的马屁。有些上司希望听到所有角度的讯息,但是大部分的经理级不会,他们也是普通人。你要找出他真正让你佩服之处,然后适时赞美,以后你做事肯定会更顺畅。

4. 忽略、轻视你的对手。你的对手恨不得抓到你的小辫子,你一出错,他们会马上指责。所以,应正视对手,这个好机会让你可重新修补盔甲、弥补缺点,下次他们再来,你已经气定神闲,准备好了。

又如大学生们要毕业了,学生气息似乎还未褪去,马上就要加入到求职的大军中。如果你想拥有好人缘,提高自己的人气指数,吸引HR们的目光,那么就要让自己成为一片"凹地"。我们总结出以下经验,仅供您参考:

简历要详,又要简。就是指一定要充分地把自己的优势展现出来,表达要点到为止,言简意赅,才会吸引更多HR的目光。

说话要稳,不能浮躁。竞聘时,尤其是一些应届生,说话要稳重,不要表现出学生气十足,以免让用人单位认为你没有社会基础,不予以录用。

要有耐性,耐性很重要。你按约定时间去面试了,可能要等一段时间,不要因为等得久而放弃,更不要以对方不守信或效率太差为由否决对方,你要学会适应社会。

要有特点,但不宜锋芒太露。如果你没有突出的条件,那么你的谈吐

及说话内容就要有与众不同之处，以给对方留下深刻的印象。同时，也不要把锋芒显得太突出，毕竟这是应聘，有些时候锋芒太露会产生意想不到的副作用。

不要太显个性。个性是要有的，但很可能你自己认为的那种个性会被别人误解。即使你有充分的时间和空间，还是要把服从领导的一面表现出来，以免使自己的形象大打折扣。

不要太注重细节。不要认为捡了张纸或是注意了什么细节才被录用，不是所有单位都会这样，大部分单位还是更重视你的实际能力与表现。

回答问题要大胆、自信。对方有时会提一些抽象的问题，比如给你十万块你怎么花或是相关的问题，这个时候你不要在不知怎么回答时不好意思地笑，也不要吞吞吐吐，因为你的表情与态度，反映了你是否有自信。

表达你能吃苦，事实上你也做好了吃苦的准备。吃苦是现代人比较薄弱的环节。你要表达出你能吃苦的决心，这样才能有更多的机会。

做到了这些，在未来的工作单位你一定会拥有令人羡慕的职场人际关系。

第3章 好声誉
——社交场上的一把密钥

这个世界上有形形色色的人，也正是因为各种类型人的存在才使得这个世界绚丽多姿。然而，社交场上交朋识友，谁都会选择真诚的、声誉好的人，这样的人交往起来放心、省心。而臭名在外的人，即便是有身份、有财富、有权力，别人也不会去主动结交，因而在社交场上建立并维持自己的良好声誉是非常重要的，具体该怎样做呢？用心研读下面的内容吧！

首因效应：完美初面，让好印象良久不衰

第一次交往中给人留下的印象，在对方的头脑中形成并占据着主导地位，这种效应即为首因效应。首因效应也叫首次效应、优先效应或"第一印象"效应。首因是指首次认知客体而在脑中留下的"第一印象"，是在短时间内以片面的资料为依据形成的印象。心理学研究发现，与一个人初次会面，45秒钟内就能产生第一印象。这一最先的印象对他人的社会知觉产生较强的影响，并且在对方的头脑中形成并占据主导地位。

一个新闻系的毕业生正急于寻找工作。一天，他到某报社对总编说："你们需要一个编辑吗？""不需要！""那么记者呢？""不需要！""那么排版工人、校对呢？""不，我们现在什么空缺也没有了。""那么，你们一定需要这个东西。"说着他从公文包中拿出一块精

致的小牌子,上面写着"额满,暂不雇用"。总编看了看牌子,微笑着点了点头,说:"如果你愿意,可以到我们广告部工作。"

这个大学生之所以能够赢得这份工作,完全是因为自己的机智和乐观,他机智地制作了牌子,用乐观的态度感染了总编,引起总编的好奇心,让总编对他产生兴趣,"第一印象"的微妙作用就此展现了出来。

"第一印象很重要"是人人皆知的道理。心理学家认为,第一印象主要来自性别、年龄、衣着、姿势、面部表情等"外部特征"。一般情况下,一个人的体态、姿势、谈吐、衣着打扮等都在一定程度上反映出这个人的内在素养和其他个性特征。暴发户不管怎么刻意修饰自己的外表,举手投足之间都不可能有贵族的优雅,因为文化的浸染是装不出来的。以貌取人不是只有平凡的人才会有这样的举动,身为美国总统的林肯同样有以貌取人的经历。他曾经就因为朋友推荐的一位很有才识的阁员相貌不佳而拒绝了人家。林肯的朋友当然很愤怒,他责怪林肯以貌取人,并说人的容貌是不由自己控制的,自己也没办法对自己的容貌负责。但是林肯却说,一个人过了四十岁就应该对自己的容貌负责。虽然林肯以貌取人也是不对的,但是从这个例子中我们知道,第一印象是很重要的,我们绝对不能忽视。如果相貌不佳,就要从别的方面来修饰,就必须提高自己的修养和素质。在与人第一次见面中要充分展现出自己的优点,才能掩盖住相貌给你带来的不利之处。

首因效应在人际交往中起到很重要的作用,我们要学会运用它来给自己加分,在人际交往中把自己漂亮地推销出去,这样即使没有漂亮的外表也能得到别人的好评。首先,微笑是很重要的,不管在什么情况下,你的微笑肯定能给人热情、友善的好印象。你可以不打扮自己,但一定要让自己看上去整洁,干净,因为这样可以给人一种有修养、自爱、严谨的印象。有这两样还不够,你还要让人看上去和蔼可亲,这点必须要在谈话和举止方面尽可能地展现给对方。有了这些,不一定会给别人留下好的第一印象,但一定是推销自己的好办法。

李威是一名刚刚毕业的研究生,他到某公司参加最后一轮应聘,不巧在面试的途中遇到一起车祸,他就协助司机把伤员送到医院,之后却发现自己的衣服上粘了血渍,又赶回家去换衣服。临到考试快要结束,李威才

第3章 好声誉——社交场上的一把密钥

满头大汗地赶到考场。主考官是公司的老总。谢老总瞟了一眼坐在自己面前的李威，只见他大滴的汗珠子从额头上冒出来，满脸通红，上身一件红格子衬衣，加上满头乱糟糟的头发，给人一种疲疲塌塌的感觉。老总仔细地打量了他一阵，疑惑地问道："你是研究生毕业？"李威点点头回答："是的。"接着，心存疑虑的谢老总向他提出了几个专业性很强的问题，李威渐渐静下心来，回答得头头是道。最终，谢老总经过再三考虑，总算决定录用李威。第二天，当李威第一次来上班时，谢老总把李威叫到自己的办公室，对他说："本来，在我第一眼看到你的时候，我就不打算录用你，你知道为什么吗？"李威摇摇头。谢老总接着说："当时你的那副尊容实在让人不敢恭维，头发散乱，衣着不整，特别是你那件红格子衬衫，更是显得不伦不类的，你给我的第一印象太坏。要不是你后来在回答问题时很出色，你一定会被淘汰。"

李威听罢，这才红着脸说明迟到的原因。老总听后这才点点头说："难得你有助人为乐的好品德。不过，以后与陌生人第一次见面，千万要注意自己给别人的第一印象啊！"

李威的工作很出色，不出半年，就被升为业务主管，深得老总的器重。

从以上求职的小故事中，我们可以看到，"第一印象"相当重要。有时候，"第一印象"可以决定一个人的前程甚至命运。

当然，人际交往中，不能只靠"第一印象"，因为第一印象毕竟只是暂时的，是一个想要和你深入交往下去的基础。第一印象很重要，但是要让人和你深层的交往下去，你还要具备更多的硬件。交往中，你要强化自己的谈吐、举止、修养、礼节等各方面的素养。第一，一定要注重自己的仪表和风度，因为在任何情况下，人们都喜欢和穿着整洁、举止大方的人接触和交往。第二，在和人谈话时要注意自己的言谈要不卑不亢，要举止优雅，只有这样才能给人留下难忘的印象。如果你只注意第一印象，不注意以后的行为修养，那只会导致另一种效应的负面影响产生，那就是近因效应。

近因效应：步步深入，让好感与日俱增

与人交往时，最近的行为总能影响以往的评价，这一原理被称为"近因效应"，是心理学家洛钦斯在研究首因效应所做的实验中发现的。他的结论是，如果给人先后提供两种信息时，中间有稍长的间隔，后一信息就会产生较大的影响力。另一个心理学家琼斯又做了一个实验，以验证近因效应的存在。他分别向两组被试者介绍一个人的性格特征。对第一组先介绍这个人的内倾性特征，后介绍外倾性特征；对第二组则先介绍外倾性特征，后介绍内倾性特征。然后考察这两组被试者对此人留下的印象。结果与首因效应相同。然后，他把上述实验方式稍加改变，在向两组被试者介绍完第一部分后，插入其他作业，例如，做一些毫不相干的事，再介绍第二部分。实验结果表明，两组被试者都是第二部分的材料留下的印象深刻，近因效应明显。

这个实验向我们揭示了一个简单但很有价值的道理：一般情况下，第一印象和最近印象对人际认知的影响比较大。他的这个研究其实还表明了两点：第一，在人与人的交往初期，彼此生疏，首因效应的影响显著（即第一印象会产生较大作用），而在交往后期，彼此已经相当熟悉，近因效应的影响也同样重要；第二，近因效应是一种"倒摄抑制"，即当前事端抑制着"当初事端"。如果你仔细想一想就会发现，近因效应的确是一种"倒摄抑制"：多年不见的朋友在自己记忆中最深的印象往往是临别时的印象；某个同事或朋友经常令你生气，仔细分析，你会发现引起生气的原因往往是对你刺激最深的也是离你最近的一件或者几件事。

近因效应在我们的现实生活中是常见的。我们有时看到，因为一点误会就翻脸导致最后断交的好朋友变成陌生人。还会看到因为一件小事最后大动干戈的两个常年来往、密不可分的家庭。之所以会出现这样的现象，原因之一就是受到近因效应的影响。

既然这种心理效应是我们无法避免的，那么，我们唯一要做的就是帮

助自己和别人避免这种认知和情绪的偏见。利用积极的近因效应，同时消除不利的近因效应，是达到上述目的的有效途径。

第一，随时增加新鲜感。

所谓增加新鲜感，就是在与老朋友、老熟人相处时，总是在最后即将告别时表现出足够的热情，做出让对方满意的行动。这一招是非常有效的。许多事实都证明，它能更好地保持老朋友间的友谊，使一交往活动再向前发展一步，就好像一条向前延伸的直线，每过一段时间跳一下，向上升高一点以后再向前延伸。

第二，用最后时刻为你的形象服务。

一个令人称道的老师总会在讲课的最后几分钟来一段精彩讲解；调动工作的前几天，任何员工都会勤奋工作；大学毕业前一两周对同学和老师都表现出友好和尊重。这都是在最后时刻为形象服务的基本表现。交往中，我们可以像写文章要有"虎尾"般的结局那样，精心设计和训练在各种场合下的交往"结尾"，即使不能使人"回味再三"，也要让他在"瞬间的感动"中增进对我们的好感，甚至有时我们可以在交往结束时设置"悬念"，让对方去思索，待对方思索出几种可能的答案时，对方也在思索过程中记住了我们。

小张和小林是多年的朋友，小张比小林大一岁，平时小张就像哥哥一样关心小林。小林从心底里感激小张，把小张当做知心朋友。大家都知道他们关系非常密切。可是最近，小张和小林却闹翻了。小林因为小张最近一次"得罪"了他，便中断了以往与小张的友情。

我们可以分析一下，小张和小林两人在平常接触非常多，彼此之间却都将对方最后一次印象作为互相认识与评价的依据，由此不难看出：人际交往中，最近、最后的印象往往是最强烈的，可以冲淡在此之前产生的各种因素。所以，在交往中，一定要在重视良好开始的同时也要重视好的结尾，以产生积极的近因效应。但是，仅仅利用积极的近因效应，虽然可以避免在社交场合给人留下不好的印象，可也会产生不利的近因效应，那么我们该如何说服自己，从而原谅别人呢？

第一，谦虚为怀，以诚相待。

如果你和对方产生误会，让对方对你的良好印象产生了怀疑，那么这条意见就是消除近因效应的最好办法之一。如果是这种情况，你最应该做的就是虚怀若谷。不要在激动的情况下和对方交谈，要在两方都心平气和的时候进行交流，在交流时还要坦诚，要先让对方原谅自己的错误，这样误会一定会解除，因为你真诚和谦虚的态度把对方感染了，他就会重新考虑你们之间的关系了，那么近因效应的不利影响就会随之消失。

第二，回想以前的事情。

一旦一个人使你对他产生了不良印象，你应该把他以前和你交往的事情都回想一下。要在冷静下来仔细地审视一下这个人。好好想想这个人以前这样的错误是不是很多，如果不是很多那么说明他的秉性不是这样的，只是偶然地产生了近因效应。所以，这时你就要大度地原谅他，重新开始你们的友谊。

第三，时刻保持冷静，谨防冲动。

任何情况下都要让自己保持清醒的头脑，要保持清醒就要让自己时刻冷静，不能激动，因为激动会让自己的头脑混乱。不要在情绪激动的时候和对方谈话，这样会降低自己的控制能力和对周围事物的理解能力。这样一定会把不至于弄僵的事情弄到更僵，一定会产生不良的后果。所以，一定要让自己冷静，要学会忍让，只有这样才能理智地分析事情，才能明辨是非。

近因效应有利有弊，在不同的情况下，你需要对近因效应的作用辩证对待，其宗旨是避免不利近因效应的影响，利用积极近因效应的作用，为我们赢得对方的心奠定基础。

禁果效应：适度神秘，更获他人喜爱

禁果效应也叫做"罗密欧与朱丽叶效应"，越是禁止的东西，人们越要得到手。这与人们的好奇心与逆反心理有关。

"禁果"一词来源于《圣经》，它讲的是夏娃被神秘的智慧树上的禁

第3章　好声誉——社交场上的一把密钥

果所吸引，去偷吃禁果，从圣经故事中引申出来的"禁果"，其含义就是指因被禁而更想得到的东西。传播中的"禁果效应"是指，当外界压力迫使人们无法自由获取信息时，人们往往会对被迫疏离和失去的那部分信息有更强的了解欲望，施压者与受传者之间的隔阂因此加大。

禁果效应还存在信息传播中，有一句谚语叫"禁果格外甜"就体现在这其中。我们时常会遇到这样的情况，比如你想刻意隐瞒的信息一定隐瞒不住，因为被隐瞒的东西一定会让大众产生好奇心，这种好奇心一旦产生，就会使大众想方设法地想要知道你隐瞒的是什么。他们会通过自己的手段得到这些被隐瞒的信息，一旦被得到，就会在大众中广泛流传，你想隐瞒的信息最终会一传十、十传百。就像很多明星想隐瞒自己的私人情感却会招惹来更多的媒体一样。

在心理学方面，禁果效应就是由无法知晓的事物带来的，因对神秘的渴望而产生的。只有无法知晓和神秘的东西对人才有诱惑力，也只有有了诱惑力，才会增强人们的渴望度和诉求度。"吊胃口"和"卖关子"就是我们对于禁果效应最简单的理解。一旦把这种神秘揭开，禁果效应也就失去了存在空间。只有神秘感存在，禁果效应才存在。如果名人想把自己的隐私保护好，应该让粉丝们知道，你和他们一样，也是普普通通的人，也有七情六欲，只是从事的工作领域不一样，没什么可好奇的，这才是对你隐私的最好保护。

禁果效应在普通人和普通事物上同样存在，并且随处可见。在教育学生方面，我们始终提倡的是循循善诱，不要硬性禁止，因为孩子处在青春期，你越是禁止他就越是要做，这样的教育悲剧时常发生。

工作和生活中，很多人都得不到别人的关注，而有一些人就能轻易得到别人的关注。这其中的奥秘就在于有的人会运用"禁果效应"。在很多时候我们都不能把自己的优点太暴露在外，要适当地给自己留有余地。这样才能做到吸引别人注意，让别人觉得你很神秘，有了解你的欲望，想要和你交往。

在男女朋友的交往中，交往对象彼此间要学会提升自己的神秘感。不要过早地把自己的性格完全展示给对方，如果让对方过早地把自己了解透彻，往往就会使对方对你失去兴趣，从而使交往没有乐趣。所以要保持自

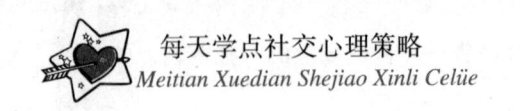

己的神秘感，总让对方觉得你对于他来讲是新鲜的，还有很多地方是他不了解的。这样充满新鲜感的恋情才能够持久。

在现代快节奏的生活中，人们每天都是埋头工作，对很多事情都失去兴趣。所以，我们更应该学会运用"禁果效应"。要学会发现新鲜事物，并探究它的原因，每次给自己提问题，就有想要研究下去的欲望，时间长了生活的乐趣自然就出现了。

在一些大的公司或企业，由于工作人员多，员工之间往往互不认识，只是认识自己周围的少数人，使得人际圈子越来越小。所以，要想让自己得到更多人的认识，扩大自己的交际圈，就要在适当的场合运用"禁果效应"，吸引更多人的注意，比如在公司的年会上积极地报名表演节目，把自己的一小部分才华展现给大家；在工作会议上积极发表自己的独到见解；在领导安排工作时，要踊跃地参加到其中，这样在不同的场合展现自己不同的一面，使自己的多面得以展示，自然就会得到大家的关注。

锚定效应：巧设基点，树立特别印象

当人们需要对某个事件做定量估测时，会将某些特定数值作为起始值，起始值像锚一样制约着估测值。在做决策的时候，会不自觉地给予最初获得的信息过多的重视，这就是所谓的锚定效应。每件事情都有两面性，当你对事情做好坏的评定时，其实你忘记了事情的好坏都是不绝对的，事情一定有两面性，一定是相对的。要决定事物的好与坏，关键是要看你如何定位好一个基点。锚定效应就是帮你定位基点的。锚定就是使人们把对未来的估计和已采用过的估计结合起来，只要这个锚定了，评定的基点也就定了，事物的好坏也就定了，就不再是相对的了。

锚定效应常常会在不自觉中被人们应用。比如，我们有时会特别在意和谁在一起做事，我们在公众场合亮相时，谁和我们在一起。因为所有这一切都会影响到别人对我们的评价，我们身边的"锚定"成为评定我们个

人价值的基准。

商业上有一个很现实的例子，就是当新产品推出时，产品推广计划里如何对其进行定位：商品摆放在哪一个货架，放在哪一种商品的旁边。比如，一种新饮料面世，如果它被放在货架上与我们目光平行的高度上，它的左边是可口可乐，右边是百氏可乐，那么，十有八九它的高价政策可能会被消费者接受。相反，如果它被放在一个不起眼的位置，与价格低廉的商品摆在一起，则即使质量再好，也很难被判定为是一个好的产品。我们再来讲一个故事以此说明锚定效应。

有一天，华盛顿的马被邻居偷走了，华盛顿发现了并去和邻居要马，邻居却不承认。华盛顿就将马的眼睛捂住说："如果这马是你的，你一定知道它的哪只眼睛是瞎的。""右眼。"邻居回答。华盛顿把手从右眼移开，马的右眼一点问题没有。"啊，我弄错了，是左眼。"邻居纠正道。华盛顿又把左手也移开，马的左眼也没什么毛病。邻居还想为自己申辩，华盛顿却说："什么也不要说了，这还不能证明这马不是你的吗？"

华盛顿真是聪明，他利用锚定效应给别人设计了一个陷阱，要回了自己的马。邻居为什么被识破？是因为华盛顿利用了锚定效应，他先使邻居受一句"它的哪只眼睛是瞎的"的暗示，让其认定"马有一只眼睛是瞎的"，致使邻居猜完了右眼猜左眼，就是想不到马的眼睛根本没瞎。这就是锚定效应所展现的先入为主的作用。作为一种心理现象，锚定效应普遍存在于生活的方方面面，先入为主是其在社会生活中的表现形式。

一位心理学家让两位学生都做对30道题中的一半，他要求甲生尽可能地做对前15道题，而要求乙生尽可能地做对后15道题，然后让一组被试者对甲乙两生作出评价，结果被试者大多认为甲生比乙生聪明。

这就是先入为主的表现，既然锚定效应对人们心理的影响如此巨大，那么我们就有必要深入分析锚定效应形成的原因，弄清其所以然，把握它、运用它，让它为我们服务。

第一印象总是会深入人心，对人是这样，对事物同样是这样。当一个事物的第一信息最先进入人的大脑时，这些信息就会给人的大脑最直接、最强烈的刺激，并且也是最深刻的。人的大脑思维也是依据这些信息和表象进行活动的，即使这些信息和表象不能反映出这个事物的全部特征。这

就是锚定效应形成的深刻心理机制。所以，我们来总结一下锚定效应的几个特征：

第一，只能体现片面性特征。

第一印象只是事物的外部特征和简单的表面形态，所以接受这些方面的东西只能是表面性和片面性的。

第二，把概念先引入。

从事什么工作的人就要有什么样的判断能力，要把这种判断能力最先打入自己的大脑。进入城市街道，商人最先想的是在哪开店最合适，城市规划师要想怎么把这个城市规划得更合理，司机想的是如何在最短的时间里走最通畅的路到达目的地。

第三，特征的类别性。

每个事物都有自己的类别，比如，提到农民就会联想到朴实，提到老师就会联想到文质彬彬，提到老人就会联想到慈祥。

一位领导向四个组的人介绍同一位新员工，他对第一组的人说：新员工工作很积极；对第二组的人说：新员工工作不积极，你们要注意；对第三组的人说：新员工总的来说工作积极，但有时不积极；对第四组的人说：新员工工作不太积极，但有时也积极。一个月后，抽问四组员工，他们给出的答案几乎与当初介绍的一模一样。

综上所述，锚定效应告诉我们，不要受到对方"沉锚"的影响，而且在不受影响的同时还要时刻提醒自己，要在恰当的时候想法设法为对方设定"沉锚"，只有这样才能使自己处在一个有利的位置。在人际交往中，我们找到自己的那个"锚"，我们的人气就会因此得到提高。

第4章　好性格
——成功社交的"绕指柔"

一个人的性格特征将决定其人际关系、生活状态、职业选择以及事业成败等，也将决定其一生的命运。因此，也可以说，性格是左右一个人命运的重要因素。从实践经验来看，一个人的性格越好，他的社交能力越强，人际关系越融洽，更有利于实现成功的社交。那么，如果想获得成功的社交，需要具备哪些性格特征，又该如何做起呢？在这里，我们将做详细讲述。

性格外向，积极主动更受人喜欢

人际交往中，有一类人，他们热情大方、活泼开朗，工作中他们积极主动，乐观进取；交际场上，擅长交际，左右逢源。因而，无论身在何处他们都是别人羡慕的对象。这类人的最大特点就是性格外向、热情主动。在这群人中，他们有些人并没有高深的专业知识，然而，却一样能在社会上挥洒自如、左右逢源，甚至在事业取得非凡的成就。其中，一个最重要的原因就是他们能够以积极主动的态度去面对人生、面对人际交往。

21世纪是一个充满竞争的时代，要想在激烈的竞争中取得成功，单枪匹马是行不通的。然而，良好的人脉却并不是主动找上门来的，它需要人们去努力、去争取。因而，也可以说，积极主动的态度是一个人取得成功

的重要因素。

陈丽在一家电视台的广告部工作，说起她来，全台上下无人不知、无人不晓。她有这么高的名气主要来自于她的两个"最"：首先，她是台里最丑的女人。要知道在电视台工作的人，因为需要与外界打交道，可以说还是以相貌为重的，然而，她却能够在这里开辟一片新的天地来，实属不易。其次，那就是她也是广告界及社交界最知名的"腕"级人物之一，使得许多颇具姿色的同行望尘莫及。也许，有人会问她到底有什么"绝招"。据说，刚开始的时候她总是主动要求去外面拉广告，有一些好事之徒就会取笑她："不看看自己长得什么样，能行吗？"可是，实践证明，她还真行。

后来，人们才知道她的制胜秘诀：每次她都会微笑地与对方交谈："您不要看我长得丑，我知道正因为如此，我才不会像某些人那样去耍什么花招，只能以我的真心诚意和踏实工作来赢得与您的合作……"她侃侃而谈，不时闪烁出幽默、自信和睿智，有力地感染和征服对方，又何愁生意不成呢？

在这个故事中，姿色平庸的陈丽凭借着自己的能力主动与外界交往，最终成为电视台里的"名人"。一个相貌平平的女人，在众多的漂亮面孔映衬下，不仅没有因此失去人生的方向，反而能够以积极主动的心态坦然面对人生，为自己开辟出一条新的人生道路。由此可见，拥有积极主动的心态是一个人成就事业的最重要因素。

生活中，有许多人总认为活得累，自己缺乏许多条件，所以才会失败。他们总是把失败的原因归结为外界。要知道，还有那么多条件不如我们的人反而取得了辉煌的成就。由此可见，心态决定一个人的命运。聪明的人懂得，生活中的主体是自己，只有自己才是人生的主人，那么，你的命运也是靠自己才能掌握的。面对同样的人际交往，你可以选择主动去面对，去结识很多朋友，你也可以选择坐待他人前来与你结识，这全在于你的心态。然而，不同心态下导致的结果肯定是不一样的。

人际交往中，积极主动的心态是一种乐观的思维方式，它能够增强一个人的自信心，获得更多的成就感。反过来，如果一个人在社交活动中得到的成就感越多，则又会极大地增强个体的行动力。相反，如果一个人在

人际交往中抱着消极的态度，结果只会让他的态度越来越消极。因而，对于想要成功交际的人来讲，拥有积极主动的心态是前提条件。

成功的社交需要人们积极面对，唯有如此，才能让你获得更多认同，得到更多支持。做一个积极主动的人，就可以为自己争取到更多的人脉，帮助你成功完成社交活动。因而，如果你也想要成功社交的话，从现在开始做一个积极主动的人吧！

热情不减，有心才能获得最终果实

田维芬是一个农家女孩。为了帮助家里减轻负担，她16岁便到贵阳打工。初次进城，她根本没有经验，只要能够混口饭吃就不错了。她被一家好心的餐馆老板收留，帮着做一些打杂的工作，每天她都在重复着洗碗、买菜、打扫卫生的工作。

最初的日子很辛苦，每天要从早上6点一直忙到晚上11点多，当时，她对赚钱根本没有什么概念，只想着能赚点零花钱就够了，自己养活自己。慢慢地，她已经适应了这种生活，她也想有一家自己的餐馆，那样的话，自己就不需要给别人这么辛苦地干活了。

有了这个想法，她做起活来更加努力了，主动地帮助老板做更多的工作，有时生意忙起来，老板也会让她帮忙切菜之类的。因为她也想开店，也想学到这些本领，自然也就很乐意做这些，然而，这些看在老板的眼中，认为她工作认真积极，所以也就更加看重她。渐渐地，她也就有更多时间去看如何炒菜。时间长了，她自然也就了练就一手过硬的烹饪本领，许多客人也都喜欢她做的菜。尽管她的工作并不轻松，可是，她知道做得越多离自己的目标也就越近。在饭馆工作八年，她慢慢地积蓄了自己力量，终于实现了自己的梦想，也开起了一家小餐馆。

刚开始，名义上她是饭店的老板，其实与打工妹没有什么区别，从买菜到所有的事情都要自己动手。很多时候，她都是早上6点起床一直忙到

晚上12点才能入睡。可是,她并没有感到累,看着营业额一天天地增长,她感到浑身充满干劲。

在这个故事中,田维芬为了生计到一家餐馆打工,日子很辛苦。可是,在不断的接触中,她慢慢地有了自己的目标,那就是自己也要开一家饭店。因为有心,面对再累的活,她都没有怨言,而是积极争取,最终能够学得手艺,攒够积蓄实现自己的梦想。然而,创业初期,对于一个女人来说,想要实现自己的创业梦想,谈何容易啊!正是这份热情,她才能坚持下来,最终获得了大家的认可,饭店生意越做越好。她的故事告诉我们,无论做什么事情,只要有心,就会有热情鼓励着我们前进,最终获得成功。

人际交往也一样,一个人只要有成功社交的愿望或想法,自然就会为了这个目标坚持不懈地走下去。生活中,许多人总认为自己也很积极,也很努力,可是就是不知道如何与他人建立良好的关系。其实,之所以遇到这种情况,主要还是因为没有用心,也就是说没有这种强烈的愿望与想法,当然就无法收获好的社交成果。

生活中,你是否遭遇过这样的情形,你遇到一个非常好玩的过关游戏,然而,却一次一次失败,为此你总是继续努力,认真总结失败的经验,最终你成功了。你在解决这个困难的时候并没有感到累,这是为什么?就是因为你有这种热情,深追下去,就是因为你有战胜它的决心与勇气,所以才能获得最终的成功。

其实,现实生活中许多事情都是这个道理,只要你有心,行动起来自然就会充满热情,那么,即使面前是惊涛骇浪也不可能把你吓倒。相反,如果没有用心的话,可能小小的反对声也会阻挡住你前进的脚步。因而,人际交往中,一个人如果想要顺利完成社交任务,就必须先做一个用心的人,这样才能在困难来临时,以自己饱满的热情去面对它,最终打败它。

无论是"皇天不负有心人"还是"世上无难事,只怕有心人"都可见用心对成事的重要作用。因而,如果你也想要成功社交的话,从现在起做一个有心人吧!

虚怀若谷，坦荡真诚走好社交大道

荀子说："君子贤而能容罢，知而能容愚，博而能容浅，粹而能容杂。"大千世界，无奇不有，你可能在社交活动中遇到各种人，也可能会遇到各种事情，自然也就很难避免会有矛盾发生。然而，与人交往贵在以心换心，只有真诚待人、懂得包容才能为自己争取到更多的朋友，也唯有如此才能帮助人们顺利地完成社交活动。那么，社交活动中，如果想要做一个社交达人，需要拥有哪些良好品质呢？

第一，做人光明磊落，胸怀坦荡，才能获得朋友。

古人云："君子坦荡荡，小人常戚戚。"一个胸怀坦荡的人自然少有烦恼与忧愁。生活中，我们经常会听到有人感慨生活太累，与人相处太难，事业不成功。其实，重要原因在于他不懂得包容，不懂得放下。如果一个人事无巨细，把所有的喜怒哀乐都往自己的怀里揽，自然会给精神增添负担，生活又岂能不累呢？相反，如果一个人能够多一份坦荡之心，自然就可以笑对人生的得失，心灵也自然可以除去许多的烦恼与忧伤，生活自然也就可以回归于平静之中。

第二，以真诚待人，是一个人的立身之本。

人和动物的根本区别在于人的社会性。无论什么时候，人要在社会上立足、生存、发展，都要以群体方式进行，任何一个人都不可能过着独来独往的日子。美国著名心理学家约翰·安德森曾做过一项调查，他在一张表格中列出了500多个描写人的形容词，然后他又邀请了近6000名大学生挑选出他们所喜欢的做人品质。调查结果显示，关于这些做人品质的词汇中给予最高评价的是"真诚"。在8个评价最高的候选词语中，有6个和真诚有关，它们是真诚的、诚实的、忠实的、真实的、信得过的和可靠的。由此可见，坦诚待人可以说是一个人的立身之本。

曾巩是宋朝时期有名的大诗人，他一生为人正直宽厚，襟怀坦荡，颇受宋神宗的重视。他与王安石在青年时期就是好朋友，两人的交情不错。

王安石25岁那年任淮南判官一职，中途去临川看望自己的外祖母时，还专门去拜访曾巩。对于这次相见，两人都非常高兴，曾巩还热情地招待他，临走时还题诗送别。

后来，宋神宗有意要重用王安石，于是便召曾巩前来问话："你与王安石为布衣之交，他这个人到底怎么样呢？"听到皇帝的问话，他如实地答道："王安石的文章和行为可谓与汉代文学家杨雄相媲美，然而，为人却过吝，终比不上杨雄。"神宗听完之后，有些惊讶，问道："你们两人可是好友，你为什么要这样说呢，据我所知，王安石为人轻视富贵，又何来'吝'之说？"

听到神宗的疑问，曾巩如实答道："我们虽然是好友，但并不能说明他就没有毛病，他勇作为而'吝'于改过。我是指他本人不善于接受他人的评批意见而改正错误，并没有说他贪财啊！"

宋神宗听了曾巩的话后，称赞道："此乃公允之论。"从那儿以后，也更加钦佩曾巩的为人坦诚。

在这个故事中，宋神宗向曾巩打探王安石的为人时，曾巩并没有因为两人是朋友关系就故意抬高他，也没有恶意的评判，而是客观坦诚地做出回答。由此可见，曾巩在人际交往时真诚待人的良好品质。

第三，做人谦虚有度，方能获得更多。

谦恭有度讲的是君子的情操和待人接物的态度。君子待人谦，人际交往中，每个人都要学会谦虚谨慎。然而，也不能过于谦虚，只有保持虚怀若谷的态度，才能给人尊敬的印象，当然也才能为自己赢得尊敬。因而，聪明的人懂得，即使胜利在握也要做到谦虚有度，方能实现你的目标。

人与人的交往中，每一个人都希望对方能坦诚相待，这样一来，就可以减少双方的猜忌，同时，也能有效地降低误解的机率，在社交活动中也更容易探讨问题并达成共识。因而，一个能够坦诚待人的人，更容易让对方接纳，获得与他人的合作机会，当然，也就更容易成功地完成社交活动。

如果你也想成为这样的人，从现在起，学会虚怀若谷、坦诚相待，你也一样可以走出自己的社交大道！

心态健康，用良好的情绪感染对方

刘峰是一个保险公司的业务骨干，事业上春风得意，同事都很羡慕他。谁知，在年终的同事聚会上，多喝了几杯的刘峰竟向一位关系比较亲密的朋友诉起苦来。

原本，这些年来他为了能够生活得更好，每天拼命地工作。刚开始，工作压力很大，每天都在想着如何开发新客户，还要努力维护老客户的关系，对于客户提出的那些合理不合理的要求都尽可能的满足。虽然，这些艰苦的日子已过去了，可是，自己却把家庭给忽略了。

让他头痛的是，几乎每天推开家门，看到的都是妻子一脸的怨气。尽管他心里明白，都是自己没有给她足够的关心，可是，他也并不想这样啊。因此，开始的时候他总是尽力逗妻子开心。可是，事情并没有因此而改变，相反，妻子的情绪越来越不好，有时，碰上一点不顺心的事就哭个没完。即使他把好话说尽，妻子也没有什么好转，于是，他也疲倦，任由她去吧。所以，他现在宁可在公司多加会班，也不愿意早点回家。没过多久，妻子又开始胡思乱想了，她开始跟踪刘峰，检查他的手机短信和通话记录，不停地打电话催他回家，甚至有几次刘峰在和客户签约的重要阶段打电话来无理取闹，气得刘峰与她大吵了一架，这都好几天了，两人都还在持续冷战。

这几天，刘峰的心情也不好，见谁都想发火，这不，上午去跟客户谈业务时，他也不在状态上，最后也只能让这笔业务丢掉了。说实话，后半年里，因为情绪不好，他的业绩明显比去年差很多，可是，他无法控制自己的情绪。

在这个案例中，公司的业务骨干刘峰因事业忽略了家庭，引起妻子的不满，这也影响到他的情绪。这种负面的情绪使得他工作状态不佳，从而给工作上造成一系列困难。这个案例告诉我们，良好的情绪、状态是成功社交的前提条件。由此可见，在人际交往中，保持良好的情绪、好的状态

是双方顺利沟通的前提条件,也是社交活动成功的前提。

我们生活在这个世上,每天都不可避免地与他人交往。正如一位著名的心理学家所言:一个人成功的因素85%来自社交和处世。因而,也可以说,一个人的交际将影响着他的事业及前途。然而,想要拥有成功的交际,除了要具备一些优秀的品质,好的情绪与状态也是人们成功交际的一个技巧。

社交活动中,每个人都会遇到各种各样的状况,面对这些突如其来的情形,如果不能做到临危不惧、气定神闲,势必会对接下来的社交活动带来一定的影响。试想一下,社交场上面对对手的恶意中伤,你该如何做?也许你可以保持沉默,然而,绝对不允许让自己出现愤怒与辱骂,当然更不能哭泣,要知道这些都不是聪明的人做的。唯有继续保持良好的情绪与状态,才是赢得最终成功的有利武器。那么,社交活动中,要如何做才能保持好的情绪与状态呢?

第一,保持一颗平常心,做到坦然面对生活中的失意。

人生在世,难免会遇到一些令人伤心难过的事情,然而,事已至此,你再伤心难过,也不可能解决问题。因此,当你面临困境时,学会保持一颗平常心,才不会被外物所影响。聪明的人懂得,只有行动起来才能让事情得到更快的解决。因此,当你面前出现困难,要学会转移注意力,多想着如何去解决问题。

第二,控制自己的情绪,才能营造良好的心理状态。

人生中谁都会遇到意想不到的事情,然而,愤怒与冲动不仅会于事无补,相反,还可能会带来新的问题。因而,当你情绪低落时,要学会自我调整,多想想美好的事情,自然就能减轻心灵的痛苦。

社交活动中,一个人拥有好的情绪和状态,更有利于发挥出自己的实力与水平,同时,还可以感染对方。然而,好的情绪与状态并不是一直会有的,只有善于控制、调整情绪的人才能时刻保持良好状态。如果你也想成为社交场上的成功者,从现在起,做情绪的主人吧!

中篇 防攻术

人际交往背后的博弈

第5章 消除陌生，令人对你相见恨晚

人与人之间的相识都是一个从陌生到熟悉的过程，只是这个过程会有长有短罢了。社交活动中，有些人和别人一见面就能情投意合。相反，也有些人相识多年却依然感到生疏。当今社会，人际交往日益频繁，如果能够掌握"一见如故"的诀窍，定能够在社交活动中独占先机，为自己争取到更多的合作关系。那么，当你与陌生人交流时，如何才能做到"一见如故"呢？相信只要掌握了下面这些方法和技巧，你一样可以成为社交高手。

打破尴尬，和陌生人亲切交谈

交谈是口语交际中的一大难关，处理得好可以一见如故，相见恨晚；处理得不好可能会造成四目相对，局促无言。因而，和一个陌生人谈话，可以称得上交际中一大难关。无论是哪个人，如果能够具备与陌生人一见如故的能力，那么，他将会朋友遍天下，做起事来也会左右逢源。要知道，当今世界人与人之间的交往日益频繁，无论是参观考察、应酬赴宴，大家都会遇到许多陌生的面孔，当然，如果能够打破藩篱，和对方"一见如故"的话，犹如掌握成功的钥匙。

聪明的人懂得，与一个陌生人相处并不可怕，可怕的是你不及时与对

第5章 消除陌生，令人对你相见恨晚

方交谈，这会使气氛更加尴尬。如果能够迅速打破这种局面，自然也就可以顺利交谈下去。

张潮有事欲去一趟外地，因为性格比较内向，一路上他也不愿意与他人多交流。刚到目的地，他便打算把住处安定下来，也可放下行李去办事。于是，他便投宿在一家旅店中。由于房源紧张，已经没有单间了，最后只能与他人合住一间房。走进房间一看，房内已住了一位，此时正悠闲地躺在床上欣赏着电视节目。四目相对，两人都没有说什么话，气氛自然有些尴尬。于是，张磊便拿起早已准备好的书看了起来，自然也就放轻松了。

没过多久，又住进来一位，后来者先是麻利地放下旅行包，稍拭风尘，接着便冲了一杯浓茶。等一切收拾停当后，那位后来者便坐下来边品茶边研究着先到的那位。时间没多久，只听后来者便说道："师傅来了多久啦？""没多久，比这位客人先到了一刻。"先来者一边指着张潮，一边回道。"听师傅的口音，好像不是苏北人啊？""噢，山东枣庄人！"两人就这样一问一答道。

一提到枣庄，后来的那位可就来了兴致。"啊，枣庄是个好地方啊，我在读小学的时候就从《铁道游击队》的连环画上知道了。三年前，我也去了一趟枣庄，还颇有兴致地玩了一遭呢。"听到这里，先来者自己来了兴趣。于是，两人也就从枣庄的铁道游击队谈开了，有说有笑的，瞧那股亲热劲，不知道的人还以为他们两人是一同出来的呢。经过一番的交谈后，两人颇感投缘，于是就互赠了名片，然后，又一起出去进餐，让人没有想到的是，临睡觉前双方居然还在各自带来的合同上签了字。

原来，两人都是生意人，先来的山东客人经营煤，而后来的苏南人做风桶生意的。于是，两人在一来二往中，也就谈成了生意，达成了合作。这场面，就连不善言谈的张潮都被打动了。

在这个故事中，不善言谈的张潮出差途中，亲自见到两位陌生人经过一番攀谈后成为朋友，并且向对方成功推销出自己的东西。同住一间房，虽然张潮与山东人先认识，然而两人相处一室却颇感尴尬。苏南人一出场，便迅速地打破这种局面，他巧妙借用"枣庄的铁道游击队"这个共同点，同山东人亲切地交谈起来，两人一见如故，并顺利地签订了合同。由此可见，人际交往中，如果能够快速找到两人的共同点，自然可以引起对

方兴趣，进而亲切地交谈起来。

因而，在社交活动中，如果想要与对方"一见如故"的话，必须快速地找到两人的共同点。当然，很多时候，共同点并不是表面的东西，还需要你去认真观察、寻找。然后，在交谈时，用试探的口气表达出来。有时，也可以在社交活动中听别人介绍的情况来猜测。总之，只要你用心去寻找，就一定能够找到双方的共同点。然后，借助这个共同点，可以轻松引起对方的兴趣，消除对方的戒备心理，就可以使陌生的路人变为熟人，最后发展成为自己的朋友。

总之，一个人想要在社交活动中发现双方的共同点并不难，比如，共同的生活环境、共同的任务、共同的习惯等，只要用心，陌生人无话可讲的局面是不难打破的。因而，如果你也想成功突破无话可说的局面的话，从现在起，学着从双方的共同点谈起！

初次见面，用第一句话迅速打动对方

在社交场所、在谈判桌上、在销售圈中、在演讲台前，只要有人的地方就需要交流、需要对话，当然也就需要人们高超的讲话能力和出色的口才。也许，许多朋友会问什么样的语言才能称得上出色的口才，虽然这个问题没有统一的答案，然而，如果能用见面的第一句话就打动对方内心，则足可以体现出一个人高超的谈话技巧。

在社交活动中，难免会同一些陌生的面孔打交道。当然，无论两人再怎么陌生，也还是要开始交流的，那么，如何表达好这第一句话也是不容忽视的。对于两个原本陌生的人来讲，如果第一句话没有讲好的话，很可能会给以后的交往带来不利的影响。因而，社交活动中，如果想要利用第一句话来打动对方，要把握好这几个关键：亲切、贴心、消除陌生感。相信如果能够做到这几个方面的话，一定会是一个不错的开场白。

1938年，陈毅率领新四军在浙江开华县华埠镇进行休整。听到这个消

息，当地的抗日武装自然非常高兴。于是，地方抗日武装队决定召开欢迎大会，以迎接我们军队的到来。会上，陈毅被邀请上台做演讲，出场时，会议的司仪向大家介绍说"陈将军"，听到这样介绍自己，陈毅将军并没有说什么，只是接过话头向大家介绍到："我叫陈毅，耳东陈，毅力的毅。刚才司仪先生称我为将军，实在不敢当啊。我现在还不是将军呢，当然，大家叫我将军也可以。为什么呢，因为我是受全国百姓的委托，去'将'日本鬼子的'军'。恐怕我这一'将'直到把他们'将'死为止。"听到这些话，台下顿时响起了热烈的掌声，整场演讲都深深打动了听众的心。

在这个故事中，陈毅将军被邀上台演讲，面对司仪先生对自己的介绍，他巧妙地发挥，借用"将军"一词的解释来拉近与听众之间的关系，同时也形象地指出部队的目标与性质。短短几句话却能讲得自然风趣、幽默传神，使场内的气氛活跃起来，在听众的心里留下了良好的第一印象。由此可见，人际交往中，如果能够巧妙地利用好开场白，也可以帮助大家顺利地完成社交活动。

一位演说家说："开头的10秒钟是最能吸引观众注意力的时间。"如果每一个人能够巧借着10秒钟来表达自己，就可以在接下来的整个交际场面中形成一种有利于你的形势。那么，社交活动中，你应该如何把握这最初的10秒钟，说好第一句话呢？

第一，通过攀认式的开头，以双方共同点入手，瞬间拉近双方距离。

社交活动中，如果想要迅速消除对方的陌生感，可以从双方的共同点说起。比如，来自同一个省市、毕业于同一所母校、相同的年龄、共同的爱好等，这些都可以激起对方的心理认同。其实，任何两个人之间，都会存在着一些联系。只要能够彼此留意，就不难发现双方都有着这样或那样的"亲"、"友"的关系。因而，社交活动中，大家可以巧借这些关系与对方"攀"认关系，在得到认证之后，可以使双方关系由陌生变成熟悉。

第二，以一种"仰慕"式开头，展现自己的热情，同时，也可以引起对方兴趣。

社交活动中，我们经常会听到一些"我早就读过你的"或"我早就听说过"之类的开头，可以轻松地表达出你对对方的敬重、仰慕之情，当然这也是热情有礼的一种体现。但是，在使用这种方式开口的时候，一定要

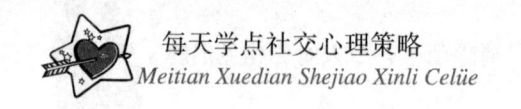

掌握分寸、适当地表达，不能使用一些过于夸张的语气。同时，话题的重点要放在对方引以为豪的事情上，才能避免使你的表达过于造作。

第三，可采用礼貌性"问好"式开头，这样更能体现你良好的个人修养。

社交活动中，在使用这种开头时，还要注意不同的人要使用不同的问候，不同的时间问候也会有所不同。比如，当你遇到一位年长者，"老大爷，您好！"显得亲切；遇到一位老教师"张老师，节日快乐！"等，都能很好表达你的敬意，同时，也可以轻松展开话题。

良好的开头可以帮助你在社交活动中迅速地吸引对方的注意，得到对方认同，更有利于接下来社交活动的开展。然而，想要顺利地完成社交活动，接下来的谈话也同样重要。因而，每一个人都要多学习一些语言表达技巧，把它变成你社交成功的有利武器！

真挚微笑，交往中成为最友好亲切的人

中国有句古话："人不会笑莫开店。"外国人说得更直接："微笑亲近财富；没有微笑，财富将远离你。"无数实践也证明了，微笑是人与人沟通之间"最短的距离"，也是沟通时最有效的方式。这一点，在人际交往中同样适用，尤其是面对陌生人时，一个人的微笑可以传达出你的善意，让对方觉得你是最亲切、最可爱的人。

所谓"微笑"，多是指对事物心领神会后的小笑，尽管拥有它不用花钱，可是却永远价值连城。因为，在这令彼此愉快的表情背后，是直通人心的世界语言，是人际交往的润滑剂，是灿烂生活的添加剂。虽然只是短短瞬间的事情，却能留下永恒的回忆。因而一个人想要快速打破人际交往中的陌生感，从现在开始，从微笑做起，一定会有意想不到的收获！

奥丽芙在一家公司做销售工作，目前仍然单身一人，她也不知道自己为什么没有吸引力。前不久，她发现隔壁住着一个寡妇和两个小孩子，生

第5章 消除陌生，令人对你相见恨晚

活比较结据。一天晚上，奥丽芙所在的区域停电了，她只好赶紧点亮了蜡烛。没过多久，听到有敲门声，她心想这么晚了，会是谁呢？带着一丝疑惑，她打开了自家的门。这时，她看到一个小女孩的面孔，原来是隔壁家的女孩，紧张地问道："阿姨，请问你家有蜡烛吗？"听到这里，她心里在盘算着"难道他们家穷到这个地步吗？不会连一根蜡烛都买不起吧？我可不能让她们赖上我。"于是，她面露凶相地吼道："快走，没有！"

于是，她打算关起门来，这时，她忽然看到小女孩露出关爱的微笑说："我就知道您家一定没有！"说完话，小女孩竟然从怀里掏出两根蜡烛递给奥利芙。"我妈妈怕您一个人住又没有蜡烛，所以就让我带两根送给您。"

看着孩子纯真的笑容，奥利芙被感动了，她突然领悟到微笑的力量。从那儿以后，无论是在工作上还是生活上，她的脸上都会时刻保持着真诚的微笑。当然，她的生活也随之发生了改变，不仅她的业绩越来越多，而且同事们也越来越喜欢和她在一起。

在这个案例中，销售员奥利芙的生活环境并不好，业务水平也不高，她并没有意识到问题在哪里。在与邻居家小女孩的交流中，小女孩真诚的微笑和关切的行动让她认识到自己的问题。当她用微笑去面对他人的时候，生活也发生了变化。这个故事是在告诉我们，人际交往中，微笑的力量很大，善于微笑，可以帮助你赢得更多朋友与财富。

也许，有些人认为不就是微笑吗，也太简单了。其实，微笑并不是一件简单的事情，一个人想要拥有迷人的笑容也是有要求的。人际交往中，如果做得不好，微笑反而会使人觉得不适，觉得虚假。因而，人际交往中，如果你想要拥有迷人的微笑，要做到如下几点：真诚、适度、合时宜。

虽然每个人都知道真诚的笑容有杀伤力，然而并不是所有的人都能拥有它。想要拥有真诚的微笑需要训练。只要每天对着镜子练习，时间长了，你的脸上自然就可以形成习惯性的微笑。那么，人际交往中，想要拥有这种微笑，需要掌握哪些技巧？

第一，微笑要发自内心，真诚的微笑才能打动人。

一个人只有内心被快乐、感恩与幸福包围着时，才能流露出自然的微笑。一个人只有内心充满温和、体贴、慈爱等感情时，才会通过眼睛表

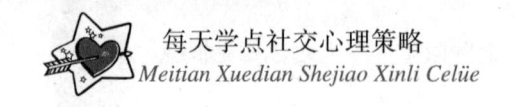

露出来，给人真诚的感觉。因而，对于社交场上的人来讲，你所表达的微笑，应该是发自内心的，向对方表达的是："我喜欢你，我很高兴见到你，你让我开心。"

第二，善于微笑，时刻保持微笑，才能让你更生动、更迷人。

一个时刻微笑的人，会让人觉得是一个有修养的人。因而，在不同场合、不同的情况下，都要学会微笑，以此来表达你对他人的感情。人际交往中，一个人如果能用微笑来接纳对方，既可以反映出他良好的修养和挚诚的胸怀，还可以帮助他打通局面。

微笑的力量非常强大，如果能够拥有它，就掌握了成功社交的强大武器。如果你也想要轻松赢得社交胜利，从现在开始，用微笑来面对你身边的每一个人吧！

善用赞美，让对方与你在情感上靠拢

人际交往中，沟通是双方的互动，如果一方没有这个意愿，那么，必然会导致沟通受阻。因而，让对方打开"话匣子"，是一个人成功沟通的前提条件。当然，想要一个人开口说话的方式有很多，比如向对方求助等。在这所有的方式中，以赞美他人开始交谈是最有成效的一种沟通方式。

生活需要赞美，社交场上也同样需要赞美，曾有人说过："赞美是畅销全球的通行证。"的确，人际交往的过程中，适当地赞美别人，可以让自己获得好人缘，同时，也可以使双方在心理和情感上靠拢。因而，社交活动中，如果想要快速与对方建立关系，你可以适当地赞美对方。

曾经有一个国王，平日他比较喜欢做诗自娱。一日，国王兴致大发，便做诗一首。可是，左看右看总觉得不是很好。这时，刚好他的元帅来觐见，国王便把这首诗让元帅先看了一遍，然后，国王问道："爱卿，我觉得这首诗写得不好，你认为如何呢？"此人平时爱奉承人，见国王如此说来，便称赞国王道："国王真是好眼力，您简直说得太对了，说真的这

首诗简直糟糕透了。"国王一听，咧着嘴角笑了笑说："看来做这个诗的人，一定是个笨蛋，简直笨到极点了。"于是，元帅附和道："您太英明了，没想到国王的鉴赏能力这么高，真不知道是哪个笨蛋做出如此糟糕的诗，还敢给您看。"

此时，国王的脸已经变了颜色，看元帅发表了意见后，正了正脸色慢慢地说："噢!谢谢你，其实这个笨蛋就是我。"听到这里，元帅的脸色大变，赶紧红着脸说："陛下，让我再认真看一下吧，我眼睛不好，刚才可能没看清楚。"

故事中，元帅喜欢拍马屁，因而面对国王的询问，总是一味地称赞国王有眼光、高明，总是附和着国王去说话。其实，他只是想通过称赞国王来表达自己的对国王的尊重，谁成想没有弄清这首作品正是出自国王之手。由此可见，人际交往中，称赞对方也要讲究方式方法，否则会弄巧成拙。

诚然，赞美可以在一定程度上提高对方的优越感，有利于改善双方的关系，然而，赞美也并不是毫无章法的随口乱赞，否则的话，很可能会适得其反。社交活动中，想要通过赞美来改善人际关系，也是需要掌握一些技巧的。

第一，想要让你的赞美打动对方，真心实意最重要。

人际交往中，真诚地赞美别人，如同人际关系的润滑剂，使你与他人的关系融洽和谐；而那些虚伪的、肉麻的恭维话，却会令人觉得你不怀好意，从而让人心生轻蔑。如果想要让你的赞美之声听起来动人，你称赞的一定是一个无可争议的事实。因而，想要通过赞美来打动他人，就要学会发自内心地赞美别人。

第二，想要让你的赞美更动听，要学会恰到好处地称赞别人。

人际交往中，每一个人都喜欢被取悦，而不是被激怒；喜欢听到褒奖，而不是被对方恶言相向；更乐意被喜爱，而不是被憎恨。因此，当你在赞美别人时，一定要细心观察，了解对方的优点和缺点，才能让赞美更打动人心。否则，不加细想、满口乱赞，很可能会让对方心生厌恶之情，最终也就失去了赞美的意义。当然，想要达到这一点，你在与他人交往之时，要学会发现别人的优点，找到对方引以为豪的东西，只要能够抓住这

一点，一定可以一招制胜。

第三，想要让赞美的效果更显著，可以在赞美的方法上下手。

诚然，面对面的赞美可以明确表达你的情感，有利于与他人的沟通与交流，然而，如果使用不当的话，很可能会落入拍马屁的嫌疑中去。如果选用背后称赞对方的方式来表达你的感情，一定会收到意想不到的效果。当然，如果你在背后称赞对方但他却一无所知的话，同样失去了称赞的意义。因而，在使用这种手法时，一定要选择合适的人选，才能把这些话如数地传到对方耳朵中去，自然就可以轻松地达到目的。

恰到好处的赞美可以帮助你建立起良好的沟通局面，顺利地完成社交任务。但是，想要达到这一点，也是需要个人用心观察、学习的。如果你也想与陌生人交际时迅速打开沟通局面，不妨从学习赞美对方开始。

积极热情，真诚的心永远不会孤单

时代在飞速发展，人与人之间的交往也日益密切，每天都要面对许多陌生的面孔。如何迅速地打破沟通僵局，与对方拉近距离，由陌生人发展成为熟人，是许多人都在思考的问题。其实，想要做到这一点并不难，只要能够掌握技巧，相信每一个人都可以轻松做到这一点。都有哪些技巧可以帮助朋友们快速广结朋友呢？

第一，怀抱积极的心态，在人际交往中，主动去结识他人。

每一个人都有自己的圈子，在这个圈子内，可能你是一个精英型的人物，然而，一旦提到交际圈外可能会感到陌生、别扭。因而，也就有很多人一遇到陌生的面孔就显得过分羞涩、窘迫，甚至躲得远远的。要知道，一个人想要拥有良好的人际关系不是坐等而来的，更多时候需要你能够把握住机会。在社交场上放松心情，主动去结识每一个人，这样才能为自己争取到更多的机会，也才可能与对方相熟起来。

第二，社交活动中，要发挥你的热情，才能够给对方留下完美印象。

要知道，能够主动结识朋友，只是你打开成功交际的第一步，如何能够在接下来的时间内感染对方，才是最重要的。这里有一个技巧，就是尽情发挥你的热情，去感染身边的每一个人。其实，热情是一个人发自内心的兴奋，并扩充到整个身体里。人际交往中，一个满腔热情的人，他的兴趣、爱好、为人和性情都能从他的姿势、眼神和活力中体现出来，还可以让周围的人也感受到你对这次见面、谈话发自内心的喜欢。热情还可以感染周围的人，一个充满热情的人，可以让身边的每一个人觉得和她在一起很快乐。因而，如果你想要在社交活动中拥有良好的人缘，就尽情发挥你的热情吧！

第三，人际交往中，想要与他人建立良好的关系，需要用真诚去换得对方信任。

无论何时，每一个人都希望受到他人的真诚相待。要知道，真诚的人往往更容易让人产生信任，同样，在人际交往中，一个真诚的人是值得让人尊重和欣赏的，也更容易博得对方的好感。因而，与他人交往时，不妨把你真诚的一面表现出来。真诚并不是嘴上喊几句口号而已，而是要付诸于具体的实践中去。在具体的生活中，要如何去体现自己的真诚呢？

首先，与人交流时，要诚实地表达自己的看法。

人与人之间的交流，也是心与心之间的交流。一个人只有真诚地对待别人，才能换来别人的真心相待。因此，与人交谈时，要做到真诚。无论对方的观点对与否，都要表示你的尊重之情，如果你与对方的意见不一致的话，也不要隐瞒和矫饰，当然，也不能为了讨好别人而故意附和别人。只有诚实、客观地表达自己的观点才是正确的做法。

其次，待人真诚，还包括及时给予别人帮助。

一个人要学会真诚待人，不仅要诚实地表达自己的意见，更要能够在危难时刻给予对方亲切的安慰与帮助。聪明的人懂得，与其锦上添花倒不如雪中送炭更能获得别人的信任。因而，做一个真诚的人，就要学会安慰别人、帮助别人。

再次，做一个真诚的人，还要懂得设身处地替别人着想。

人际交往中，要体现你的真诚就要学会替别人考虑。这就要求朋友们在说话办事的时候，能够尽量站在别人的立场上思考一下，才不会有失公

平。当然，也只有这样做，你才不会伤害到别人的利益，自然也会得到别人的认同，从而与其成为真正的朋友。

人与人的交往，贵在心与心的交流与沟通。在社交活动中，如果能够通过"主动"、"热情"、"真诚"三个步骤，相信你一定可以以独特的人格魅力来打动每一个人，从而建立起良好的人际关系。如果你也想要拥有良好的人缘，不妨也试一试这种方法吧。

特别的你，成为陌生人记忆中的焦点

人有千万种，有的性情耿直，有的行事委婉，有的活泼开朗，有的能言善辩，有的机智过人……在不同的表象背后，代表的是每个人不同的性格特征。尽管，优秀的人所到之处都能吸引他人的目光。然而，能给人留下深刻印象的，往往是那些具有自己独特个性的人。因此，如果你想给人留下深刻的印象，培养自己的个性最为关键。

个性是一个人的品位与内涵，是一个人魅力的体现，更是一个人鲜活的社会符号。其实，每个人都拥有自己的独特个性，甚至某些良好的个性还可能对她的人际关系起着举足轻重的作用，只要能够巧用自己的个性，你也可以在人际交往中挥洒自如，游刃有余，轻松获得人际交往的成功。

陈霞是一家食用油公司的产品销售员，她活泼开朗，待人热情。在公司里，她的业绩总是遥遥领先。许多人不明白这是为什么，其实，她最重要的秘诀就是坦诚相待，热情大方。

一次，她打算把她推销的一款产品卖给湖南人。可是，还没等到走进店里，老板娘就走出来说："跟你说了多少遍了，不要，不要，不要！"一看这态度，陈霞知道今天跟她谈这个效果肯定不好。于是，她不容多想就回答道："老板娘，我来你这里是想买点辣椒的。"说着，她一边伸手自己拽了袋子，一边自己挑起来。老板娘正打算前来帮忙，她赶紧微笑着说："没事，你去忙你的吧，我自己弄就可以。"没过多久，店里来了好

几个客人，老板娘一时就有点忙不过来，陈霞赶忙上前帮忙，还有说有笑与客人聊起来，最终，几个客人都满意地走了，直夸她的服务态度好。这下，连老板娘都不得不佩服她的能力了。

过了很长一段时间，陈霞再次到湖南人的店里去，这次，还没等她走到门口，老板娘就认出她来了，两人就热情地聊着，其间，店内人多的时候，陈霞会主动前来帮助挑东西、称东西，这些都令老板娘有些感动。最后，事情进展得很顺利，临走之前，老板娘主动提出要购买她的东西。用她的原话说："像你这么热情大方、真诚的姑娘，哪里能让人忍心拒绝？"

在这个故事中，食用油推销员陈霞打算把产品推销给一位湖南人，可是还没等第一次接触便被对方一口拒绝。面对对方的拒绝，她并没有因此而放弃，而是借机主动与对方攀谈，还帮她热情地招呼客人，给老板娘留下深刻的印象。也正是她热情主动的个性最终打动了老板。由此可见，人际交往中，一个人如果能够巧妙地发挥自己的个性优势，一定可以打破陌生的局面，建立起良好的人际关系。

在社交活动中，使自己脱颖而出、成为对方记忆里的"闪光点"并不是一件很容易的事情。聪明的人懂得，与他人交往时，要通过个性美来表现自己的"与众不同"，来加深对方的记忆。当然，想要做到这一点，首先要学会分析，认准个性中的优劣因素。要知道，只有那些有着积极作用的个性才能让别人记住你。相反，如果不懂得加以区分，很可能会被你的个性所害，还不自知。

当然，想要在社交活动中给对方留下与众不同的印象，仅仅只是懂得区分个性还不够。为了能够使你的个性显现出效果，还需要运用你的个性来打动对方，让对方发现你的内在美才可以。其实，这个过程也就是朋友们推销自己的过程。如何推销自己，才能让对方尽快地了解你、认识你并记住你，也是需要一定技巧的。中国有句古话："说得好不如做得好。"因此，当你在表达自己的个性美时，最好能够体现在具体的行动中，这样才能更有说服力，更能打动人心。

对于大家来讲，拥有的外貌是天生的，我们自然无法改变什么。然而，一个人的个性气质完全可以通过后天的修身养性而获得。人际交往

中，只有那些善于发挥个性优势的人才能更容易赢得别人的肯定。因而，如果你也想用个性来吸引对方目光的话，就赶紧行动起来吧！

贴合人心，从对方感兴趣的话题入手

一次，相声演员姜昆老师到地方演出。很多人早就得到消息，自然很兴奋。因而，刚到达目的地，多位记者赶来采访，一想到那些记者要提问的问题，姜昆感到无聊。于是，他早就私下里准备好了办法，所以，那些闻讯赶来的记者们都被他婉言拒绝了。

在这众多的记者当中，只有一位李姓记者最后得以完成任务。其实他的方法很简单，就在他敲开了姜昆的门后，说道："姜昆老师，我是一个相声迷，我对你的节目有些意见……"听到这里，姜昆老师顿时来了精神，便热情地接待了他。接下来，两人就开始探讨起相声，谈话中两人聊得很投机。最重要的是，这位记者在谈话的过程中，将自己要采访的问题带了进去，自然也就轻松地得到自己想要的东西。这位记者正是借着姜昆的兴趣巧妙地打开了姜昆的话匣子，最终顺利完成了采访任务。

在这个故事中，众多记者慕名赶来采访都被姜昆婉言拒绝，然而，只有一位记者受到他的接待。这位记者就是利用对方感兴趣的话题，吸引对方的注意力。由此可见，人际交往中，如果大家都能够从对方的兴趣入手，多谈一些对方感兴趣的话题，一定有助于建立起良好的人际关系。

实践证明，社交活动中，共同的兴趣与爱好可以促进交往的双方相互接近，在心理上诱发出一种特定的吸引力，缩短双方的心理距离，还可以引起交谈双方情感共鸣，有利于人际关系的建立。因而，如果能够把它巧妙地运用到社交活动中去，相信一定可以帮助朋友们快速地建立良好的人际关系。

与陌生人相处时，大家如何才能够快速地找到合适的话题，从而打破僵局，进行良好的沟通呢？这不是一件容易的事情，需要人们能够根据实际对象来决定。那么，如何来根据交谈对象找到对方感兴趣的话题？

第5章 消除陌生，令人对你相见恨晚

第一，根据交流对象的性别来选择话题。

根据经验，生活中，女性一般对服饰、化妆品、美容等话题感兴趣，而男性通常会对一些旅游、军事、体育、政治等方面感兴趣。因而，社交活动中，你可以根据性别来具体选择某一类话题。然而，要懂得，良好的沟通需要双方都参与进来。所以，当你在选择话题的时候，最好能够选择双方都有所了解的话题进行。

第二，根据对方所处的人际关系圈来判断对方感兴趣的话题。

俗话说："物以类聚，人以群分。"社交活动中，想要判断一个人感兴趣的话题，可以根据对方所处的圈子来判断。相信只要能够提到对方的长处，每一个人都会有许多有趣的事情要讲，只要你此时能够做好一个听众，一定会让对方有谈下去的欲望。

要知道，"萝卜白菜，各有所爱"。不同的人自然也就会有不同的爱好。因而，找到话题并不能解决所有的问题。如何能在第一时间内准确地推断出对方兴趣所在，继续交流下去，才是最重要的。因而，当你在寻找对方感兴趣的话题时，一定要做到以下几点：

首先，认真观察，寻找线索。

社交活动中，有些人的兴趣爱好很容易就能发现，然而，有些人的并非如此，有些人看来好像什么都不喜欢。因此，这个时候就需要你能够认真观察，肯定能够找到一些线索。当然，必要的时候，你也可以作一些试探性的工作，让对方自己不自觉得说出来。当然，试探的工作最好不要次数太多。

其次，拓展自己的知识面，多培养自己的兴趣爱好。

如果你想要在社交活动中，与对方能够顺利交流，需要广泛地拓展自己的兴趣爱好，只有拓展自己的知识面，积累更多知识，才会在交流时发挥自己的才能，掌握交际的主动权。

兴趣是人与人之间的催化剂。社交活动中，大家如果能够找准对方兴趣所在，然后，顺势地交谈开来，很容易与对方建立起良好的感情。所以，如果你也想要做到这一点，那就多增加你的兴趣爱好吧。

第6章　能参善谋，让你成为团队的骨干

职场上，上司是决策者，只有他手中掌握着决策权。员工是下属，对于领导的命令只有执行权、落实权。因而，在领导活动的舞台上，如果你想要获得更多的机会，不仅要能够顺利地办好领导交办的事务，还要起到辅助决策的作用，帮助领导想问题、提建议、出点子，从而出色地完成任务。能参善谋是对职场人士的基本要求。要知道世上没有天生的战略家，只要从现在开始努力锻炼，那么，成为能参善谋的下属并不是难事。

与上级建立良好关系，得到更多赏识

现实生活中，有些人坚信"天道酬勤"，他们认为只要自己努力了，做出成绩了，自然可以得到老板的提拔。其实，这种观点并不完全正确。作为领导日理万机，哪里有时间顾得了所有人。所以说，如果想要得到老板的赏识与重用，就必须学会与老板建立起密切联系。

在我们的身边，有许多年轻人生怕自己与老板在私底下碰到。一旦与老板不期而遇，忙低下头怯怯地打声招呼后，便溜走了。有时，老板本想再关心地问几句，无奈只得对着消失的背影怀疑自己是否真的这般可怕。其实，老板也是一个普通人，没必要把他想得过于恐怖。如果你想要拥有更好的前途，就要学会与老板密切联系，抛弃"敬而远之"的心理。

第6章 能参善谋，让你成为团队的骨干

　　许林是一家电子产品公司的行政助理，刚走向社会，他对一切事物都充满了热情。每天他早早来到办公室，下班又是最后一个走，工作上，他总是严格要求自己。所以，没过多久，他也取得了一些成绩。然而，他的性格内向，平日里看到那些整天围在老板身边的人，他从内心感到不屑。可是，最近发生的一件事情，却让他真正认识到自己的不足。

　　从进公司起，许林对老板的态度很尊敬，然而，性格的原因却使他有些害怕与老板相处，因而，也就时时地刻意回避着老板。他认为，只要努力做出成绩，一定会受到重视。起初，他的成绩的确得到老板的认同，可是，老板也只是口头上说说而已。一次，上班之前，老板兴冲冲走进办公室，冲着他与张凯说道："巴西的那个致命一球，实在是太精彩了！你们看了没有？"听到这些，同事张凯忙回道："确实如此，看得大伙都叫好！"当老板把目光投向许林时，他也只是礼貌性地看了一眼，然后，就把头低下去，继续工作了。其实，许林也想好好发表一下见解，可是，他喜欢足球却没有胆量发表意见。可想而知，最后的讨论也就变成了张凯与老板之间的交流。

　　从那之后，老板与张凯之间的交情越来越深，两人经常在一起有说有笑的。陈林看着这个比自己晚来几个月的同事，此刻竟然与老板打成一片，心里自然有些不平。可是，他依然我行我素，坚持自己的理论，希望通过成绩来打动老板。可是，没过多久，老板请他去办公室一趟："许林啊，你的能力很强，这一点我是可以肯定的。不过，你的性格稍有一些内向，我觉得你更适合到计划科去，我已经和人事经理打好招呼了，你下午就可以去那里报到去了！希望在新的岗位上，你能继续好好干，发挥自己的才能！"听到这些，许林有些发愣，可是，面对这样的结果，他也没有反对，只得回办公室去收拾东西。可是，回到办公室一看，原来自己的位置上坐着的正是经常与老板沟通的张凯，顿时，许林明白了一切。

　　在这个故事中，性格内向的许林一向与老板保持着距离，尽管他内心尊敬老板，也做出了成绩，可是却还是被调离。最终，却让一个实力远不如自己、懂得与老板套近乎的张凯坐上自己的位子。许林会受到如此对待正是因为他不懂得与老板密切联系。由此可见，身处职场，如果你也想得到老板的重用，就要学会与老板密切联系，才能走近老板内心。

身处职场,任何人都想要得到老板的重用。如果只凭借出色的工作能力,而不懂得与领导联系的话,自然也就无法达到与领导的良好沟通,当然也就无法受到领导的信任与重用。由此可见,与领导建立起良好的关系才是获得升职的前提。

对于每一个人来讲,如果想要深得老板的信任,从现在起努力工作的同时,还要学会与老板密切联系,及时消除领导内心的成见,成为领导心目中的第一人选,那么,何愁不会得到升迁呢!

选对时机向领导谏言,展现责任感

智者千虑,必有一失;愚者千虑,必有一得。因而,即使再精明的领导,也有考虑问题不够全面、处理事情不周到的时候。遇到这种情况时,下属如果不能够认清形势,只懂得盲目服从,很可能会导致更大的错误出现。因此,当下属与领导相处之时,要学会向领导进忠言,方能达到既定目标。

生活中,有许多下属总想讨领导的欢心,于是事事顺着领导,做起事来也总是看着领导的眼色行事,有时明知领导的决定不对,也抱着少说为佳的态度处置。其实,作为聪明的下属,要懂得不断提醒领导,如果发现领导有不妥的地方,不放任事态的发展,也是下属有事业心责任感的标志。

晏婴,又称晏子,是春秋时期的齐国人。晏婴曾是灵公、庄公、景公三世的齐国名相,也是继管仲之后,齐国的名相。齐国历经灵公、庄公时期,已走向没落。到了景公时,政局混乱,景公便想光复先君伟业,让晏婴辅佐治理齐国,想要重振雄风。

一日,齐景公召晏婴来请教兴国安邦之道。面对着国君的请救,晏婴只是沉思了片刻,便邀请齐景公一起,外出察访民情,出于一股新鲜劲,景公也便应允前往。于是,君臣二人便来到京都临淄的闹市,走近一家鞋

店。可是，看到这些精美的鞋子却没有人前来购买，相反，倒是那些卖假脚的地方却是生意火爆。景公不解，便问道原由。对方回答道："当今国君滥施酷刑，动辄处人刖刑，很多人便被砍了脚，如果不买假肢的话，又如何能够劳动与生产呢！"听到这些，景公有些心生烦闷，晏婴知道他一定是受了刺激。于是，向景公说道："恒公之所以能够建立伟业，正是因为他能够爱恤百姓，廉洁奉公，不为满足欲望而多征赋税，更不会为修建宫室而乱役百姓。如今大王却要亲小人，远贤良，百姓敢怒而不敢言，生活苦不堪言。"听到这里，齐景公彻底明白了自己的错误，立誓也要效法先君。

还有一次，景公及群臣到原纪国的土地上去游览，无意中捡到一个精美的金壶。只见壶内刻着"食鱼无反，勿乘驽马"八个大字。景公故作聪明地认为这是告诉大家"避免吃到腥味，吃鱼的时候，尽量避免食用反面。如果想要走很远的路，也不能乘劣马。"听到景公的解释，众人无不赞叹其见解深刻。然而，晏婴却在良久的沉默后说道："这里也包含着治国的道理，前一句是告诫国君不要过分压榨百姓，后一句则是表达不能重用无德无才的人。"景公不服，反驳到："既然纪国拥有这么好的名言，却为何还要遭遇亡国呢？"晏婴回道："正是因为他们把这些刻于壶内，而不是高悬于门上，因为不能时常看到，并在生活中加以对照，才会有如此结局。"景公听后方才有所领悟，便令群臣也要牢记壶内格言。

晏婴面对国君尚且能够抱着这种不卑不亢的态度，面对领导的错误，我们更应该积极地提出自己的看法，敢于向领导进谏忠言。

培根曾说过："过分地恭维别人，等于贱卖自己的人格。"因而，在与领导的相处中，如果一个人总是讨好领导，不懂得进忠言，只会让人瞧不起。相反，如果能够坚持自己的做人原则，面对错误的地方能够坚持自己的主见，即是对上级的真心尊敬，同样也可以得到上级的认可。

当然，作为下级在向上级进言提意见时，也要把握好一个"度"，只有掌握好方法与分寸才更容易被采纳。

为领导排忧解难，机警善谋得认同

无论是在企业或是机关单位，工作中都会遇到一些棘手的问题。这类问题处理起来很复杂，当然也很敏感，稍有不慎，出了力还得受批评。在许多人的眼中，只有决策者需要去面对这些问题。自己一个基层员工，并没必要也没有能力去处理这些事情。其实，这种想法并不正确。作为下属，把这些棘手难题妥善处理好，也是获得领导青睐的重要前提。

作为员工，要知道你的使命是帮助上级来解决问题的。在其位就要谋其政，解决那些棘手的难题也是你的职责。同时，聪明的员工还懂得，能够顺利解决好这些难题，也是证明你才华的方法与途径。因而，当工作中遇到那些棘手难题时，你所要做的就是尽力解决。只有唱好领导难唱的曲，才能获得领导的赏识与认同，从而取得领导的信任与重用。

作为领导的左膀右臂，每一个人都要积极给领导出谋划策。生活中，有许多人会认为这些都是领导的事情，既然领导全权负责肯定应该由他自己去承担。作下属的根本没有必要去承担他的苦难，只要干好自己份内的事、拿到应得的报酬就可以了。其实，这种想法在没有违背原则的情况下，也是无可厚非的。然而，聪明的员工懂得，只有自己主动替上级分忧解难，才能体现出自己与上司的患难与共，才能赢得老板的信任。因此，愈是在危难时刻下属越应该主动帮助领导分担责任，下属只有做到及时分忧解难，才能在领导的心中占有一席之地。

陈强是一所名牌大学的毕业生，刚一毕业，便应聘进了一家农业科学院。凭借着自己过硬的专业知识，没过多久，他便在业界权威杂志上刊登了他的农业科研成果报告。同时，由于他的工作能力也很好，很快被提拔为办公室主任。

前不久，所长带领着大家研讨一个新项目，经过四个小时的激烈讨论，终于出台了一套改革方案。然而，这个项目由于在第一阶段的

测量中出现了一些难题，最终导致整个方案都被否定，同时也给研究院带来了巨大的损失。想要改变眼前这个现状，需要时间，这一点谁都知道。然而，现在对于他们农科院来讲，最缺的就是时间，因为，这次的损失已经让上级单位非常恼火。所以，上级单位派人来彻查此事，追究责任。

于是，调查工作在紧锣密布地进行着，所长也在抓紧时间挽回损失。当务之急是要保住所长，为其提供充分的时间。想到此，面对调查组时，许多农科院的工作人员都选择了推卸责任，只有陈强一个人主动把责任揽了下来，最终他受到处分，被罚写检讨书，念及他的工作能力和认错的态度好，只是从轻处罚。

当然，他这样做无疑给所长争取到了有利时机，最终把损失降为最低。所长把这一切都看在眼里，心中自是对他百般感谢，没过多久，他也已经从"犯错"中走了出来，最终成为所长的心腹。后来，他的职位也不断地得到提升。

在这个故事中，上级派人对事故进行调查，陈强主动揽下责任，为所长争取到宝贵的时间。虽然，陈强因此而受罚，然而，却换来了所长的信任，成功地化解了这次危机。这个故事告诉我们，在某些情况下，作为下属，如果能够帮助打好头阵，给领导最后的决策留下缓冲的余地和充裕的时间，也能让自己受到领导的信任与重用。由此可见，在与领导的交往中，员工还要学会主动揽责任。聪明的下属懂得，一味地坚持自己的原则，很可能会让自己陷入困境当中。相反，能够主动把过错揽过来，机智巧妙地替领导"背黑锅"，既可以为领导争取时间，也可以获得领导的重用，为自己带来广阔的空间。

再聪明的领导也可能会遇到一些棘手难题，面对这种情况，聪明的下属懂得积极参与，主动帮助领导解决掉难题，更容易得到老板的信任与重用。如果你也能多替领导分忧，增加与领导的交往，自然离提升的日子不远了。如果你也想要受到领导器重，从现在起学会帮助领导处理这些棘手难题吧。

归功于上级，低调更得领导重视

职场就是看不见硝烟的战场，有的人在此惬意自得，如鱼得水般轻松自在。然而，有些人却在此处处碰壁，不得要领。为什么会有这么大的差别？重点在于一个人能否与领导搞好关系，成为领导心中的重要人物。

与领导相处也是一门学问，如果处理得当，可以为你带来事业上的进步。相反，如果稍不留意的话，也可能让你跌落谷底，损失惨重。因此，对于身处职场的人来讲，能够与领导搞好关系是首要任务。当然，想要与领导搞好关系，除了给予对方尊重之外，还应学会低调做人，把荣誉让给领导。否则，即使你的能力再强也会被外露的锋芒所伤害。

张鹏在一家电脑设计公司任职，他是企划部的得力干将。要知道，他能够拥有今天的成绩很不容易。因为在他之前，这个部门已经接连调来好几个人，然而都没能改变企划部的面貌，最终没过多久，又都灰头土脸地离开了。领导才把他提拔到现在这个位置上，没过几个月时间，企划部在他手上复活了。

在他的管理下，这些企划部的员工对工作充满了热情与干劲，没过久，整个部门便赶上了企业整体步伐。一时之间，企划部成为全公司的热门话题，公司上下，无不知这位重要人物。在大伙的夸奖下，张鹏也开始得意起来，逢人就说自己的能力如何强，如果早一点让自己接手的话，这个部门早就改变这种局面。面对成绩，张鹏一味地陶醉在自己的成就中，根本没有注意到领导的心理变化。

当然，陈鹏所说的话自然也就传到领导的耳中，使得领导心里很郁闷。更让人生气的是，在公司的表彰大会上，当陈鹏上台发言时，他从头到尾都在表达自己的能力如何，眼光又是何等高，正是由于自己的到来才使得企划部摆脱了被合并的命运，最终能够走到公司所有部门的前头来。可以说，在整个发言的过程中，陈鹏都在夸奖自己，根本没意识到他人的

努力,当然也没有提到他的领导。

因而,领导此时已心生不悦,只是没有表达出来。表彰会没多久,领导便借以他能力高将其调离到更需要的部门里去。直到此时,陈鹏才明白正是因为自己过于张扬,在荣誉面前,没有把领导放在第一位才造成今天的局面。尽管他想给自己争取到最后的机会,无奈局面已定,他也只能听从命令,去其他部门上任。

在这个故事中,陈鹏力挽狂澜将企划部带出困境,一跃成为公司先进部门。这其中有他的功劳,然而,他并没有意识到要把这些功劳与领导分享,甚至根本无视领导的存在,使得他被调离。无论取得多大成就,都不可能是一个人的所为,尤其是领导的决定起到的才是决定性作用。所以,你所取得的任何成就都有领导的份。如果都像陈鹏一样高调宣扬自己的能力,从而抢走了领导的风光,只会引起领导的不快,最后势必会给自己带来损失。由此可见,作为下属面对成就时保持低调,主动把荣誉让与领导,是获得领导信任的前提。

现实生活中,有许多年轻人一不小心取得一点成就便学会自我宣扬,到处显现自己的能力,甚至认为领导正是依靠自己的努力才能做出成就,因而,面对成就时,总是极力争功,总想显得比老板更能干、更有能力。其实,这是最愚蠢的做法。要知道,身处职场过于高调地突出自己,无形之中就是抢走了领导的风头,使领导显得没有能力,这样做无疑于给自己的成功增添阻碍。聪明的下属懂得,成功之时保持低调,不抢领导的"镜",才是深得领导信任的做法。

作为下属,你的职责便是协助上司,如果因为一点小小成就便邀功争宠,只会让上司觉得你的存在就是威胁。到时,换任何人都会想拔掉这个隐患。因而,作一个聪明的下属就要学会保持低调,把成就主动让给上司,成为上司的忠诚追随者。

那么,从现在起,做一个聪明的下属吧,通过让功劳获得上司的信任与重用。

管住自己的嘴巴，防范祸从口出

语言是人与人交流思想的工具，通过它。可以达到心与心的交流。然而，正是因为有了语言，也就有了事非。语言用得多了，有时也就自然成了各种祸端的起因。要知道，一个人说出去的话就像泼出去的水一样，是很难收回的，因而，与人沟通交流要做到慎言。

说话是一门学问，会说话则是艺术。常言道，病从口入，祸从口出。一个人如果不会说话，很可能会因此而带来灾祸。古人曾要求人们要慎言，也就是出于这个原因。当然，这个道理不仅用于日常生活，与领导的相处同样适用这个道理。与领导相处中，说话前要多加考虑，切不可信口开河，管好自己的嘴巴是根本，否则很可能因为一句话而失去重要的东西。

古时候，有一个皇帝认为只有自己的国家才是最强大的，国内的制作技术也是世界一流的，尤其是制作出的绳子更是无可匹敌的。这话传到一群外商耳中，自然引起一番争执，认为比不上他们国家的绳子，最后，他们还到处散播这种言论。听到这些，皇帝自然十分气愤，一怒之下就把这些人给抓了起来，并且判商队头目以绞刑。

自然，商队的头目被押赴刑场，准备用绳子结束他的生命。谁想到，在绞刑的过程中，此人不断挣扎，几经努力，终于挣断了绞刑用的绳子，重重地摔到了到上。在封建社会，如果遇到这种情况，通常都会认为是上天的旨意，那么，犯人也会得到赦免。商队头目自然也知道这一点，所以更加肆无忌惮，冲着围观的人群说道："看看，这就是你们国家制造出来的绳子，连个人都吊不住，连个小小的绳子都不会制造，你们还会制造什么？"听了这些，周围的人都感到气愤，更别提负责监斩的官员。

因此，当监斩官员把绞绳断裂的消息告诉皇帝后，皇帝尽管气愤，可是碍于祖宗定下来的规矩，本想亲题赦免书。继而，听到他说出的那些话后，顿时把赦免书撕个粉碎，决定让事实证明本国的绳子结实。于是，第

二天，这个人再次被推上绞刑台，这一次，绳子并没有断，他也就死在绞刑台上。

在这个故事中，商队头目被处以绞刑，幸得绳子断裂才得以留下一条命。原本可以受到意外赦免的，他却并没有见好就收，反而不知深浅地继续揶揄绳子不结实，最后结束了自己的生命。事实上，商队头目之所以结局如此，正是缘于他这张嘴。如果，他能够管好自己的嘴巴，也不至于会落得如此。

那么，与领导的相处中，我们要如何管好自己的嘴，防止祸从口出呢？

第一，面对领导的问话，要从多角度思维，避免失言。

无论我们是否愿意，在人际交往中，我们常常会讲错话，由此会带来人际交往中的事非。所以，作为聪明的下属，与领导相处要保持平常心，同时，根据领导的性格特征来改变回答的方式或方法，这样才能使你说出的话中肯而又得体。

第二，说话要讲究实际，不应根据自己的猜测来发表见解。

与领导相处过程中，下属所说的话要做到有理有据，才能保证你的语言有说服力。如果不加选择地信口雌黄，根据自己的经验或感觉"想当然"说话，势必会出现偏见与失真的情况，自然就会影响到你在领导心目中的形象。当然，如果遇到一时难以掌握而又非"表态"不可的情形时，选择一些模糊的语言，效果往往会好一些。

第三，管好自己的嘴巴，注意讲话的内容，也很重要。

说话是一门艺术，同领导说话更是如此。与领导相处时，不仅要注意说话的方式，而且要注意说话的内容。总体上来讲，说话时要学会根据对象与场合说话，这样才能避免引起不必要的麻烦。同时，还要注意说话的内容，一些有损于领导形象与破坏双方关系的话不要说，只有如此才能避免说话带来负面影响。

说话也是一种技巧，然而并非所有的人都能够掌握上述三项技巧。有些人却因为嘴巴而伤了他人，也伤了自己。因而，作一个聪明的下属，从此刻起学会管好自己的嘴巴，避免祸从口出。

抓住展示机会,令上级感到你不负众望

韩愈的《马说》一文中,曾提到"世有伯乐,然后有千里马。千里马常有,而伯乐不常有。"对于千里马来讲,能够遇到伯乐是十分幸运的事情。然而,"伯乐"却并不常有,对于那些身怀绝技的人来讲,想让自己被发现,就要学会表现你的才能。

提到表现自己,许多人会认为那是"出风头"和"目中无人"的表现,也是一个人不成熟、不稳重的表现。正是在这种偏见的影响下,让一些原本可以大有作为的人,最终在默默无闻的奉献中埋没了自己的才华,失去了许多成功的机会。因而,作为聪明的下属,要学会表现自己,将自己的才干推销出去。

吴军是一家出版社的职员,前几日,上级决定于进行演讲大赛,每个单位都要求推荐一个人参加。虽然吴军所在部门年轻人很多,然而很多人都不敢报名,更多的是找借口推辞。在这种紧要关头,吴军主动请缨,要求把这个任务交给他,领导很欣赏这种精神,当即应允。这一举动无疑是替领导解决了难题,因而引起了领导的赞赏。

当吴军接受任务之后,为了能够出色地发挥自己的水平,他从选题到编写都花费了很大的功夫。最后,他还专门请教一些前辈来指正自己演讲时存在的问题。"皇天不负有心人",在他的努力下,他的演讲水平在很短时间内有了突破性提高。

当然,演讲进行得很顺利,他出色的表现为自己赢得了很多掌声。结果出来了,他取得了大赛的第二名,这下,吴军成了全社的焦点人物,当然也得到了领导的关注。在公司选择工会干部时,领导把他作为第一人选。最终,经过他的努力,成功获此职位。

在这个故事中,普通员工吴军因为懂得表现自己,通过演讲比赛获得领导的好评,同时,也深受领导的信任与器重,推荐他为工会干部。吴军之所以会成功,就在于他能抓住时机表现自己,被领导所欣赏。这个故事

告诉大家，如果你也想做大事，就要学会表现自己。

生活中，每一个人都有自己的长处，也会有自己的短处。当然，想要让上司欣赏自己，就要学会主动把你的优点与长处显露出来，让对方了解。因而，如果你也想成为上司所欣赏的人，就要懂得在重要时刻展现出你的优点和长处。一个人善于表现，可以吸引上司的注意力，使才华更容易被发现，然而，聪明的下属在表现自己时，要注意以下几点：

第一，表现自己的才能，要落实在实际行动上。

一个人无论有多大能力，如果总是在口头上夸大其辞，做起事来拖拖拉拉，上司交办的任务催办多次也完成不了，这些行为都会降低对方对你的评价。因而，做一个上司赏识的人，从此刻起办事要干净利落，多用行动来表现自己的能力，更容易得到赏识。

第二，向上司表现自己的才能时，要注意说话有度。

生活中，有些人为了表现自己，总喜欢向他人吹嘘自己的本领，这样的行为只会失信于人，即使暂时得到上司的认同，也最终会在现实面前露出马脚，到头来，只会让自己失去领导的信任。

第三，向他人表现才能时，保持低调，更有利于行事。

即使你的才华再好，如果不懂得低调，总喜欢显露自己的才能，也会被人误认为是自大狂妄之人，不利于树立良好形象。要知道一个恃才傲物、盛气凌人的人，是无论如何也不会受上司重用的。因而，想被上司欣赏，就要学会低调来对待自己的才华与能力。

无数实践证明，一个人如果能够巧妙地表现自己的才华与能力，有助于被上司发现，并委以重任。然而，前提是要学会表现的技巧。相信通过上面的学习，你也可以学会在上司面前正确地表现自己。如果能够做到这些，相信不久的将来，你也可以成为被上司欣赏的那个人。

第7章 以和为贵，学会与同事和谐共处

工作中，搞好与同事间的关系很重要。如果你对同事冷漠，同事同样也会对你冷漠，那么"受冻"的是自己。在工作中与同事搞好关系的第一步是做好本职工作，这样同事才会认为你是一个本分、务实的人，才会放心与你交往。但是在展露自己才华的时候要注意不要和同事"抢功劳"，要以和为贵，处理好同事间的矛盾，化干戈为玉帛，和谐相处。要做到公私分明，即使你讨厌对方也要尊重对方。有事情要大家一起商议，切忌搞小团体。如果公司出现了小团体，要远离，以免上"贼船"。总之，要以和为贵，与同事和平共处，良好的人际关系能让工作更舒心，也更容易获得成功。

对同事冷漠，自己将举步维艰

与同事相处并进行良好的沟通，这样才会有融洽的人际关系，才能使你的工作充满动力。如果你因为一些自己的事不开心，又不愿意与别人说，对人一直冷淡，那么同事会认为你对其有什么意见，这样你就会逐渐被疏远。如果你真的对某个同事有意见而故意对其冷淡，同样同事也会因此而对你冷淡，那么最终"受冻"的还是自己。所以，如果有意见可以和同事进行恰当的沟通，这样才能化解误会，增进感情，获得良好的人际关

系。

小珍是一家公司的新人，刚从大学毕业的她满怀热情和雄心地来到这家生产数码设备的公司，本想通过自己的努力大干一番，但是没有想到刚一到公司就遭遇了人际关系问题的困扰。

公司的同事总是很忙碌，这倒没有什么，但是同事们在忙碌时对她的态度很冷淡。在面对面走过时总是装着没看见，从来不会与她打招呼，她主动打招呼，同事的反应也总是冷冰冰的，甚至有几次对方都没有反应。小珍发现自己自讨没趣，于是之后也装着没看见，但是这让在大学时总是与人热情相处的小珍感到非常不适。在激烈的思想斗争中，她失去了方向，久而久之，小珍感觉身心疲惫，工作上也渐渐没有了当初的激情。后来，小珍和朋友倾诉了自己的苦恼，并得到了朋友的指点，于是小珍开始逐步改善与同事间的关系。

小珍经常买些吃的和同事们一起分享，有什么不明白的问题就虚心请教，别人需要帮助时就主动上前伸出援手。渐渐地，人们在与小珍接触时脸上的冰冷不见了，而是洋溢着温暖的微笑。人际关系问题解决了，小珍的工作变得顺利了许多，而且取得了不错的成绩。

小珍的人际公关行动是成功的，她最终成功地和同事们打成一片，使得工作也得到了促进。也许是工作的压力太大了，也许是小珍当初的沟通不够，但是无论怎样，小珍同事在面对新人的做法都是欠妥的，要知道我们每个人在遇到类似小珍所经历的情况时都会像小珍一样苦恼，所以我们不应该对自己的同事冷漠。当你对同事冷淡时，同事就会做同样的事来对你，这样你的人际关系就会僵化，最终影响你的工作。

小超和小丽在同一个办公室，小超刚从学校毕业来到公司，小丽则已经工作了五年之久。起初，两人关系还不错，还一起去买折叠床放在办公室里，中午休息用，经常一起去食堂吃饭等。后来，小超和办公室其他几个女孩子搬到楼下一个空闲的办公室午休，但是小超一时疏忽没有叫小丽一起搬下去。后来，小超发现主任对小丽的态度不太好，可能是因为她工作了六年不怎么出色的缘故。主任对小超的态度很好，经常鼓励她，觉得她刚毕业，是可塑之材。但是小超没有什么谄媚之举，只是对本职工作认真负责，不懂就问。可从此，小丽却对小超的态度越来

越冷淡，从无话不谈变为几乎形同陌路，工作上两个人经常出现不合拍的现象，极大影响了工作效率。直到后来小超主动找小丽谈，才化解了彼此之间的误会。

也许是小丽得不到赏识，内心有些许的挫败感，但是她对小超的冷漠让两个人的关系无缘无故地从好变坏，影响了工作，这都是得不偿失的。我们要像小超一样，有问题主动沟通，不要耽搁，因为时间一长，误会就会加深，就真的变成了矛盾，俗话说"夜长梦多，迟则生变"。

在交流中，自己要调整好心态，不要总是看谁不顺眼就对谁冷淡。即使知道对方对自己有意见，也要若无其事地和其交往，然后多观察，争取慢慢地去了解他，主动地和他交谈，从而化解彼此间的矛盾。对一个人冷淡会让对方感到敌意，同时自己总把事情憋在心里也是很难受的，所以不妨和对你有意见的人或自己对其很有意见的人去个轻松的场所，打开天窗说亮话。冷淡同事，受冻的将是你自己，把埋在心里的话都说出来，有利于彼此间消除误会和矛盾，加深感情，促进工作的顺利开展。

做好本职工作，尽其职但不越俎代庖

作为一名公司的员工，也许你学识渊博，也许你才华横溢，但是最重要的还是做好自己的本职工作。有些人很喜欢炫耀自己，或者经常会放着自己手中的事情不做或者在完成自己工作的情况下去做他人的事情。这类人中有的是想借此炫耀自己的能力；有的则是过于热情，想通过帮助他人搞好人际关系。想炫耀自己的人当然会招来别人的反感，因为此类人在炫耀自己的同时，忘记了他人正在受到无形的贬低；而极度热情的人在完成他人的工作时，往往也剥夺了他人展现自己能力的机会。所以，在公司要各司其职，不要随便做同事的工作。

老陈退休在家有几年了，为了全家的生活，他奔波忙碌了大半辈

第7章　以和为贵，学会与同事和谐共处

子，但是刚过了几年清闲日子，孙子大学毕业了，工作单位却一直定不下来，他心里很急。老陈为了给孙子尽快解决工作问题，便经常去人才市场帮忙找工作。有一次，他们祖孙三代一同去参加招聘会，孙子去别处转悠了，老陈和儿子捧着求职指南研究讨论，并把孙子的简历给了一家中意的公司，招聘人员觉得条件还可以，说要与孙子面谈。另外，这家公司还提醒他们，孩子的事情让孩子自己解决，老年人不要跟着凑热闹。

老陈想快点给自己的孙子解决工作，这很正常，但是他亲自和儿子去人才市场为孙子递简历就显得越俎代庖了。长辈出现在招聘会上，这虽然体现了长辈对孩子的关爱，但是这却帮了孩子的倒忙，因为这不但不能让孩子的能力得到锻炼，而且大多数招聘单位见到有父母或长辈陪伴的年轻人来应聘，都会在第一印象上打折扣。同样的道理，工作中，很多人看到公司的新人在完成一些工作非常吃力时就会主动上前帮助其完成，这样做虽然能解燃眉之急，但是却没能给新人一个锻炼自己、提升自己的机会。所以，在工作中不要做同事的工作，如果你发现其出现了吃力的情况，可以口头上给予提醒或者鼓励之类的帮助，而不要动手，做好自己的本职工作就可以了。

在中国的历史传说中，有一位杰出的领袖叫尧。在尧的领导下，人民安居乐业。可是唐尧很谦虚，当他听说隐士许由很有才能的时候，就想把领导权让给许由。尧对许由说："日月出来之后还不熄灭烛火，它和日月比起光亮来，不是太没有意义了吗？及时雨普降之后还去灌溉，对于润泽禾苗不是徒劳吗？您如果担任领袖，一定会把天下治理得更好，我占着这个位置还有什么意思呢？我觉得很惭愧，请允许我把天下交给您来治理。"许由说："您治理天下，已经治理得很好了。我如果再来代替你，不是沽名钓誉吗？我现在自食其力，要那些虚名干什么？鹪鹩在森林里筑巢，也不过占一棵树枝；鼹鼠喝黄河里的水，不过喝饱自己的肚皮。天下对我又有什么用呢？算了吧，厨师就是不做祭祀用的饭菜，管祭祀的人也不能越位来代替他下厨房做菜。"

尧很谦虚，想将天下的管理权交给贤人许由。许由也很识趣，表示既然唐尧已经治理得很好了，自己并不属于管理者一类的人，何必越俎代

庖。这个传说很鲜明地告诫我们要做好自己的本职工作、不要越俎代庖的道理。在日常工作中，要认真做好自己的本职工作，如果你由于精力过于充足而去做同事的工作，那么做得好，同事不会说什么，最多是客气地向你表示感谢，并委婉地暗示下次不要这样做了，但是做坏了，不仅会帮倒忙，给同事带来麻烦，而且要背上"多管闲事"的罪名。

工作中的机会不是常有的，而人们需要借这些机会获得成功，证明自己。所以，要在机会出现的时候，让应该得到机会的人好好地把握，不要出于热心或者其他目的去干预或者争抢机会，让人们自己去应付，竞争需要公平。在同事需要帮助并请你帮助时再动手，否则就用善意的语言作为鼓励的形式，这样不但能博得同事的好感，而且你的好意同事也会心领神会，对你心存感激。所以，工作中要各司其职，做好自己的本职工作，不要随便做同事的工作。

适度展露才华，但切忌争功

工作中，一个人要想有好的发展就要使人们知道你有真本领。展露才华是好事，因为管理者可以对你有一个全新的了解，可以让你获得更多的机会以施展你的本领。但是，在展露才华的时候要注意方式，可以将自己取得的成绩展示给领导，但是不要和同事抢功。和同事争功不但会使人际关系被破坏，而且会使领导对你的人品产生怀疑，甚至导致成果付诸东流，带来不必要的损失。

小青和小梅是公司里的得力干将，小青签字的材料要交给老板，在交之前，需要同事小梅查看一下，结果小梅把小青签字的材料重新打印一次，签上自己的字，然后交给老板。老板在签字的时候看到小梅的签字，就会觉得是她做的报告。小青发现以后，就让小梅查看自己的材料以后再交还给自己，然后直接拿给老板。另外，小青在报告里输入数据后，小梅核对说数据不符，结果一看果真不符。小青心里纳闷："当初我输入的时

候怎么就是相符的呢？"后来发现原来小梅修改了数据的一部分，让其最终结果不相符。小梅平时也是总喜欢抢小青的工作，而小青的解决办法就是比她快。别人发给他们的邮件，小青总能比小梅回得快，回得全。最后小梅没有了办法，只得放弃。

从这个例子中，我们看出小梅非常爱抢别人的工作成果，喜欢据别人的功劳为己有，这样做显然是失当的。自己辛辛苦苦的劳动瞬间就化为了别人的成果，换成谁都会感到不平衡，所以在平时的工作中，我们要展现属于自己的功劳，而不要去抢同事的功劳。在这里要特别推荐小青的工作方法，她在面对同事争抢自己功劳的时候，不但没有向对方发火，而且运用的方法非常智慧。这使得她的态度一直非常积极，工作按部就班，不断取得新的成绩。

郑军和一个女同事是同一年进入一家公司的，郑军那个女同事非常积极，什么工作都是揽到自己那里做，包括本属于郑军的工作。本来他们共同负责一个项目，可这个女同事几乎没有留给郑军什么可以做的工作。在向领导汇报时，女同事自然口若悬河，根本不给郑军任何表现的机会。郑军性格比较内向，女同事则比较外向，和周围的其他人接触多一些，关系比较好一些，所以，郑军拿她没有办法。最后郑军不得不听取了朋友的意见，到经理那诉苦。

郑军并没有说谁抢他的工作，自己没有事情做，而是以正面的形式说某某工作非常积极，非常享受这份工作，所以在做工作的时候，总是争取做更多。这个积极的精神真的很好，不过自己的工作量就变得很少，空闲的时间就会变多，所以请经理考虑一下给自己新的工作。因为自己和某某一样，也非常希望能为公司做更多的事情，学习更多的知识，积累更多的经验。最后经理查出了事情的原因，使得那个女同事有了很大的收敛。

郑军遇到的女同事很强势，不但自己的工作完成得迅速，而且毫不客气地将郑军的工作拿过来自己做，功劳也都往自己身上揽。面对这样的同事，郑军的内心肯定是复杂的，当然最后处理的方式还是很成功的。在日常的工作中，为了不给同事增添烦恼，也不给自己找麻烦，我们还是不要抢同事的工作为妙。

在同事取得成绩的时候，要怀着一颗积极的心态祝福同事，即使你很羡慕这些成绩，也不要嫉妒，更不要去抢，正确的做法应该是自己加倍努力，把同事当成自己努力的目标，从而使自己获得更大的成绩。这样做，不但不会让同事因为你的成功而对你感到不悦，而且会赢得他人的尊重和敬佩。你在别人取得成绩时大度地祝福，事后自己努力取得的傲人成绩，不但会使你的能力得到广泛认可，而且也由于大家的积极努力营造了一种你追我赶、公平竞争的良好氛围，有助于整个团体的快速发展与进步。所以，切记要显露才华，但不要和同事抢功劳。

巧妙化解矛盾，与人和谐相处

人与人之间出现矛盾很正常，同事之间出现矛盾更是正常，但是矛盾之所以会阻碍顺畅人际关系的建立，是因为人们经常不能理性地面对矛盾，往往把注意力放到怎么才能保住自己的面子，怎么才能证明自己是对的、对方是错的。这样一来，人们就不会想到怎么去解决矛盾，而是为了一些没有意义的问题争论不休。矛盾在争论中只会继续加剧，最终影响人们之间的关系。所以，当矛盾产生时，不要急于去争吵，要理性地分析，巧妙地化解，不使矛盾成为彼此之间交往的障碍。同事之间要以和为贵，处理好彼此间的矛盾可以打造和谐的人际关系，可以营造良好的工作氛围，无论对于个人还是公司都是有益的。

一位50多岁的女士在为一家出版公司工作了10年之后失业。她的位置被一位年轻的同事取代，而后者对此表现得十分冷酷，缺乏同情心。这位女士十分痛苦，所幸多年的好友和熟人都慷慨地为她出谋划策。几个月后，她得到了一份相当好的工作，在一家虽然小却实力很强的出版公司任总编。又过了两年，她先前所在的那家公司倒闭了，碰巧的是，曾经顶替她位置的那位年轻人如今到了她手下干活。带着满腔怒火，这位女士明确表示她和那个先得意后失意的人誓不两立。她要那个年轻人也尝尝痛苦的

滋味，于是她不让他提出的任何一个选题通过，甚至在大厅里相遇时也不忘对他嘲笑一番。

这名女士先是遭遇了人生的低谷，在低谷中，顶替自己的新人不但没有同情自己，反而非常冷酷，让这名女士本就失落的心更加悲凉，痛苦是可想而知的。人生就是充满着戏剧性，在这位女士摆脱了过去的阴影重新开始后，昔日的顶替者成为了今日自己的手下，复仇心理驱使着这名女士要残酷地让其痛苦一番。俗话说"冤冤相报何时了"，你伤害我，我报复你，这样的恶性循环是没有止境的，最终的结果就是两败俱伤。如果当初那名顶替者没有那般冷酷，或者这名女士不计前嫌，那么结果会大不相同。所以，平时要以和为贵，用一颗真诚善良的心对待同事。在遇到矛盾时，不管是哪一方让一步，用一颗宽容的心去感化对方，也让自己释然，双方自然而然就会化解矛盾，最终获得和谐的人际关系。

小陈和小王是同一家保险公司的客户经理，两个人的业务水平都很高，工作态度也都非常端正。但是小陈的业绩总是比小王高出一大截，这让小王很是不快，逐渐地小王开始在心里把小陈作为敌人，时间长了，这种敌意开始外露。小王会抓住小陈的各种失误来借机讽刺小陈，或者经常莫名其妙地给小陈出难题。小陈逐渐发觉了小王的敌意，于是主动约小王一起吃饭。通过与小陈的接触，小王了解到他家境很差，这不但让小王的心里有了些许同情，而且在面对小陈的鼓励时，小王彻底释然了，他们重归于好，矛盾被化解了。

可以看出小陈是一个宽容大度的人，他主动化解由于误会产生的矛盾，使同事之间的关系变得融洽，这是值得人们学习和借鉴的。平时在遇到别人的误解时，一定要和其进行良好的沟通，这样才能化解彼此间的矛盾。如果你碍于面子而与其较劲，那么你们之间的误会会加深，矛盾也会加深，这样不但会影响你们的关系，也会影响工作。所以，不妨像小陈一样，用真心融化矛盾，与同事和谐相处。

矛盾产生的原因有很多，或者是误会或者是一些其他的原因，但是矛盾解决的方法也有许多，只要你用心去寻找，那么矛盾终将被化解。当矛盾产生时，首先要理性地分析矛盾产生的原因。在发现问题的症结所在后，就要主动采取化解矛盾的行动，可以采取直接的，也可以用间接的，

总之要达到沟通化解矛盾的目的。这样一来，同事间的感情就会加深，关系自然就会融洽，工作也会充满激情。所以，工作中，要以和为贵，处理好同事间的矛盾，营造融洽的工作氛围。

顾全大局，尊重令你生厌的同事

人们在对待自己喜欢的人时会非常自然，很愿意与其接近，并用微笑去与其交流。在对待自己讨厌的人时，会敬而远之，总是想办法避开，或者对其态度非常恶劣，充分表现自己的厌烦之情。在工作中，对待你讨厌的同事时，不要将你的厌烦摆到明面上，不要什么都不顾地尽情发泄自己的不满，要顾全大局，照顾人们的情绪，公私分明，尊重你讨厌的同事。

杨帆本来在公司的执行部工作得一直很好，直到碰上了一个让她反感的同事。客户部的陈圆圆，名牌大学毕业，一进公司就张扬得不得了。不过，老板很看好她，没过多久，陈圆圆就成了客户部的经理，是杨帆要经常合作的同事。小姑娘自从当上了经理就更加目中无人。在工作过程中，她总会找出各种理由来给扬帆的工作挑毛病，或者说一句轻飘飘的"我知道了"，这让杨帆觉得自己费了那么大的精力做出来的成绩，到了她那里，根本就没什么了不起。但如果是执行部有什么事情处理不当的时候，她就四处宣扬，把事情搞得全公司都知道才善罢甘休。为此，杨帆经常去总监那投诉，抱怨陈圆圆的为人，但是总监并没有理会杨帆的抗议，而是建议杨帆和她建立友谊，并说："她也许是个'恶霸'，但是人品和工作是两码事，她的工作能力也是很不错的，也有你可学习之处。"听了总监的话，杨帆渐渐地开始对陈圆圆变得友善了，甚至主动提出和她共进午餐。慢慢地陈圆圆不再去给杨帆挑刺，而是经常去提醒杨帆各种需要注意的事项。遇到大的项目两个部门还会坐下来平心静气地商量。虽然不可能是很好的朋友，但是杨帆明白，最起码大家不会再产生什么重大的"交

第7章 以和为贵，学会与同事和谐共处

火"事件了。

杨帆与陈圆圆的冲突由刚开始的一触即发到后来的心意相通，离不开二人的互相谅解。杨帆不喜欢陈圆圆，但是工作和私情毕竟要分开，况且陈圆圆的工作能力是得到公司广泛认可的，所以杨帆顾全大局，主动改善与陈圆圆的关系，这样的做法是正确的。在工作中，人们不能选择自己的同事，所以谁都不能保证同事说的话和做的事是自己喜欢的。当你的同事让你讨厌时，要像杨帆一样保持克制，可以与他一起喝喝茶，聊一聊各自心里的感受。沟通不是万能的，但作用绝对是明显的。你的容忍和礼让会让对方觉得你识大体，很有气量，从而被你感染，行为自然会有所收敛。所以，不要和你讨厌的同事像仇人一样，见面就眼红。不必成为朋友，但是一个可以沟通的良好关系还是需要努力去建立的。

郑爽是一家公司的职员，她为人正派，表里如一，所以对公司的一名总是笑里藏刀的同事很是厌烦。开始时郑爽非常想当面斥责这名当面一套背后一套的家伙，但是她的想法被自己的一个朋友制止了，朋友帮郑爽分析了各种利弊，最后郑爽决定对于这个笑里藏刀的同事，在工作中维持正常的关系，私下里则加倍防范。

郑爽开始的做法显得有些冲动，幸好在朋友的劝阻下没有施行，如果郑爽当面对其斥责，那么不但不会达到让其改变成为自己理想中的人的目的，而且很可能会使她同事在暗地里对郑爽非常不满，寻找机会报复。所以，对待自己不喜欢的同事一定要尊重，因为他与你是工作关系，私下里不会影响你的个人生活，所以为了整个公司这个大的团体的发展，要抛弃对一些人的成见。大家以和为贵，和睦相处，才能营造一个团结奋进的大环境。

当你遇到让自己感到厌烦的同事时，不要一开始就妄下定论，毫不客气地上前给对方提意见只会让对方察觉到你的反感，不利于以后工作的开展。要保持一个相对较低的姿态，无声无息地细心观察，发现对方的优点，然后针对优点进行沟通。这样一来，对方会发现你很有风度，懂得欣赏别人，从而对你产生好感。如此，不但避免了冲突，还能获得别人的赞赏。私下里我们可以随便喜欢或者讨厌一个人，但工作时就要抛开私人情感，把重点放在工作上。所以，即使你讨厌你的同事，也要对其给予足够

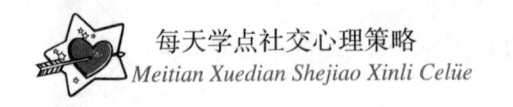

的尊重。

有事需摆明，不搞小团体

在职场，经常会出现几个有着共同利益的人结成我们常说的"小团体"。这些人在小团体内部谋划着各种策略来维护自己，争取更多的利益。他们对小团体外的人员态度有所区别，如果有人反对他们，那么他们就会把这个人设定为敌对目标，会采取各种有针对性的手段去刁难这个目标。小团体在公司中是比较不正常的现象，这些人有时只顾局部利益，不顾全局利益，这使得人们不能团结一心，处于分裂状态。这样的团体存在，公司怎么能快速向前发展？所以，有事要摆明，大家一起商量，不要搞小团体，发现小团体，就要远离小团体。

经过几年职场奋斗，王琳跳槽到广州一家美资化妆品公司当市场部副经理。本以为凭借着这几年的丰富工作经验和专业水平能在新公司里有一番大作为，可是没过三个月，她便发觉事情没有她想得那么简单。部门里同事间关系复杂而微妙，不少人结成小团体，而首脑就是她的搭档、市场部的另一名副经理，这让她感到很为难。

王琳做事喜欢就事论事。在工作中并没有偏袒任何人，也因此而得罪了那位副经理的小团体，同事们常常在决策时偏向另一名副经理。最近，王琳在一项重大发展计划方案的竞争中败下阵来，公司采用了那名副经理的计划，原因在于部门的大多数人都投票支持那名副经理。

对于这个结果，王琳既惊讶又愤怒，她自己一直认为那个方案非她莫属。无论学历、资历、业绩，王琳都占优，更重要的是她的计划方案确实比那名副经理更加可行。

王琳以前一直觉得外企是块净土，不需要搞关系，只要干出成绩就可以得到同事的认同与上司的赏识，没有想到一不小心就陷入尴尬境地。刚坐上新的管理位置，该做的事情本来就千头万绪，偏偏遇上这个"小团

体"问题，想要大展身手更是难上加难。

　　从王琳的例子中我们不难看出，小团体对于一个公司的危害有多大。王琳因为"小团体"的阻碍，不能得到重用，这是对人才的浪费。在设计方案上，因为"小团体"作祟，好的方案反而被拉下马，不得不叫人无奈。雄心勃勃的王琳刚跳槽就遭遇了小团体，事业上遭遇了挫折，让人惋惜。在工作中，在发现"小团体"时，要注意仔细观察，把"小团体"的构成和一些具体情况摸清，结合公司的大环境做理性的分析，然后制定一套属于自己的方案，使自己既不被"小团体"影响，又能保持独立性，促进工作的开展。总之，要想避免麻烦，就远离"小团体"。

　　王凯是企业里的新人，他深知老员工或老同僚难免会心存几分排斥。于是，他学会了"恭敬不如从命"，他到公司的作风就是少说话、多做事。看到部门里存在"小团体"，他更是学会了绕行。既不得罪别人，又使自己努力工作的机会得到了落实，没过几个月，王凯就升迁了。

　　王凯是精明的，他知道哪些是该做的，哪些是该远离的，这也是他不受"小团体"影响、较快升迁的主要原因，很值得人们学习和借鉴。

　　一般"小团体"的后果都不会很好，比如新人在加入"小团体"后会得不到领导和资历较老的同事的信任。因为领导和资历很老的同事都希望新人能很快地融入公司这个大的团队，与所有的同事打成一片，而加入"小团体"后则会不服从领导，个人主义上升，对公司的发展危害颇深。"小团体"发展到一定的程度，必将引起管理者的注意和重视，那么管理者就会采取手段瓦解"小团体"，比如辞退一些人，对某些人进行降职、罚薪等处罚。

　　在公司工作态度要端正，为人不要过于张扬，向资历比自己老的人虚心请教，这样不仅能建立良好的人际关系，而且能避免"小团体"的迫害。一个公司的"小团体"往往会找那些锋芒毕露的人开刀，而你在保持低调时，相对于"小团体"就是弱势，就不会引起太多的注意，也不会成为攻击的对象。这种"小团体"会影响个人的长远发展，而对于组织来说，则是因小益而失大利，最终影响了大的团结，所以要远离"小团体"。

第8章 善用策略，让下属更听你的指挥

作为上司或者领导，很多人喜欢端着架子，以显示自己的威信。但是这样做，往往会疏远下属，使得下属不敢轻易接近，结果给工作的交流造成了障碍。作为一个领导要敢于承担责任，与下属荣辱与共、同舟共济，这样才能赢得下属的爱戴。俗话说"强将手下无弱兵"，只要领导有方，下属一般都会有出色的表现，为组织贡献力量。领导要信任下属，因为这是在无形中对下属最有力的支持。在和谐中营造竞争氛围，让公司中形成一种你追我赶、积极向上的良好风气。在与下属共同奋斗时，也要控制好"临界距离"，树立领导威信。对工作努力的人给予奖励，对态度消极者给予处罚，赏罚分明，用好奖赏这根"胡萝卜"。

表现你的敢作敢当，与下属同舟共济

作为领导，要有强烈的责任意识，要敢于承担责任，这样才能为下属树立榜样，发挥榜样的作用。很多领导喜欢宣传责任意识，但是真正需要自己承担责任的时候就会寻找替罪羊，这样的领导是不得人心的，是为人唾弃的。要想让下属心服口服就必须拿出点与下属荣辱与共、同舟共济的架势，在应该自己承担的责任面前毫不退缩，勇于承担。在承担责任的态度上要注意本着改正错误、做到更好的想法，而不是我错了就错了，没人

第8章 善用策略，让下属更听你的指挥

敢把我怎么样的想法。

小胡是公司的一名新人，在工作中总是遇到一些难题，有些是要向上级领导汇报之后才能做的。于是，小胡就去找自己的领导，可这个领导遇到棘手的问题总是模棱两可、模模糊糊，这让小胡很难处理。后来，这名领导居然在一件很重要的事情上推卸责任，这让小胡忍无可忍了，终于和领导起了正面冲突。

事情发展到让小胡忍无可忍并与领导起冲突的程度，这是谁都不愿意看到的，错误明显在于这名领导。领导的作用就是指挥、带领、引导和鼓励部下为实现目标而努力，就是在下属遇到问题时能给其一个明确的答复，指给其一个行动的方向，让下属朝着这个方向发现解决问题的办法。而小胡的领导在面对棘手的问题时，不但没有给小胡一个有效的指导，而且用模棱两可的回答来敷衍，在遇到应该自己承担的责任时，不主动承担而是推卸责任，这怎能不激起下属的愤怒？

领导是组织的核心，勇于承担责任的领导是好领导，他能与下属同舟共济、共同奋斗，这样的领导带出的团队是斗志昂扬、百战不殆的。不承担责任的领导不是好领导，他所带出的是松散无效率的团队。领导就像海港的灯塔，引领着下属，他的一举一动、所作所为都会深深地刻在下属的心里，成为下属模仿的对象。对领导不承担责任行为的效仿，使得整个团队都学会推卸责任，变得只顾自己。没有团队精神的团队是不能昂首阔步向前进的。作为一个合格的领导必须以身作则，主动承担自己应该承担的责任，与下属荣辱与共。

一个集团公司组织了一次歌咏比赛，各子公司以及集团公司都参加。张永负责组成集团公司代表队参加，为求效果良好，决定统一服装。这个事情由工会组织，为了统一服装，工会副主席找过张永与副主任商量是否统一服装。两人同意歌咏队要统一服装，工会就按照惯例采购了服装，参加比赛的人员每人一件。集团领导为了达到与员工同乐的目的，自然都会参加歌咏队，因为他们很忙，自然只是充充数，但也一块站队排练。

在歌咏队与领导最后一次合练时，董事长发现了问题。看到队员都有统一着装，就问是谁决定发衣服的。张永不明白为什么领导突然问这个问

题，于是没有站出来说是自己做的决定，副主任也没有站出来，工会副主席也不说话。结果，领导将三个人叫到办公室痛批了一顿。原来领导多次在办公会上强调一个观点，要按照市场经济规律办事，不要搞非激励性的机制。而通过搞活动发服装这是一种非激励性的机制，作为企业要打破这种机制，而对三人的批评不是因为谁做这个决策要批评，而是批评作为领导干部居然没有承担责任的意识与勇气。

从这个例子中我们不难看出，这个企业的董事长很强调公司发展的方针路线，但是相比之下，他更注重公司领导的责任意识与承担责任的勇气。作为领导，勇于承担责任是一个非常重要的品质。有勇气承担责任能够使领导更具风范和魅力，而且这类领导往往能力很强，能担任较为重要的角色，出色完成各种事关公司命运的重大任务。

与下属荣辱与共的领导会赢得下属的尊重，同时也会赢得人们的信任。一个勇于承担责任的领导在人们心目中的形象是充满正义感的，下属往往会更加忠诚，工作上以领导为榜样。领导的良好作风能营造一个让人信心满满、充满希望的大环境，这对一个企业的发展是意义非凡的。

以身作则，才能强将手下无弱兵

一支部队在遭遇败仗后更换将领，结果无坚不摧、所向披靡；一支球队在输掉很多比赛后更换主教练，结果屡克强队、连战连捷；一个团队在错失良机、举步维艰后更换领导，结果一往无前、成就辉煌。这些都说明了一个道理：强将手下无弱兵。只有无能的将军，没有无用的兵。领导是一个团队的核心，如果把这个团队看成一个人，那么领导就是大脑，下属就是四肢，四肢只有在大脑发出正确信号的情况下才能做出完美的动作。

美国南北战争初期，北军屡战屡败，士气低下，就在即将陷入绝望时，格兰特将军让人们看到了希望。1863年，格兰特将军已经控制了整个密西西比河流域，将南方分割成东西两个部分，战略格局也从此改变。

第8章 善用策略，让下属更听你的指挥

后来，格兰特将军和南军李将军率部交锋，经过一番空前激烈的血战后，南军一败涂地，溃不成军，李将军还被送到爱浦麦特城受审，签订降约。格兰特将军立了大功后，很谦恭地说："李将军是一位值得我们敬佩的人物。他虽然战败被擒，但态度仍旧镇定自若。他仍是穿着全新的、完整的军服，腰间佩着政府奖赐他的名贵宝剑，而我却只穿了一套普通士兵穿的服装，只是衣服上比士兵多了一条代表中将官衔的条纹罢了。"

战争初期，北军屡战屡败，但是同样的军队在由格兰特将军带领后却所向无敌，这足以说明将领的重要性。格兰特将军的军事能力很强，他的为人却如此谦虚，这都是一个将领能力的体现，也是其打动士兵的地方。正是由于格兰特的个人魅力，使得士兵忠诚地追随他。格兰特也没有辜负士兵们的期望，带给他们一个接一个的胜利，在士气的鼓舞下，他们获得了最终的胜利。同样的道理，在一个团队中，领导的作用是非常重要的。领导是一个团队中的领袖，他用自己的权力来对团队进行整合，为团队的行动制定计划。如果领导的能力不足，那么这个团队很可能就会陷入困境；如果领导的能力很强，那么这个团队一定是一个有序、有力、很强大的团队。领导的品格、才能、知识、情感等因素都能成为其成败的关键，只要懂得运用、善于运用，就会产生良好的效果，取得辉煌的成绩。

神木一郎是一家日本公司的员工，他工作非常努力，与同事们的关系也非常融洽。按常理来说，他离成功的距离应该很近了，但是结果却是他们部门连续出现亏损。后来，人们发现他们的部门经理因为挪用公款被查处。神木一郎凭借自己的出色表现接替了前部门经理的职位，在他的带领下，部门上下团结一心，不但扭亏为盈，而且盈利连年翻倍，不久神木一郎再次升迁。

同样的员工，领导一换，面貌全变。神木一郎不但使部门扭亏为盈，而且盈利连年翻倍，他的领导能力可谓技高一筹。由此可见，一个领导的素质往往可以决定一个公司的命运。

一个领导要从思想素质、道德素质、文化素质、业务素质和心理素质等方面进行加强。一个领导的思想素质和道德素质要过硬。作为一个领导，必须清楚自己的任务是什么，要有为了集体可以做些自我牺牲的精神。在文化素质上一般要超过普通员工，因为这是体现一个领导卓越素质

的必要组成部分。在业务素质和心理素质上一定要过硬，这样才能为员工做出表率，员工不会佩服一个业务不如自己的领导。在员工慌乱的时候，领导用自己临危不乱的风范，让员工吃下"定心丸"，做好手中的事。领导的管理能力要强，没有管理，公司会乱成一团，高超的管理技巧可以使公司运营有条不紊，化腐朽为神奇。

领导者要通过实践不断地锻炼自己的能力，因为一个团队的竞争力、应变力、创造力等都是和领导者的能力直接挂钩的。领导者表现出色，那么团队表现一定不会逊色，所以作为领导者要加快自己前进的步伐，打造自己强有力的团队才是王道。

不吝惜肯定，用信任支持下属

在上司与下属之间，信任的作用不容忽视。信任就像一颗定心丸沁人心脾，让人能放开手脚，大干一场；就像宽阔结实的手臂，可以给人最有力的支持；就像一块精致的奖牌，给人以无声却有力的肯定，鼓励人们继续努力下去。当一个下属在得不到上司的信任时，他的心就像断了线的风筝，飘忽不定。这时，他会觉得工作没有计划，缺乏动力，看不到希望，逐渐地出现两个极端。要么因为落寞变得堕落，最终一事无成；要么对同事充满仇恨，敌意无穷，成为公司的不稳定因素。而当一个下属得到上司的信任后，则会加倍努力工作，不但忠诚，而且能为公司做出贡献，推动公司的快速发展。所以，要信任下属，信任是对下属最有力的支持。

陈良是一家公司的员工，他工作非常努力，工作完成得近乎完美，这让同事们都非常佩服。陈良为公司作出的贡献十分突出，但是有一个问题一直困扰着勤劳的陈良，那就是公司的老板总是不信任他。在公司有重要的任务时，老板总是绕过陈良而把工作派给别人。在了解公司情况时，老板也总是找一些自己信任的人，很少和陈良交流。老板的这些举动让陈良十分苦恼。渐渐地，陈良失去了以前的激情，一有工作就感觉头疼，不是

推给别人就是消极回避，最后无奈的陈良选择了跳槽。

陈良得不到领导的信任，心灰意冷地选择了离开。他的离开是公司的损失。如果他能受到老板的重用，结果一定是截然相反的。个人努力，公司发展，皆大欢喜，这是公司里每一个人都愿意看到的，所以不要让自己的下属感到得不到信任，用信任支持下属，往往能事半功倍。

在工作中，下属是需要信任和鼓励的。当其取得成绩时，发现自己并没有引起领导的注意或者重视，也没有得到领导的认可，相反感受到了领导对自己的不信任，那么此时的心情一定是低落的，是倍感受挫的。长此以往，一个人的信心就会逐渐被消磨，工作的激情就会逐渐消退，最终郁郁不得志，变得碌碌无为。

在很久以前的一个部落，有一个传统，那里的青年人想结婚，先要学会捕捉牛的技术。捉了足够的牛，作为聘礼，送给女方，才可以成家立室。最少的聘礼是一头牛，最高是九头牛。这个部落酋长有两个女儿。有一天，一个青年走到酋长的面前，说爱上他的大女儿，愿意以九头牛作为聘礼迎娶她。酋长听了之后，大吃一惊，忙说："九头牛的价值太高了，大女儿不值，不如改娶小女儿吧，小女儿值九头牛。"可是这位青年坚持要娶酋长的大女儿，酋长终于答应了他，这件事轰动了整个部落。一年后的一天，酋长经过这位青年的家，看见他家正举行晚会，一大群人围成圆圈，正欣赏一位美丽的女郎载歌载舞。酋长十分奇怪，去问那位青年这个女郎是什么人，怎么自己会不认识。年青人回答："她就是酋长您的大女儿啊！"

酋长的大女儿之所以会有脱胎换骨的表现，以至于酋长自己都认不出来了，是因为她得到了自己丈夫的信任。那个当初用九头牛迎娶酋长大女儿的年轻人坚信酋长的大女儿够得上九头牛的价值，这一举动使得酋长的大女儿信心大增，通过不懈的努力展现了完美的自己，就像破茧而出的蝴蝶，让人赞叹不已。

工作中，要对自己的下属充分信任，这样对下属和自己都有好处。下属会因为你的信任而变得非常忠心，对你的指令完全执行。另外，下属会非常自信，非常具有责任感，工作中也会充满激情。下属的积极行为会感染身边的人，会把整个公司的工作氛围调动起来，大家齐心合力共同进

步，公司想不蒸蒸日上都难。所以，不要随便猜疑自己的下属，不要怀疑他们的能力，更不要捕风捉影，以避免出现人心惶惶、人人自危的尴尬局面。要用信任对下属进行有力的支持，让其大胆放手去干，充分发挥其主动性和创造性，才能赢得人才的忠心，换来团队的团结，带来企业的快速发展。

给予压力，适时制造竞争关系

人在过于安逸的环境下会放松思想，时间长了会不思进取。例如，公司中同事间的关系非常融洽，彼此间心意相通，在遇到矛盾时，总是自己先承认错误，获得荣誉时都表现得非常谦虚，遇到功劳也不会去争抢，看起来非常和谐。但是长此以往，你会发现大家的进取心在被一点一点地磨灭，因为大家意识到彼此之间不存在竞争，弄得你争我夺，关系紧张没有必要，从而安于现状。但是这种无事一身轻的心态会逐渐转变为一种懒惰心态，使人工作效率降低，不利于公司的长远发展。所以，在公司中不要让你的下属过于"团结"，要适当地制造竞争关系，让和谐的关系更紧凑，更有弹性。

莫先生自本科毕业分配到某大型国有企业工作已14年了，工作和专业很对口。刚开始工作时，莫先生干劲十足，可渐渐地，他发现同事间没有利益冲突，工作并不需要多努力。单位里人多事少，而且同事间的关系非常好，所以莫先生工作时间常和同事聊天。就这样，他轻轻松松地过了十几年。直到后来，因为企业效益不佳，莫先生下岗了。这时，他才意识到自己的饭碗丢了，而且看看以往的同学，不是担任了大公司的中高层管理人员，就是自主创业已成为成功人士了，自己简直没有脸面再见他们了。

从这个例子里我们可以看出，当初莫先生的工作很舒适，企业里的员工间没有竞争，人们都很安逸，结果企业的效益得不到保障，莫先生也因此而下岗。所以，作为领导者要注意不但要协调好员工间的关系，而且要

注意制造一些竞争关系，这样人们才有干劲，才能为企业带来效益。关系和谐固然重要，但是竞争中创造效益更为重要。

长时间在一个充满着熟悉的人和熟悉的事物的环境中，会让人关注的内容也越发有限。由同事间过于"团结"而带来的舒适和安逸是工作的大敌，没有压力的工作不会让一个人的能力继续提升。所以，作为领导一定要学会使用竞争来刺激下属，让下属感受到压力。只有这样，下属才会有目标，才会有动力。

张丽参加工作一年了，她毕业于名牌大学一个强势专业，所以就业很轻松，几乎都没有什么曲折就进了一家央企。张丽的工作地点在一个小城市，和当地人几乎没有接触，因为单位都有自己的小区，有自己的商店、体育娱乐设施以及上下班的通勤班车。公寓免费，体育文化设施齐全，单位经常组织旅游和休假，人文关怀很不错。另外，在这个企业工作的人工资都很高，而且各方面的福利都很好，所以公司同事间的关系也非常融洽。几个同事没事就在一起聚餐、打牌、闲聊。如此舒适的工作和生活是让人羡慕的，但是张丽却越发发现自己的价值在缩水，经常感觉这个舒适的工作让自己的能力无处发挥。逐渐地，她变得消沉，工作上有气无力，无精打采。后来，张丽跳槽到另一家公司，虽然挣得工资没有之前多，但是由于竞争激烈，她干得非常起劲，而且取得了不错的成绩。

张丽在舒适的工作中迷失了自我，而在跳槽后，激烈的竞争唤醒了沉睡的潜能，真正实现了自己的价值。由此可见，在公司中，同事间的良好关系会让人安逸，作为领导则不能让下属感觉不到压力，尤其是年轻的下属，因为他们的能力会随着舒适时间的延长而消退，最终变成一个平庸的人。而在压力和竞争的刺激下，他们会不断地让自己升级，这样一来，不但使工作效率提高了，工作质量也有了保障，自我价值也得到了实现，公司的发展也会随之加快。

不要让下属太"团结"，因为这样做虽然能使人际关系变得和谐，但是后果是下属感觉不到竞争。要适时地制造竞争关系，这样才能激起员工的工作激情，让员工充满斗志。另外，在下属间制造竞争关系能使下属间的利益出现差别，这样一来，下属会为了争取利益更加服从自己，从而使工作更加顺利地开展。所以，不要让下属沉湎于没有竞争的和谐之中，要

适当制造竞争，推动公司发展。

树立威严，控制上级与下属间的距离

作为一个领导，不能太疏远下属，也不能没有威信，这就需要控制好"临界距离"，树立领导威信。当一个领导与下属打成一片时，大家会觉得他很有人情味，是一个平易近人的人。但是与下属没有距离的领导会让下属产生许多侥幸心理，开始想入非非，工作上就会出现不积极的情况，对于领导的一些要求会置若罔闻，领导的作用就会被严重削弱，秩序上也会出现混乱。领导不能没有威信，领导的过程既需要职务权力，也需要个人的威信，所以一定要维护好威信，才能发挥好领导的作用。领导的威信需要通过职权的作用和个人的影响力来建立，这个过程离不开与下属保持适当的距离。

唐小姐和她的领导张女士非常合得来，不光在工作上珠联璧合，就是爱好也惊人地相似。比如，她们喜欢用同一牌子的化妆品，喜欢酒吧，喜欢看某著名导演的电影等，为此两个人在一起的时间也就多一些。有一次，两人不约而同地穿了一件不同款式却绝对风情万种的春衫，她们在更衣室相遇，嬉笑着互骂彼此是妖精，于是唐小姐私下里就称张女士"老妖精"，张女士也乐着回一句"小妖精"。办公室本是多事之地，她们的亲密自然招致了别人的非议。张女士从此留了心，她想慢慢疏远唐小姐，可是唐小姐却没有意识到这点。一天，张女士在自己的办公室里接待一位客户，唐小姐敲门后进来，以为没有别人就冲着她问："嗨，老妖精，今天晚上去看电影怎么样？我搞到了两张票。"张女士的脸色立刻变得很难看，只说了一句："你风风火火的像什么样子？这是在办公室。"唐小姐这才发现在那张宽大的黑色沙发里坐着一个穿黑风衣的瘦小老头。不久，唐小姐被调到市场部做统计，离开了这份自己十分喜欢的人事工作。

张女士与下属唐小姐兴趣相投，于是在一起交流的时间就比较长，两

人的距离自然而然地被拉近了。两个距离很近的人说话自然会非常随意，唐小姐就是因为一句随意的话让领导在客户面前颜面尽失，也导致自己的工作受到影响。如果张女士平时就注意与下属保持适当的距离，那么唐小姐就会有所收敛，在进门的那一刻不会如此随意，也就不会出现尴尬的局面。所以，作为领导一定要注意控制与下属间的"临界距离"，不要让下属产生自己是其保护伞的想法，因为这样往往会给自己带来不必要的麻烦和负面的影响，于人于己都没有好处。

领导者依靠与下属保持距离来抬高自己的身份，保持自己的威信，但是距离要适宜，太近不好，太远也起不到效果。

森林之王老虎每日处理着森林王国大大小小的事务，他所走过的每一个地方，王国中的动物成员们对他都是毕恭毕敬，有的动物甚至看到他到来就远远地走开了。每天晚上，他独自回到自己的住所听着外面各种动物在月光下载歌载舞，经常偷偷地落泪。他多想与其他动物们一样能够在月光下跳舞、狂欢。在一个月圆之夜，老虎走出家门向森林中的那片空地走去，那里正在举办一个盛大的舞会，庆祝小羊安莉的生日。大家跳着、唱着、笑着，每一个动物的脸上都带着开心的笑容。鼓手小马首先发现了老虎的到来，鼓声嘎然而停，所有的音乐都跟着停下来了。所有的动物都呆呆地看着老虎，有些胆小的动物早已偷偷地躲到了树的后面。老虎本来想加入到狂欢的队伍中，可走到大家跟前却开不了口，停顿了好一会儿才说："你们玩儿，我出来散散步。"说完便转身向自己的住所走去。等老虎回到自己的住所，外面狂欢的声音再次传来。老虎非常困惑自己为什么不能像其他动物一样，享受与朋友相处的快乐。失望的老虎漫无目的地走着，在一条清澈的小河边，一头老牛在喝水。老牛看到老虎走过来，一点也不惊慌，还在悠闲地喝着水。看到老牛，老虎决定把自己的遭遇跟老牛说说。于是，老虎把自己的所有烦恼都和老牛说了。老牛听了，憨厚地一笑，说："你和大家太远了！"

从森林国王老虎的遭遇我们不难看出，一个领导通过与下属保持距离来树立威信是可行的，但是距离太远了，威信就变成威慑了。人人见到领导都会感到紧张以至于想转身逃走，或者变成当面一套背后一套，这样也是不利于工作开展的。所以，一定要控制好这个距离，不要太近也不要太

远，通过"临界距离"树立自身威信。

善用奖惩，激励与鞭策下属努力奋进

领导对于下属取得的成绩给予肯定和奖励，这对于下属意味着巨大的鼓励。得到奖励的下属会更加努力地工作，并且对领导感恩戴德，这对于一个团队的发展是具有积极作用的。所以，作为领导要用好"奖赏"这根胡萝卜，这对激发下属的工作激情，培养下属与自己的感情，协调彼此间的关系是非常重要的。

领导者要赏罚分明，该鼓励的高高兴兴地给予奖赏，该惩罚的也不要拘于某些因素犹豫不决。赏罚分明的领导会给人一身正气的感觉，什么事都按规定来办，不讲私情，会让下属对其的敬佩感油然而生。这样一来，领导者能使下属更加服从自己，更好地贯彻自己的意志，推动工作顺利开展。

一家小有名气的国有大型企业的出口产品因设计不合理出现了重大质量问题，虽然采取了很多补救措施，但对后续合同的执行仍造成了很大影响。事后，该企业和其主管部门仅仅是在要认真汲取经验教训、努力改进工作、想方设法弥补此次重大质量问题造成的损失等方面下了不少工夫，而对问题的根源在何处、如何追究责任、如何处理相关人员等实质性问题上却闭口不谈。对此员工议论纷纷。

从这个案例中，我们看到了企业在积极地弥补过失，但是在惩罚责任人方面没有做出有效的行动，这样的做法是难以服众的。员工对此议论纷纷的情况对于公司的稳定发展是有一定影响的。无论事故责任人是出于何种原因，如果过于顾及一些因素而不对相关的责任人进行处罚，那么事故责任人会出于侥幸心理从而导致类似的事情再次上演或者被他人效仿，给企业造成损失。所以，要把这种影响引导到积极方面，就要正视这个问题，对相关责任人给予相应的处罚。这样一来，不但使企业上下受到了此

次事件的警醒,使每个人都在心里告诫自己不要在今后的工作中犯类似的错误,而且会让员工们看在眼里、记在心上,对领导者的为人和能力给予肯定,有利于企业大环境的改善。

  齐威王召见即墨大夫,对他说:"自从你到即墨任官,每天都有指责你的话传来。然而,我派人去即墨察看,却是田土开辟整治,百姓丰足,官府无事,东方因而十分安定。于是,我知道这是你不巴结我的左右内臣谋求内援的缘故。"便封赐即墨大夫享用一万户的俸禄。齐威王又召见阿地大夫,对他说:"自从你到阿地镇守,每天都有称赞你的好话传来,但我派人前去察看阿地,只见田地荒芜,百姓贫困饥饿。当初赵国攻打鄄地,你不救;卫国夺取薛陵,你不知道;于是我知道你用重金来买通我的左右近臣以求替你说好话!"当天,齐威王下令烹死阿地大夫及替他说好话的左右近臣。于是,臣僚们不敢再弄虚假,都尽力做实事。齐国因此大治,成为天下最强盛的国家。

  齐威王明察秋毫,对于即墨大夫的正派为人和高质量的工作给予了充分的肯定,并且封赐即墨大夫享用一万户的俸禄,这样的奖赏不仅是对即墨大夫的肯定和鼓励,也是对榜样力量的运用,其他的官员看到齐威王奖赏忠实肯干的人,自己也都争取成为那样的人,从而获得奖赏。齐威王对阿地大夫惩罚,让人们看到了弄虚作假的严重后果,臣僚们被这样的惩罚吓得毛骨悚然,都尽力地做事。可见,赏罚分明、善用奖赏的效果是非常明显的。作为领导者就要像齐威王一样,对于好的就要给予肯定和奖赏;对于不好的,就要进行否定和惩罚,这样才能恩威并重。

  在公司中,遇到那些值得肯定和提倡的行为,要善于用奖赏来对其进行肯定,从而放大这些好的例子的积极影响,感染周围的人,让公司上下都来学习这些对团队的发展十分有益的行为。而在发现那些不值得提倡、给公司的发展带来阻碍或者损失的行为时,则要注意进行惩罚,如果这样的行为逃过了惩罚,那么会有更多类似的行为出现,从而严重阻碍公司的发展。所以,作为领导者一定要赏罚分明,用好"奖赏"这根胡萝卜。

第9章 理解客户，让他接连与你成交

在社交中，想通过自己打拼拥有一席之地是非常困难的，这需要你具备很多方面的才能和足够的机智。如果你已经建立起自己的名声和信誉，那么很多时候别人会慕名来与你相识。作为一个有影响力的人，你的受欢迎程度，结交朋友的速度和交际圈的范围都会大大超过常人。那么，怎样使自己尽快获得好的名声，并使之为你的社交服务呢？

用感恩回馈客户，才会赢得更多

时下，社会竞争异常激烈。面对琳琅满目的产品，消费者可以选择的余地很多。最终消费者选择了谁，谁就有可能在最终竞争中获胜。对于企业或产品来说，客户就是企业或产品的衣食父母，正是因为有了消费者的支持，他们才能最终在激烈的竞争中免于被淘汰的厄运。正是他们的支持成就了我们，因此我们要学会感谢他们的支持。

古人云："施人慎勿念，受施慎勿记。"对于那些成功的企业或单位来讲，正是由于客户的鼎力相助，才能使企业从竞争中脱颖而出。面对客户的选择与支持，我们能不心存感激地满足他们的要求吗？作为销售人员，我们要常怀感恩之心。

李红是一家保险公司的营销员，入行已经十多个年头了，然而，她并

第9章 理解客户，让他接连与你成交

没有因此而厌倦这种生活，相反，却是越来越热爱工作。因为，这份工作教会了她许多东西。现如今，依靠着客户，她已经在行业内小有名气。其实，刚入行时的她也是走了很多弯路的。

最初的一年多里，她也遇到许多困难。谁都知道做保险难，每天都要遭遇许多拒绝的声音，甚至有些人还会露出不屑的眼神，这些都让她难以接受。有时，她也会抱怨，会向客户发牢骚，情绪不是很好。因而，最初的半年多里，她根本没有做成一单生意。后来，还是一位同行的前辈告诉她个中秘密。那就是，用感恩的心去对待每一位客户，起初她并没理解其中的含义，后来，一次偶然的事件让她改变了看法。

经过一段时间的努力，她终于做成了一单生意，小小的成绩让她很感激眼前的"恩人"，于是热情地给对方服务。离开前，客户竟然一味地夸奖她服务态度好，这也让她的心理得到极大的满足。没过多久，这位客户竟然给她介绍了一位客户来。这让她明白了用感恩的心对待客户，客户会回报给你更多的东西。

从那以后，李红便开始严格要求自己，用真诚与感激面对每一位潜在的客户。经过努力，她的客户资源也越来越多，当然，她的收入也越来越多。尽管现如今她已从保险行业中收获了很多，可是她还是依然会感谢那些曾经给予她支持的人，用实际行动去回馈那些与她合作的每一个客户。

在这个案例中，保险营销员李红最初因为不懂得如何与客户相处，让自己的客户越来越少，根本没有一单生意。在前辈的指点下，她学会用感恩的心去面对每一位客户，为自己争取到客户资源。这告诉大家，与客户的沟通中常怀感恩之心，更有利于实现双方合作，达到最终的目的。

现实生活中，有许多的企业或单位在达到一定的规模之后便抛弃了当初的服务理念。面对客户时，服务人员往往态度很生硬，毫无热情，就更别提用感恩的心态对待客户了。其实，这种做法非常不正确。一个企业、单位或个人想要把事情做大，就必须拥有一定的人脉资源，客户也便成了衣食父母。如果得罪了客户，那么，到头来受损失的还是自己。因而，无论对于企业、单位或是个人，常怀感恩之心对待每一个客户才是生存发展的硬道理。

也许，有人会问如何感恩客户？感恩是什么？其实，感恩很简单，它不用花一分钱就可以办到，然而却是一项重大的投资，也是一种美德与社

会公德，更是一种人生的态度。当然，感恩也许只是一瞬间的事情，它可以是无助时一个鼓励的眼神，也可以是一个无言的微笑，也可能是跌倒时一把默默的扶持。总之，这些都可以让客户的内心感到温暖，只要你愿意付出，总能给你的客户带来感动。

如果你也想促成销售，那么，从沟通开始，用一颗感恩的心对待每一个客户吧！

运用心理战，刺激客户达成交易

陈江生在一家百货连锁店上班，他负责销售的产品主要是一个知名品牌的小家电。最近，该公司面向大众推出一种新型的饮水机，这款饮水机不仅款式新颖，而且使用起来也是很方便。可是，作为一个新产品上市，它的价格也确实有些高。之所以有这么高的价格，重点在于，这款机型内部采用的一个净水装置可以提高饮用水的安全性。

然而，这种机型要比同类产品价格高一些，如何能够成功地说服消费者购买这个产品才是最重要的。商场内部也经过几次讨论，最终也没能定下方案来，因为要兼顾到净水器的成本问题，价格自然也就不会再低。正在这时，李江生想到一个主意，那就是把净水器拿出来单卖，这样就可以使饮水机价格相对便宜很多，几乎是其他饮水机价格的一半。相信，到时候只要稍微做一些文章，不愁顾客不会主动掏腰包购买。

于是，推销活动当天，饮水机的现场挤满消费者，因为大伙都是冲着它款式新颖、价格便宜而来的。在大家的关切声中，李江生进行现场讲解、现场示范后，当场就有许多消费者掏钱购买。正当这些消费者付完钱离去时，卖场经理站出来说道："这种饮水机可以把自来水烧开，可是，如果能够有一个净水器的话，所饮用的水会更卫生、更安全，非常有利于人体健康。"这一席话，让那些购买饮水机的消费者立刻止住了脚步，开始询问起净水器的事情来。卖场经理顺势答道："这种净水器都是配套生

产的，目前只有我们超市一家经营。"

不少消费者便心动起来，开始打听净水器的价格。然而，听到它与饮水机价格相差无几时，心里也有些接受不了。可是，一想到它能确保饮用水的质量，出于健康考虑，即使心有不舍，也不得不再次掏钱购买了净水器。

在这个案例中，李江生推销的这款饮水机不同之处在于它拥有净水器，当然价格也比同类产品高一些。为了打动消费者，他采用欲擒故纵的手法，先用价格相当便宜的饮水机吸引消费者纷纷购买，然后再推销净水器，最终让客户完整地买下整个产品，这就是所谓的"欲擒故纵"营销之术。利用一些小甜头让客户上钩，最后再转入实际，引导客户做出决定。

欲擒故纵法就是为促成和客户的交易，故意放慢速度或先冷淡对方片刻然后再激起对方的兴趣，从而促成销售的方法。俗话说："舍不得孩子套不住狼。"这种"欲擒故纵"的营销术其实就是一种心理战术。只要能够抓住消费者的心理，然后及时给予他"好处"，那么也就抓住了成交的机会。

美国心理学者布雷姆在"心理抗拒理论"中指出，每个人都会在某一期间内有一套可供自己选择的行为，也被称为"自由行为"。这种自由行为是每个人都需要的，一旦这种行为受到威胁时，个体便会体验到"心理抗拒"。当然，想要避免客户"心理抗拒"的产生，"欲擒故纵"是一个非常好的技巧。通过客户暂时的获利或暂时的对其冷漠，解除他们的反感和警惕心，更容易推销出自己的产品，达到"擒"住客户的目的。

在产品销售的过程中，销售人员可以采用的"欲擒故纵"手法如下：

第一，用试用产品来吸引消费者注意，提高产品知名度。

每一种产品在试用时，很多准客户都会踊跃报名参加的。通过试用，可以让客户了解产品的功能与特性，让更多客户了解和认识产品。试用结束后，如果客户喜欢的话自然会主动掏钱购买的。

第二，用限量销售诱惑客户购买产品。

在销售过程中，这种做法可以有效激起客户的好奇心理，产生购买的欲望，利用这种控制日销量或产品总量的方法达到诱惑消费者的目的，从而提高产品的知名度与受欢迎的程度。

当然，现实销售中，利用"欲擒故纵"营销术的方法还有很多，比如

利用赠品与打折的方法来抓住消费者占便宜的心理，也可以刺激消费的欲望，从而促成双方的交易。总之，"欲擒故纵"营销术重点在于"擒"住客户，促成交易的顺利完成。如果你也想在销售中说服对方，不妨多用用这种方法吧。

从容不迫，用专业打消客户疑虑

销售是一种以结果导向的活动，如果没有最终的成交，即使销售过程再完美也只能是零。然而，想要成交并不是易事。尤其是双方第一次合作时，客户往往会心存顾虑。对于销售人员来讲，销售之前打消客户的所有顾虑最为关键。

在销售的过程中，销售人员只有准确地找到对方的顾虑所在，及时给予一个定心丸，就可能顺利打开客户心中的结，实现成交，否则，即使你有铁齿铜牙也未必能够成功地说服对方改变主意。

李海明是某家用电器公司的推销员，这次，他们公司打算在附迈几个社区推销一款新型的洗衣机。于是，公司给他们分了任务，各管一片，挨家挨户地上门推销。最后，经过抽签，他与江敏一组，专门负责城北一带。说干就干，两人立马行动起来。

李海明刚走过一户人家时，就看到一位太太正在使用洗衣机洗衣服呢，听声音就知道它有几个年头了，他知道机会来了。于是，李海明上前搭讪道："唉啊，这台洗衣机这么旧了还在用啊，用它洗衣服的话也太浪费时间了。太太，该换新的啦。现在我们公司推出许多新的型号，不妨看看最新推出的这一款吧！"

可想而知，没等李海明说完，这位太太连说带推地把他赶了出来："说什么呢，我这台洗衣机好着呢，虽然是旧了点，可是直到现在都没有出现过任何故障。你那再新的也未必有这结实，不见得能好到哪儿去！"

看着李海明被灰头土脸地赶出来，江敏只怪他做事太鲁莽。她决定明

天一早，亲自去拜访那位太太。第二天，江敏又去那位太太家拜访。看到那台破旧的洗衣机，她珍惜地说道："这是多么令人怀念的旧洗衣机啊，现在市场上已经很少能找到这个品牌了。因为很耐用，我想对太太有很大的帮助吧？"

听了江敏的话，太太夸奖道："是啊，这倒是真的，不过我家这台洗衣机确实已经用了很久了，太旧了点，我这段时间正琢磨着换台新的洗衣机呢！"

江敏趁机说道："也是，现在想要找到质量这么好的洗衣机确实有些难，不过，只要用心还是能找到的。眼下，我们公司正在推出的这一种款式，无论是价格、型号还是质量，都很适合你的选择。我公司还规定，凡使用这个牌子的洗衣机，均增加一年的保修期。我们坚信依靠优质的服务一定可以带给你更多的帮助。"

听到江敏的话，这位太太有些心动了，当场要求看宣传小册子。最终，经过一番思量，这位太太选定了江敏推荐的这一款产品。

在这个案例中，面对同一家客户，李海江一上来便遭到客户的强烈拒绝，因为他不懂得把握客户的心理。而江敏先用称赞法获得客户的心理认同，用自己产品的质量打消了客户顾虑。这无疑给客户吃了一颗定心丸，促使客户能够做出决定。在销售过程中，销售人员如果能够从顾客的角度出发，寻找到客户的顾虑，然后给予充足的保证，便可以轻松打消客户的顾虑。

现实生活中，客户不仅仅会在购买前存在顾虑，成交之后，同样会存在诸多顾虑。销售人员所要做的就是：使用有说服力的例证来给予客户足够的信心。这样一来，可以打消顾客的怀疑和摇摆不定，加快做出积极的决定。通常情况下，销售人员列举大量真实性的案例来证明自己的产品或服务价值是成功销售的重要策略。

当然，在实际销售工作中，销售人员还可能会遇到许多意想不到的问题。要知道，每个问题的背后其实都表明了客户内心存在的顾虑。此时，销售人员只有耐心细致地应对每一个问题，针对客户的顾虑提出解决方案，这样才能促使双方达成交易。如果你也面临这些难题，也想拥有好的成交量，从现在起，从解决客户的顾虑做起，让客户放心，双方终会达成一致的。

巧妙"威胁",反令客户急于成交

二战期间,一个美国画商看中了一个印度老太太的三幅画,经过几番讨价还价,最后,印度老太太要求对方支付250美元,然而对于这个价格,美国画商觉得还是贵了一点。他有些犹豫不决,想让对方把价钱降低一些。然而,事情并没有像画商想的那样,只见这位印度老太太站起身来,找到一块火石,当着画商的面烧掉了其中一幅。见此情形,画商心痛万分,这么好的画又都是他想要收藏的。看到仅剩下的两幅画,画商万分珍视,于是,他便问老太太剩下的两幅画卖多少钱?

可是,老太太依然坚持要250美元。要知道原来三幅要250美元,画商都觉得价钱太贵,现在剩了两幅,他更觉得价钱贵了,于是,他再次拒绝。

只见老太太再次起身,又烧掉了剩下两幅中的一幅。

眼见这么好的作品又被毁了,情急之下,画商只好乞求千万别烧掉这最后一幅画了。

于是,老太太坚持要求对方支付250美元的现金。画商疑惑地问:"难道一幅画与三幅画能卖一样的价钱吗?"

看到眼前的年轻人还想讨价还价,老太太便威胁对方道:"现在250美元,你要还是不要,如果不要的话,我现在就要涨价了,500美元,不然,我就烧了它。"于是老太太边说边动身。这下可把画商给逼急了,生怕老太太将最后一幅画也烧掉,便一手按着画,一边说:"500美元,我买了!"

最后,老太太成功地以500美元的价格卖出了自己的画。相比较起来,这要比最初三幅画250美元的价格贵得多,可是,画商还是买下了它。后来,也有人问印度老太太,为什么要当着画商的面烧掉两幅画?老太太说:"物以稀为贵嘛!知道他喜欢这些画,那他就不会轻易放弃的,如果不逼他做决定的话,他又怎么能舍得花高价钱买下这幅画呢?所以,我当场烧掉两幅画,留下一幅就是为了逼迫他出高价啊!"

在这个故事中,画商支付500美元以求得这幅画。原本三幅画要250美

元，画商都觉得贵，眼看着两幅画都被烧掉，令他心痛万分，于是，抓住最后的机会以双倍价格购得最后一幅画。由此可见，在销售过程中，面对顾客的举棋不定，销售人员如果能够适度地"威胁"客户，让他明白这是最后的机会，通常会逼迫客户下决心购买。

现实生活中，有许多的商家都是利用这种手段来推销的，比如："最后一周，清仓大甩卖"、"最后三天，跳楼大减价"、"两小时限购"等，都是利用这种"最后"效应。在这种"被威胁"的心理下，许多人都会变得冲动起来，缺乏理智地思考，原本那些犹豫也被清除地一干二净了。

人们往往都会拥有这种心理：一件商品或服务一旦优惠时，就会想到可能还有这样的机会，甚至可以比这个更实惠。于是，很多人内心都会犹豫不定，便会抱着一种观望的态度静待事情发展。人们之所以会这样，多半是"还有"的意识在作怪。在客户内心想着：还有时间，还有一次，还有更好的等，正是这些想法阻碍了客户快速做出决定。

对销售人员来讲，如果放任客户犹豫不决或等待时机，一方面会浪费自己的时间，另一方面，可能会夜长梦多，增加风险。要知道，在客户等待的过程中，随时都可能发生变故，无论是客户最终选择其他产品还是放弃交易的愿望，都将是一种损失。因此在这个时候，销售员所要做的就是打消客户的这种"还有"意识，适度地"威胁"客户。在这种心理驱使下，绝大多数客户都会马上购买所需要的物品。

如果你也想成功销售，在销售过程中，不妨多运用一些"最后"战术，相信你会大有收获的！

用心聆听，走入客户的心里

销售发生于言语，而购买却发生于无声。作为销售人员，如何能把这种有声与无声结合起来从而最终实现成交，并非一件简单的事情。要知道，在销售双方的沟通过程中，销售人员如何打动消费者的心，促使其做

出购买的决定,才是实现成交的必要前提。无数实践证明,那些优秀的销售人员,并不是像大家想象得那样,一个个能言善辩、巧舌如簧,反而很多都是些沉默寡言、善于倾听的人。因而,对于销售人员来讲,有效地倾听客户的话语往往比说话更重要。

销售的过程也是心与心沟通的过程。销售人员如何让客户感受到你的诚意呢?如果你总是夸夸其谈,只会给人一种华而不实的感觉。有时,你越是慷慨激昂,越是令对方退避三舍。表面看来,销售人员在这次讨论中胜出了,可最终却输了交易。究其原因在于,你只懂得发表自己的观点与看法,从来没有想到客户真正想要的是什么。如果此刻你能够静下心来,细心聆听客户的需求与心声,可能更容易找到关键问题所在。因而,想要成为一个优秀的推销员,就要先学会聆听客户的心声。

销售在本质上是一种沟通,是销售者与客户的双向交流,通过双方的交流、讨价还价成交。在这个过程中,双方都在重复一个动作,那就是"对话"。在这场对话中,销售人员如何了解客户的真正需要是销售成功的前提。想要实现这个目标的话,需要你用心去聆听。对于客户而言,你的聆听给他带来的不仅仅是一种礼貌,更是一种尊重。通过你,他可以把内心的不满发泄出来,从而建立起对你的信任。

那么,销售人员攻客户之心,需要倾听什么?又有哪些倾听技巧呢?

第一,销售人员与客户沟通时,要倾听以下几点:

1. 听清客户的需求。

一次成功的销售在于你所推销的产品或服务可以帮助客户解决问题。因而,如果想要成功地推销出你的产品,就要认真倾听,找到问题所在,而且是最核心、最令客户头疼的问题,然后,针对此问题向他推出你的产品。

2. 找到客户最感兴趣的地方,以此入手。

一个典型的销售流程就是先让客户思考他所面临的问题的严重性,然后,再展望一下难题解决后的愉悦心理,而你所销售的产品正是解决客户难题的最佳途径。因而,在销售对话中,销售人员要找到最能使客户愉悦的地方,然后,以此为立足点来打动客户。当然,想要找到这些,销售人员需要注意一些表示情绪的字眼如"太好了"、"真棒"、"怎么""可

能"等，这些都可以表达消费者的深层看法。

在销售对话中，除了注意以上这些方面，还可以通过客户的肢体语言来判断。当然，倾听的过程并不是指销售人员单单听问题，而是需要运用多重感官的综合行为。它需要眼、手共同配合。因而，掌握良好的倾听技巧也可以促进销售成功。

第二，有效的倾听技巧，有以下几种：

1. 集中精神，全神贯注，才能抓住细节。

集中精力专心倾听是有效倾听的基础，也是实现良好沟通的关键。因而，销售人员与客户沟通时要保持充沛的精力，认真地聆听每一个细节之处。

2. 不打断客户的，正确引导对方谈下去。

在与客户的沟通中，销售人员如果随意地打断客户谈话会打击客户的说话热情与积极性。当然，也不能在整个过程中一言不发。恰当的做法是，面对客户的谈话时，销售人员可以给予必要、简单的回应，如"噢"、"对"、"好的"等，以引导对方继续谈下去。

3. 谨慎地反驳客户的观点，让客户保持谈话热情。

可能在与客户的沟通时，对方的观点有失偏颇，也可能不符合你的口味，但是作为销售人员不能随意反驳。因为销售人员的直接反驳很可能会让对方情绪不佳，失去交谈兴趣。正确的做法是，面对客户的观点做到积极反应。当然，也可以采用提问方式改变谈话重点。

通过以上几个方面的努力，销售人员已经可以掌握到足够多的有利信息，只要经过总结与归纳，一定可以有效地找到解决问题的办法。因而，如果你也想在沟通中说服对方，从现在起试着多倾听客户的心声吧。

让老客户满意，客户的忠诚是最大的财富

作为销售人员，把产品成功地卖给客户其实只是销售的开始。一个优

秀的销售人员，不仅可以保持卖出产品而没有退货，而且还可以让客户再次购买你的产品或服务。也就是说，销售人员把客户发展为"回头客"，即拥有忠诚的客户，这才是真正体现销售人员能力的标准。

销售大师杰弗里·吉特默说过："客户的满意没有价值，客户的忠诚才是无价之宝。"客户的忠诚是指客户高度承诺在未来时间内一贯地重复购买偏好的产品或服务，并因此产生对同一品牌或同一品牌系列产品或服务的重复购买行为。通常情况下，客户的行为不会因为市场态势的变化和竞争性产品营销努力的吸引而发生转移。对于企业或单位来讲，客户的忠诚是企业取得成功的支柱，也是企业在竞争中取得优势的源泉。因而，如何培养客户的忠诚是许多销售人员在销售过程中必须注意的。

对于销售人员来讲，如果没有一定的忠诚客户，那么，他的事业也终将面临困境。尽管每一位销售人员都想拥有自己的忠诚客户，然而，总还有那么一些销售人员无法做到这一点。因而，销售人员想要赢得客户持久的忠诚也是需要技巧的。

那么，销售人员要如何做才能将新客户变成自己的忠诚客户呢？

第一，以实际行动为企业或单位宣传，言出必行，赢得客户的满意与信任。

对于一个企业或单位来讲，如果不能够信守承诺，即使其他方面条件再好，也不可能赢得客户的信赖。现实生活中，有许多销售人员只注重于设法保持客户，反而忽略了产品或服务的要求，最终失去更多的客户。因而，这就要求销售人员在与客户沟通中，既要注意产品或服务的质量，又要做到信守承诺，一经答应的事情就要说到做到。树立良好的形象是销售人员赢得客户忠诚的首要前提。

第二，主动出击，把每一个客户都当成忠诚客户对待。

生活中，许多销售人员通常会坐等忠诚客户的出现，然后再以友好的态度来对待。其实，这种想法是错误的。任何事物的发展都必须遵循一定的规律。给予客户热情、满意的服务才能得到客户的好评，才能赢得客户忠诚。因而，销售人员要学会对每一个人都以忠诚客户的身份来对待他，才能为自己争取到更多忠诚客户。

第三，随时随地，严格要求自己，给予对方超出想象的产品与服务，以赢得好评。

要知道，想要把一个客户发展成为忠诚客户，最基本的要求就是满足客户的需要。在此基础上，还要在产品与服务上多下工夫，只有设法努力做到超过客户的期望值，才能让客户更加信赖你的产品与服务。因而，销售人员要先建立起一个好的基准，然后把目标定得更高一些，以此获得客户的支持与信赖。

第四，时刻关注客户的需要，并做出有效回应。

一个成功的销售人员，不仅仅把目光放在收入的增长上，更要时刻关注新老客户的需要与爱好。当然，销售人员了解客户的途径有很多，如事先调查、真诚询问、后期回访等多种途径。无论采用哪种方式，其最重要的目的就是要准确把握客户的心理动态，在最短的时间内做出回应。让客户满意，才是销售人员争取忠诚客户的重要因素。

第五，与客户建立一种真诚互利的伙伴关系，更有利于培养忠诚客户。

一位营销学专家曾经说过："客户会轻易离开一个不太熟悉的推销员，但不会轻易抛弃一个亲密的合作伙伴。"对于销售人员来讲，让客户信任你是拥有客户忠诚的前提和关键。如果双方之间不能够继续保持联系，那么，这种忠诚也就不能够得到及时的巩固和提高。即使再牢固的关系也很可能会因为没有及时联系而功亏一篑。想要牢牢地抓住客户，销售人员就必须与客户经常联系，只有双方发展成亲密的合作伙伴关系，才能保持客户持久的忠诚。

使客户保持对产品或服务的忠诚，是成为一名优秀销售人员的有力保证。要真正做到这一点并不容易。相信通过上面的学习，你也掌握了培养忠诚客户的技巧，那就从此刻开始吧，用心打造忠诚客户，相信你也能很快成为一名优秀的销售人员。

第10章 宽容大度，聪明地与对手相处

俗话说："忍一时风平浪静，退一步海阔天空。"宽容是一种胸怀。一个人想要成大事，就一定要有这种胸怀。宽容可以化解人与人之间的不安和尴尬，可以消除彼此的隔阂，可以把对手变成朋友。宽容是一门艺术，学会在交际中宽容待人、化敌为友，可以让你的朋友更多、人脉更广。懂得宽容的人生是美丽的，让我们试着用宽容来处理人际关系吧！

善待对手，用包容让对手变身永远的朋友

在职场中，很多人为了自己的一点私利而争权夺利，打得不可开交。朋友之间、亲人之间反目成仇，到后来身边没有一个朋友。为什么不换一种思维方式呢？在江西武宁佛香山弥陀寺里有一尊弥勒佛，他坦露着肚皮，笑脸相迎大家，在他两旁有一副对联，写的是："开口便笑，笑古笑今，凡事付之一笑；大肚能容，容天容地，于人何所不容。"我们为何不用这样的思维面对那些曾经被你视为敌人的人，看过了职场上的明争暗斗，到头来你会发现其实那些所谓的敌人只是对手并不是真正的敌人，对手也是你的朋友。

小王和小李是公司的骨干，公司能运转到现在这两位的功劳是功不可没的。经理非常喜欢他们，但是小王和小李却很不合，总是在背后互相指责对方，两个人水火不容，互相视对方为敌人。

一天，小王的电脑打不开了，里面有很重要的东西，他一边焦急地摆弄着电脑一边说："完了，这下完了，下午就要交设计稿了，如果打不开的话那下午的设计研讨会上我就死定了。"这话让小李听到了，小李想：虽然小王这个人平时总是跟我对着干，但我也有错，今天下午的设计稿很重要，小王的设计很好，平时的设计都能为公司增光，何况今天是多家公司一起参展设计，少了小王是不行的，小王的设计能被选上的话对我也有帮助，再说了，这也是可以化解我们之间矛盾的机会，我们都是为一个公司效力的，都是为公司着想，想要在这个公司长久干下去的话，还得要有好的人缘，而小王也并不是真正的敌人，他可以成为朋友。于是，小李朝着小王走了过去："我来看看吧，如果你相信我，就交给我好了。"

小王看到小李今天那么热情还有点摸不着头脑，他正在想是怎么回事，这时小李把电脑修好了，然后说："好了，你可以用了。"小王感激地连说谢谢，小李笑了笑说："朋友，好好干。"之后，小王和小李关系一直很好，小李向小王学习做设计，小王跟小李学电脑的相关知识。

小李以他的宽容大度化解了两个人的恩怨，最终两人成为了朋友，互相取长补短，互相学习。"君子贤而能容罢，知而能容愚，博而能容浅，粹而能容杂"，这是荀子的一句经典话语。君子之所以为君子，那是因为他们都有一颗能够宽容的心！

有人常说，没有真正的敌人也没有永远的朋友，因为人们的关系可以为了某些利益而转化，其实不管是在利益上讲还是无利益上说，每个人都是你的朋友。职业生涯中我们会遇到不同的人，有时候会因为一些利益发生冲突，但是我们可以有忍让之心，让那些纠纷尽量减少，让那些所谓的敌人成为自己的朋友。有句话这样说："朋友多了路好走。"我们何不将那些干戈化为玉帛呢？让敌人成为我们的朋友。善待每个人，对每个人和蔼，懂得回报和放下。忍让是一种智慧，是一个人成熟的表现。用热忱的心去对待身边的每一个人，人与人之间多些关怀、多些体谅、多些协作，我们才能在人生的道路上走得更远，从而和每个人成为朋友，这样不仅可以达到双赢的结果，还能为自己增添一位合作伙伴、增添一位新朋友。

凡事让人三分，有理也要会饶人

人与人之间难免会发生一些争执，一旦有了纷争，谁都认为自己是对的，有的人常常得理不饶人，抓住别人的小辫子不放，指责对方的错误，以显出自己是占了上风。古人说："得饶人处且饶人。"对别人宽容、大度是一种高尚的美德。得理要饶人、给对方一个台阶下，是一种智慧；让人三分，得人生十足。

王茜前几天从品牌服装店里买了一件自己喜欢的衣服，但穿了几天却不想穿了，想退回去，便到洗衣店把衣服洗了下。第二天来到那家品牌店，看见售货员小李便说："我要退货。"小李接过衣服一看，衣服是洗过的，但是店里规定如果有顾客退货的话得是新的才可以。小李是个负责的人，于是为了给顾客一个台阶下就没有当众揭穿王茜，而是换了个方式对王茜说："王小姐，是不是您家人不小心把这衣服送洗衣店里洗了啊，我之前也犯过类似的情况，我前几天加班也没时间洗衣服，我男朋友在家，他那天也闲着没事干，不知道怎么了，稀里糊涂地把一大堆衣服抱到洗衣店，这情况不是和您一样吗？您看，这件衣服上面也明显看到有洗过的痕迹。"王茜听了无话可说，但却对小李产生了感激之情。

店员小李懂得给对方一个台阶下，得到的是别人对她的尊重和感激之情，懂得给对方一个台阶下也是一种变通的表现。

"人非圣贤，孰能无过？"善待别人也是善待自己，给别人一条路的同时也是给自己一条路。只要对人对事都有宽宏大量之心，生活中便能减少一些不愉快的事情发生。明智的人知道在能抓住理的同时给对方一个台阶下，即使对方是你的敌人，那么他们也会对你心存感激之情的。给别人一个台阶，就是给自己留条后路，只有胸怀坦荡、为别人着想的人才会懂得如何给人一个台阶。给人一个台阶便能赢得友谊，得到他人对你的信赖；给别人一个台阶下，往往是给自己的人生道路上增添了一位朋友。

人际交往上是有很多技巧的，得理饶人也是其中之一。生活当中往往有些人觉得自己很有道理，看到别人没理的时候便揪住别人的缺点进行狂追猛打，对方知道自己错了，有的人还要对他"置于死地"。想必大家

都看过《还珠格格》吧，里面的皇后一直想要陷害紫薇，有一次紫薇因为他们的陷害入狱了，里面有个非常让人愤恨的画面：容嬷嬷用针来刺伤紫薇。经过一段时间，皇上终于查清楚了真相，明白是皇后所为，于是要惩治皇后，但是紫薇却没有在皇上面前说皇后的坏话，而是为皇后求情。这里面的紫薇就十分善良，懂得得理也要饶人，这样的做法就是大智，知道给对方台阶下，才能避免以后的灾难发生。

当有人想要陷害你时，你揪住了他的小辫子，你因为一时气愤而去当面指责对方，这是不明智的选择。智者是懂得得理饶人的，是知道给对方留台阶下也是为了给自己留条后路。得饶人处且饶人，这样会让自己的道路变得宽广、顺畅。

顾左右而言他，避开对手的攻击

现实生活中，我们会接触到各种各样的人，有些人喜欢你、愿意和你亲近；有些人讨厌你，经常在背后对你说三道四，甚至中伤你。面对这些不友好的人你是正面予以反击，还是采取避之的态度呢？当然，聪明人肯定会选择后者。在社交场上，懂得装傻、不正面抵触敌人的流言蜚语才能躲过敌人的正面进攻，才能让自己在交际圈中更容易立足。

在职场上，你常能遇到这样的事情：有能力的人常常遭到别人的嫉妒，那些年轻貌美的人往往成为被攻击对象。有些人时常在人前人后搬弄是非，有时候想引发一些"内战"，如果你正面接受他的攻击必然会引起一些纠纷，这样便进入了他的圈套。不妨我们换个方式，选择沉默，将他们视为空气，不正面与他们针锋相对，而是换一种方式来面对敌人的正面进攻，与敌人不正面交锋是养兵蓄锐的表现，是待力量成熟时做出一鸣惊人的举动。不正面攻击敌人，而采用迂回、厚积薄发的战术，装聋作哑是与人交际时智者常采取的一项交际手段。职场中，当面对敌人的进攻，我们可采取绕道而行、敬而远之的态度，不与敌人的进攻做正面接触，那么如何做到呢？

第一，采取装傻的计策。

"大智若愚""难得糊涂"一直都是那些聪明人的处世之道。在古代，那些恃才自傲的人，还有那些喜欢与人针锋相对、不知道饶人的人常会遭到杀身之祸，而在现在社会中，与领导交往最重要的技巧就是适时"装傻"，不正面抵触领导。例如，在与领导的交往中，你发现领导有些事做错了，这时你直言不讳地为领导指出错误，难免会让领导感到尴尬，继而对你生出不满的情绪。每个人无论做什么事情都希望得到别人的理解和支持，领导也一样，你直言否定，领导表面上会采纳，但是之后呢？还有切忌在领导面前显露出自己的高明。

第二，采取答非所问的计策。

当遇到敌人的正面进攻时，答非所问这个计策不失是一个有效办法。当敌人问你的时候，说话时可以有意偏离逻辑，不直接回答对方提出的问题，只是敷衍对方，这样有意的错位往往造就一些幽默感。答非所问的计策并不是让自己的思维混乱，而是通过巧妙的假错有效地表达自己的意图。

一次，一些发达国家和一些比较落后的国家在一起开会，其中一个发达国家的外交官看到一个落后国家外交官便想羞辱一下，于是问道："贵国的死亡率一定不低吧？"而那位外交官却不动声色地答道："跟贵国一样，每人死一次。"

外交官的问话代表着整个国家，那个发达国家的外交使者明显是对落后国家进行挑衅，但是那位外交官却不正面抵触挑衅自己国家的人，而是匠心独运巧妙地回答对方，故意将死亡率针对于每个人，表现出别样的幽默效果，也维护了自己国家的尊严。

第三，装作不知道，转移话题击败对方。

在办公室里，小袁是最胖的一个，所以大家都叫他"大冬瓜"。有时候同事经常拿他开玩笑，天天"冬瓜"长"冬瓜"短地叫，有什么事也让小袁做。

有一天，同事又拿小袁开玩笑，说要卖"冬瓜"，小袁面对同事的嘲讽很生气，想要制止，但是这样直接跟他们说便是承认自己是有生理"缺陷"的，那怎么办呢？此时，小袁按耐不住心中的怒火，于是缓缓地走到那位同事面前，拍着他的肩膀："王强，我听同事说你有1.7米高，是吗？我看是没有吧。"然后又接着说："今天早上你吃饭了没有？"

那个同事听得迷迷糊糊，一下子没反应过来，但过了一会儿，在场的

同事便哈哈大笑，那个同事也反应过来自己被愚弄了，以后再也没有叫小袁"冬瓜"。

避免对方对你的攻击，就要采取避实就虚的方式。它的特点是：避其锋芒，用转移的说话方式让其进入窘迫局面，从而化干戈为玉帛，让敌人不战而屈。在人际交往中，这种方式适用于很多场合。

装聋作哑，不正面回应敌人的进攻是一个人智慧的表现，并不是逃避对方，人与人交往是非常复杂的，而做到装聋作哑，不正面回应敌人，采用另一种迂回的战术对待敌人是明智人在职场中生存的重要法则。

逆境出人才，感激为你制造困难的人

俗话说"逆境出人才"，人生的道路并不是一帆风顺的，它需要承受各种折磨和苦难。成功的道路往往是曲折的，上面布满了荆棘，踩上去虽然会很疼，但是过一段时间后就会发现你走路的速度是越来越快，那是因为你已经适应了这样的道路，你的脚底已经长出了厚厚的茧子，足以保护你的脚不被荆棘刺破，因而即使走在荆棘丛生的路上你也能够像在平地时走路一样快。一个人的成功离不开自己的努力、亲人的支持、朋友的帮助，但是我们也不能忘记，我们的强大却是因为痛苦和磨难的折磨，因为有了苦难，我们才生出了战胜苦难的本领和意志，我们才成为了今天的我们。所以，要感谢折磨你的人，要感谢敌人，因为是他们给了我们前进的动力。

小王前几天找了份工作，刚来公司他工作很努力，接到上级的命令马上行动，也因此得到了领导的表扬，但是这些出色的表现让其他同事非常嫉妒。

有一天，小王来到公司发现自己办公的地方乱七八糟的，可自己明明记得昨天走的时候都是整齐的。后来，小王打听到这件事是另一个同事所为，不过小王并没往心里去，也没有计较。小王依旧每天做着自己应该做的事。经理还想提拔小王做主管，但是主管的位置已经有人了，这件事就暂时放下了。主管知道经理有意要提拔小王感到非常气愤，于是就想整治小王。他经常让小王做工作以外的事情，甚至是自己应该做的也要小王

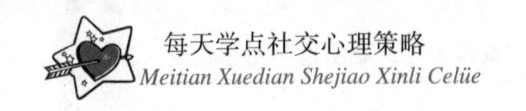

做,还经常在背后说小王的坏话,然而小王并没有被他打倒,反而是认识到了自己的不足,更加努力地工作。

小王坚持每天做很多事情,不仅工作上积极,也不忘提升自己的专业素质。一年后,终于有一个机会让小王大放光彩。那天,经理要为企业做宣传,需要征集每个人的意见,小王也参与了。经过一次一次的筛选,经理最终采纳了小王的意见。那天,公司把广告发出去后引来了不少顾客,也为公司带来了高额的回报,经理很高兴。此后,经理更加信任小王了。

小王的成功是必然的,虽然一开始同事对自己不满,连主管怕他威胁到自己的位置也是处处为难他,但是他并没有因此而一蹶不振或者做出冲动的行为,因为小王知道:当时自己的力量不够,只有化悲痛为力量,更加努力,让他人的折磨转化为前进的动力才能更快地取得成功,而最终他也确实等到了这个让自己大显身手的机会,从此扬眉吐气。

动物学家对羚羊做了一些调查后发现:处于非洲奥兰治河东岸的羚羊总是比西岸的羚羊长得强壮,原因是东岸的羚羊有一群并不友好的邻居——狼。狼是羚羊的天敌,狼群每天的袭击使得羚羊感受到了极大的恐惧和折磨。羚羊为了生存不得不时刻提高警惕,并且使自己变得更强大,也正是因为这样,东岸的羚羊才得以生存壮大。

在职场上,难免会遇到为难你的人,有的人在背后说你的坏话,有的人经常搬弄是非、造你的谣。面对这些的确很让人气愤,然而换一个角度想想,这些人虽然给我们前进的道路造成了阻碍,给我们增添了挫折和折磨,但也是上天给我们的礼物,正是这些苦难和痛苦磨练了我们的身心,使我们变得更强大。罗曼·罗丹曾说:"只有把抱怨别人和环境的心情化为前进的力量,才是成功的保证。"的确,应该感谢那些曾经给你带来折磨的人,是他们让你更快成长,是他们让你在困难的道路上勇敢地走下去。不惧折磨的人,才能更快地成长。

人生在世,总要经受各种折磨,也要承受各种苦难。其实,我们不妨换一种眼光来看待这些折磨,这些折磨对你而言并不是消极的,它也能促进你的成长,这对你的意义绝对是正面的。

生命是一次次蜕变的过程,就像毛虫破茧而出才能化身美丽的蝴蝶。人唯有经历各种各样的折磨,人生才能更精彩。当你成功时回想一下,你会感谢曾经给你带来折磨的人。

感谢那些曾经折磨过你的人,是他们让你得到成长。不管他们的折磨是善意的还是恶意的都要感谢他们,要知道他们在折磨你的同时,也在成全你,使你变得强大,使你成熟并且更快成功!

绕开雷区禁地,切莫伤人伤己

现在的社会日益发展,竞争非常激烈。商场如同战场,职场中时常存在着一些雷区,作为一个刚入职场的年轻人,如果不了解到这些雷区,那么,稍不留神你就会踩到。

一次,新来的同事小美早上来到公司看见其他人正三五成群地讲话,声音特别小,出于好奇,小美便凑了过去。原来大家正在谈论经理昨天出手打女朋友的事",小美听到后连忙说:"是的,是的,我昨天晚上下班后也看到了,就在后面的那个停车场。"话音刚落,经理就走了进来,然后对小美说:"你看到什么了?你再说一遍?"本来经理很欣赏小美,但是她却在办公室里公然议论起经理的感情,这让经理大为失望。

刚到公司的小美没有避开雷区还踩到雷区,这严重破坏了她在经理心中的形象,使经理把她划入到爱传闲话、随意谈论上司感情的"八卦员工"的行列。当然,恐怕从今以后,有什么好事都不会落到小美的头上了,毕竟一个大嘴巴的人是不值得领导信任的。

其实,像这样的办公室雷区还有很多,办公室里的人际关系本来就很复杂。要让自己在办公室里安安全全,就要时刻提高警惕,严守办公室规则,做一个勤奋、嘴巴严紧的老实员工。以下有几点建议可以有效避免踩到雷区。

第一,为人要谦虚,不做炫耀的人。

王伟每天早上来到公司时都对大家笑脸相迎,他来公司两年了,业绩一向都还不错,这也得到了经理的赏识。一天,王伟跟客户谈下了一笔十万元的单子,然后高兴地回到公司对大家说:"我今天又签了一笔大单子,我又可以得到奖金了。"王伟的业绩遭到了很多同事的嫉妒,每次拿到了奖金也跟大家炫耀一番以显示他的才华,以至于他的人际关系越来越差,王伟也一直很苦恼。

谦虚是中华民族的传统美德，有了一点点业绩和成就就大肆炫耀会让他人不齿。俗话说"要低调做人高调做事"，只有懂得收敛和谦卑的人才能够赢得大家的尊重和喜欢。对于初到公司的新人来说，这一点很重要，这也是避免踩到雷区的一个好方法。新同事与老同事之间，上级与下级之间存在着一些相处的潜规则，纵使你有才华和能力也不要在大家面前太刻意地表现自己，不然就会很容易成为大家的攻击对象。我们提倡要展现自己的才华和能力，但不是炫耀自己。"山外有山，人外有人"，还是谦虚点好。现在身怀绝技的人很多，你过多地炫耀只会给自己带来不必要的麻烦，还遭到同事的记恨。

第二，做好自己的事，不管别人的事。

职场中有很多需要避讳的东西，如果你不知道，就很容易戳到别人的痛处或者揭开他人的伤疤，那么，你在职场中就很难得到大家喜欢。在公司里，每个人都有自己的工作，也各有各的职责，你要清楚哪些事是应该做的、哪些事是不该做的。现实工作中，有时候上级派给你的任务你已经出色地完成了，却忍不住去管其他人的工作，也许是好心，但是往往别人未必想接受你的好意。上级既然给每个人分配工作，就是希望每个人都出色完成，你却帮上了忙，帮好了还行，帮不好还遭到别人的怨恨，还被认为是抢功。

第三，避免争辩。

人和人是不同的，个性不同，喜好和志趣也不同，所以对一些事情的看法也是不一样的。在工作当中，往往自己的看法和见解遭到一些人的质疑和反感，那么当发生分歧时说话的口气一定要注意，有些观点说到就好，没必要非争个高下。同在一家公司上班，抬头不见低头见的也没有必要逞一时的口快，说一些伤人不利己的话，很多人都是因为这个使得自己的人际关系变得很差。

第四，不在背后谈论别人。

有的人招人喜欢，有的人惹人讨厌，当然，每个人都不是十全十美的。别人有缺点你可以指正，但是在背后谈论别人的过失就不好了。办公室里也常能看到一些人三五成群地聚在一起谈论别人的是非，还经常把别人的笑柄拿来当餐后甜点，你加入了这样的小圈子，必然也会有"大嘴巴"的时候，但是你有没有想过，当你在背后谈论别人的时候，他们又是怎么想你的呢？很多时候有些事情知道就好，没有必要全部说出来，让别人尊重

你的前提就是先去尊重他人。即使在工作的时候对同事、老板有看法也不要在办公室里去谈论,俗话说"隔墙有耳"也就是这样。要有效地避免雷区就要管住自己的嘴巴,加强自身的修养和保持良好的道德品质,才能让更多的人欣赏你,才能让你赢得良好的人际关系。

化干戈为玉帛,小妙招轻松赢取对手心

人与人之间的个性是大不相同的,在人际交往当中难免会遇到和自己不和的人,有的人是因为个性,有的人是因为利益。古语有句话是"冤家宜解不宜结",人与人之间没有解不开的结,只是缺少了解决问题的方法,那么,我们为什么不试着将干戈化为玉帛,让敌人成为自己的朋友呢?

敌和友本是对立的,两者似乎是水火不相融的,然而实际上呢?俗话说"没有永远的敌人,也没有永远的朋友,只有永远的利益",我们不是要探讨究竟有没有永远的朋友,而是要让大家知道,无论是朋友还是敌人,都和利益是分不开的。想要化敌为友,势必要找到你们之间的利益关联,或自己退一步,或开诚布公地谈一谈,或者主动帮助对方,给对方一些实惠,总之,如果你愿意,人与人之间就没有解不开的结。人与人之间的矛盾都是人为所致,敌人和朋友也是可以相互转化的,人们都喜欢多一个朋友而少一个敌人,所以就要想办法将那些所谓的敌人变成我们的朋友,那么,怎样将敌人巧妙地转化为自己的朋友呢?

第一,帮助对手解决问题。

赵东和王凯都是领导的得力助手,但是他们只是表面上看着很和谐,其实背地里闹得不可开交。

一天,赵东开车去上班,路上车水马龙,堵了个水泄不通,赵东焦急地等着,好不容易可以走了但是车子又坏了。赵东一下子很生气地说:"这什么破车?关键的时候就不好使了!"这时王凯看到了,他想:是帮他呢还是……

赵东在一旁修车,这时王凯开着他的摩托车过来了:"怎么了,兄弟,车坏了啊?要不你坐我的车吧,虽然我的车没你的高级,但至少今天去公司也不会迟到。我有个哥们在附近开了家汽车修理铺,这车我可以让他帮你来

修。"赵东一听很不好意思地说:"谢谢你,以前的事别放在心上啊。"王凯说:"哎,那事不早就过去了嘛。"事后,两个人关系一直不错。

上面的小故事可以看出王凯还是个大度的人,虽然两个人以前有矛盾,但是在对手有难的时候还是能伸出援助之手,这也是个巧妙化敌为友的方法。无论是在工作当中还是与人交往上,主动帮助别人是促进两人关系和谐的最佳方式。面对曾经的敌人,首先放下自己内心对他的厌恶,送上你无微不至的关怀,那么你就可以不费吹灰之力化解你们之间的敌意,说不定你们还能因此成为要好的朋友,不是有句话说"不打不相识"吗?

第二,退一步就是胜。

大家都听过这样的故事:清朝的大学士张廷玉和邻居都要建造房屋,但是因为两家离得太近,就因为地的原因争执起来。张夫人便写信告诉张大学士,想要大学士治治他们,没几天张大学士就派人给他夫人一封信,信上这样说:"千里家书只为墙,再让三尺又何妨?万里长城今犹在,不见当年秦始皇。"张夫人也是个明白事理的人,于是把墙主动让了三尺,那位邻居看见了觉得自己也应该大度些,于是也让后三尺。就这样,两家之间的宽度是六尺,于是便有了"六尺巷"之说,从此两家和睦相处。张丞相虽然失去的是地,但是得到的却是千古流芳的美名。

退一步便让敌人变为朋友。生活中人与人之间交往难免会有各种各样的摩擦,如果我们事事计较,总是针锋相对,那么周围就会遍布敌人,而如果我们大度一些,懂得退一步和忍让,那么别人也同样会对我们做出让步,而周围也就会多出很多的朋友。是敌是友,有时候就是看你如何行这一步,进一步是敌,退一步为友,聪明人都应该知道怎么做吧?

第三,承认自己的缺点。

与人交往发生争执时,不妨首先做一个自我检讨,承认自己的缺点。有的人总是觉得自己做的事都是正确的,于是就想抨击自己看不惯的人,却不能意识到是自身存在着问题。知道自己的不足,说出来,让对方知道,以求得对方的谅解,这也不失为一个化解双方感情危机的好方法。承认自己错了,对方觉得你是个诚恳、谦卑的人,那别人也会理解你、原谅你,接下来你也便可以将敌人变为自己的朋友了。

第11章　得到贵人指点，拓展关系一点就透

人的成长离不开自身的努力，但是很多时候只靠自己是很难成功的，因为社会是由人组成的，这就要求人们要和他人打交道，因此要想获得成功，除了自身的努力外，还离不开一些人的帮助，我们习惯将这些能助自己一臂之力的人称为"贵人"。还没有获得成功，很多时候不是因为你没有才华，只是还没找到你的贵人。为了不使自己被埋没，就要转被动为主动，毛遂自荐，让贵人发现你，从而进一步拓展人脉、结交贵人。所以，用攻心术把握住你的贵人，不要因为错失良机让贵人与你擦肩而过。

不是"跑不快"，是还没遇见伯乐

很多人才华横溢，但是没有被人发现，那么他的才华便无处施展，结果被人们认为是没有才华的人。一个还没有机会施展自身才华的人不要妄自菲薄，因为自己不是没有才华，只是没找到识"货"的人，就像那匹宝马还没有遇到伯乐。所以，要让自己的才华得以展现，让人们对自己有正确的认识，就要充满耐心与毅力，找到能识出自己的贵人。

人们都知道袁隆平，因为杂交水稻之父的事迹世人皆知。这位对中国作出历史性贡献的杰出科技人物，离不开一位伯乐的大力举荐和鼎力支持，这个人就是严谷良。1981年至1988年，严谷良时任国家计委科技局建

设处长，是他尽力促成70年代末国家投资五百万给当时受排挤的农科员袁隆平，使其独立创办杂交水稻研究所，从而让中国一半稻田种上杂交水稻。从这里我们不难看出，袁隆平当时不是没有才能，而是因为受到排挤和压制，没有遇到贵人，没有发挥的机会。但是袁隆平没有气馁，直至遇到了严谷良。严谷良的一双慧眼一下子就发现了袁隆平，并使其获得了巨大的发展，造福了全国人民，造福了全人类。

在这个世界上，有一种东西叫"成功"，人人都想得到它。可是现实是残酷的，只有努力为之拼搏，发现自己的贵人，才能达到自己追求的目标。在这个过程中，每个人都必须要相信自己的才华。古人有天时地利人和之说，现在也有机遇之谈，也就是说一个人要想成功，除了有才华之外，还要有机遇，有贵人发现自己。

一天，一匹黑马对众马说："我要去寻找伯乐，你们去吗？"其他马听了说："我们如果是千里马，为什么要去寻找伯乐？你不是千里马，又何必去寻找伯乐？你找到了伯乐也不会成为千里马！"众马的话不是没有道理，但黑马还是决定去寻找伯乐。黑马翻山越岭，风餐露宿。一天又一天，一年又一年，虽然辛苦，但是它并没有消瘦，反而因为长久的奔跑变得更加强壮，腿脚也更有力了。黑马跑了许多路，但还是没有找到伯乐，于是它开始往回跑。黑马回到了原来的地方，众马围了过来，幸灾乐祸地问它："你找到伯乐了吗？"黑马说："没有找到伯乐，但是我的收获却很大！"众马便问："你没有找到伯乐，能有什么收获？"黑马说："经过这些年月的奔跑，我成了千里马，更重要的是，我发现了自己就是自己的伯乐。"众马听得似懂非懂，便问道："自己的伯乐？"黑马说："作为一匹马，不能等伯乐来发现自己，要自己发现自己，自己成就自己！"这回，众马懂了。就在黑马回来后不久，伯乐就来了，伯乐是特地来找黑马的。

千里马常有，伯乐不常有，这是很多人的感叹。在工作和生活中，一些人经常以此为理由在埋怨，自己工作那么努力，也取得了不错的成绩，为什么就没有得到领导的肯定与赞扬。于是就自怨自艾，自暴自弃，认为努力都是白费的，自己的才能是不足的。其实这样做是错误的，寻找伯乐是一个过程，也许这个过程有些漫长，甚至充满艰辛，但是在这个过程中

不要否定自己，要给自己信心，确信自己的能力。就像那匹黑马，首先要自己肯定自己，自己做自己的伯乐。在寻找伯乐的过程中，黑马锻炼成了千里马，并最终被伯乐选走。所以不要因为一直没有成功就否定自己，不是我们没有才能，是还没有遇到能发现自己的贵人。

"天生我才必有用"，不要整天抱怨，不要时刻苦闷，要执着，要努力寻找自己的贵人。大仲马年轻时没有什么值得人们注意的才华，但是就在被一个编辑发现他字写得非常好时，提携他当了作者，然后就开始了让自己声名远扬的的创作生涯。很多时候没人认为你是千里马的原因是因为你没有跑出千里马的威风，如果想早点遇到伯乐，那就使劲跑出来，让普通人也能看出你是千里马。要相信自己是一匹千里马，只不过还没有遇到伯乐。

结交贵人，抄成功的近路

对于任何人来讲，想获取成功，自身的努力是必不可少的，但是有时我们会发现一些人一天到晚忙得不可开交，但是总是收效甚微，与成功的距离总是那么远，于是非常苦恼。其实，成功是可以抄近路的，一个人的成功除了自己的努力外，还可以靠"天时"，可以借"地利"，更可以得到"人和"。"天时"和"地利"不是我们能掌握的，但是"人和"是可以自己利用条件创造的。多结交贵人，能为自己争取更多的机会，把握住这些难得的机会，你就会离成功更近一步。

结交贵人能助你走向成功，贵人相助能够缩短奋斗的时间。贵人能帮助你开阔视野，启迪心智，让你不再鼠目寸光，不再一叶障目；贵人能够指点迷津，发掘捷径，让你少走弯路；贵人还可以为你提供更多的机会，使你有施展才华的舞台。结交贵人能使你的事业一帆风顺，能够给自己创造更多的可能，他会不断地激励你，使你获得足够的勇气，力争上游，奋发向上。

贵人还能给你积极的影响。克林顿在17岁的时候遇到肯尼迪总统，后来决定竞选总统。可是克林顿在见到肯尼迪总统之前，他是读音乐系的，自从遇到肯尼迪总统后，克林顿开始决心从政。如果他当初遇到的是猫王，可能永远也当不了总统。也就是说，一个人的成功与一个人的交际环境相关联。对普通人来说，之所以消沉和失意，是因为他们处在一个消极的人际环境中，他们与失败者为伍。

结交贵人固然重要，但是要讲究方法。

一名北大的学生，毕业后给一家大公司的老总写了几封信，剖析了该公司在东南亚市场的发展利弊，明确自己能够给公司带去什么。老总非常赞同他的观点，将这名大学生招入了旗下，并且很快得到了晋升。同样，很多大学毕业生模仿这名大学生给这个公司的老总写信，信中不乏热情洋溢的辞藻，但结果都是杳无音信。

后来，人们发现这其中的区别就在于第一个给那家公司老总写信的大学生清晰地知道自己要干什么，也深知结交贵人之道。

要知道每天会有很多少人给那个公司的老总写信，他的秘书又会把其中的几封转给他阅读，可见能被老总阅读的已经是凤毛麟角。这些写信的人中，可以说有想法的很多，实际做到的也不少，但真正能做成的少之又少。关键还是一点，你能给公司什么，说得直白点，你有什么样的价值。

所以，在结交贵人时，最好要对其有比较透彻的了解，能很好地对其进行较为详细准确的分析，这样一来，不但自己心里有底，能比较有针对性地进行交流，而且能起到吸引注意力的作用。最重要的一点，那就是要把自己的才能展现出来，让人们认识到你的价值，这样才能让贵人相应地提供给你施展才能的舞台。所以，在结识贵人时不要遮遮掩掩，这样贵人不会对你有充分的了解，自然也就失去了兴趣。机会在于创造，更在于把握，结交贵人，把握住机会，会使自己离成功更近一步。

另外，在结交贵人时，要有足够的耐心和坚定的信念，指望一次就如愿以偿，是很不现实的。要做好持久战的心理准备。很多人在第一次尝试失败后就顿足捶胸，恨天怨地，并发誓再也不去追寻那个"自命不凡"的贵人，结果与成功失之交臂。在遭遇挫折时不要气馁，要越挫越勇，跌倒后就马上爬起来，这样才能赢得人们的尊重，获得赏识，结交贵人的机会

也会更大。

曾经一份报告结论指出：一个人赚的钱，12.5%来自知识，87.5%来自人脉；一个人事业的成功，80%归因于与别人相处，20%才是来自于自己的心灵。所以，如果你想要成就一番事业，那就不能忽视构建能够支撑你梦想的人际关系网络。发现你的贵人，结交你的贵人，让贵人发挥作用，这对于你的成功是必不可少的。

一个人成熟的表现很大程度上在于是否已经开始收获自己的人脉，结识属于自己的贵人。一个人的知识和经验是逐步积累的，一个人的精力是有限的，创造成功的人生，仅有个人的勤奋与努力是不够的，贵人的帮助非常重要。

擦亮眼睛，莫要与贵人擦肩而过

贵人对一个人成功的重要性不言而喻，所以一定要努力寻找。当发现贵人时要努力地与其结交，好好把握，不要因为一些疏忽或者失误而与贵人擦肩而过。因为当发现贵人在还没有被你把握住的时候就已经离你远去，或者当贵人已经离开你才后知后觉时，你都会感到后悔莫及。不要给自己留下遗憾，认真仔细地对待，发现贵人，把握贵人，抓住那些不能轻易得到的机会，成就自己的事业。

《放牛班的春天》是一部非常感人的电影，这部电影使很多失落的心灵得到了安抚。片中的助教克莱门特是一位才华横溢的音乐家，但是他刚来到学校时，面对的是一群问题少年。克莱门特没有因此而放弃努力，他用自己独特而巧妙的方式打开了学生们封闭已久的心灵。这些孩子中，皮埃特的性格最为怪异，让人非常头疼，但是克莱门特用自己的真诚和爱心感化了这只迷失已久的"小羔羊"。皮埃特本就拥有一张天使般的面孔和亮丽的歌喉，在克莱门特的循循善诱之下，皮埃特的音乐天赋被充分地发掘，可以说克莱门特是皮埃特音乐道路上的一位伯乐。

可以看出克莱门特这位贵人对于皮埃特的重要性，如果没有克莱门特，恐怕皮埃特会继续迷失下去，找不到人生的方向。现实生活中，很多人都希望自己也能像影片中的皮埃特一样幸运，遇上一位懂得赏识自己的伯乐，以实现自己的梦想。

在工作和生活中，要想获得一定的成就，往往需要高人指点，因为这些人能点石成金，而拥有这一本领的人就是我们常说的贵人。谁都希望能找到自己的贵人，所以当贵人出现在自己身边时，千万不要轻易放过，睁大你的眼睛，把握你的机会，不要让贵人与你擦肩而过。

一位叫做亚伦·桑德斯的先生对卡耐基说："我今天之所以小有成就，一切都要感谢我的老师保罗·布兰德威尔先生，我在他的课堂上学到了人生最有价值的一课。"他告诉卡耐基："那时候我才十几岁，但却经常忧愁，为各种事情担忧。我常常为自己犯过的错误而自责。交上考卷，我常常夜里睡不着觉，不停地咬我的指甲，心里想着要是不及格了我该怎么办。对于那些我做过的事情或说过的话，我会经常想，要是当初我没做该多好，或者那些话当初我没说该多好。"

一次生理卫生课上，保罗·布兰德威尔老师将一瓶牛奶放在办公桌边。正当大家望着那瓶牛奶发呆时，他却突然站起来，将好端端一瓶牛奶击碎在水槽中。然后，保罗·布兰德威尔老师大声说道："不必为已经打翻的牛奶哭泣。"然后，他让全班学生都到水槽边看那打碎的牛奶。他对大家说："你们好好看一看，我就是要你们永远记得这一课。现在当然看得出来，这瓶牛奶已经漏光了，它已经没有了，不管你再怎么可惜、心疼、抱怨，都没办法再救回一滴。现在我们要做的，就是动动脑子，想想以后怎样预防此类事情的发生，尽力寻找保住牛奶的办法。但是现在不行，一切都太迟了，这瓶奶已经确定没有了。我们能做到的就是努力忘掉这件事，开始关注下一件事。"

亚伦·桑德斯对保罗·布兰德威尔老师这些举动和这一番话记忆深刻。因为它对桑德斯的教诲作用，实际上要远远超过他同时期学到的其他知识。这使他明白了这样一个道理：尽最大可能不去打翻牛奶，万一不小心打翻了以至于牛奶漏光了，就该彻底把这件事情忘掉。

老师对一个人的成长尤为重要，尤其是对孩子们来说，遇到良师益友

要比捡到金子还重要，因为这会对其整个一生产生深远的影响。正如李嘉诚所说："良好的品德是成大事的根基，成大事的机遇是靠遇到贵人。"

我们事业的成功，除了需要良好的个人素质之外，还需要贵人的帮助。好莱坞就流行一句话："你的成功与否不在于你是谁，而在于你认识谁。"我国自古以来也有"贵人相扶如天助"的说法。中西方文化差异不言而喻，但在贵人这一点上有如此近似的理念，可见贵人对于人们的成功至关重要，功不可没。大家要擦亮自己的双眼，学会成功抓住、结识贵人的机会，让自己在通往成功的道路上多一些平坦、少一些坎坷。

毛遂自荐，识货贵人选中你

是金子总会发光不假，但是现如今社会飞速发展，人才济济，金子太多了，所以要想让别人看到自己的光芒就得主动去展示。不张扬、沉稳处世当然会显得有深度，但是在接触机会本就非常少的情况下，不主动展示自己的才能是很难让人们认识自己的。转变自己的传统思维，主动展示自己的才能并不是傲慢和炫耀，而是为自己争取被贵人认识的机会。毛遂自荐，主动推销自己，让贵人一眼就看到你。

世界男高音帕瓦罗蒂到北京音乐学院参观访问，很多家长都想让这位"歌王"听听自己子女唱歌，目的就是想拜他为师。帕瓦罗蒂出于礼节，只得耐着性子听，一直没有表态。

黑海涛是农民的儿子，凭着自己的刻苦努力考入这所著名的音乐学院，他也想得到帕瓦罗蒂的指点，但他知道自己没有背景。难道白白浪费这么好的机会吗？黑海涛不甘心，灵机一动，就在窗外引吭高歌世界名曲《今夜无人入睡》。一直茫然的帕瓦罗蒂立即有了反应："这个年轻人的声音像我！他叫什么名字？愿意做我的学生吗？"黑海涛就这样幸运地成为这位世界男高音的学生。1998年，意大利举行世界声乐大赛，黑海涛取得了第二名的优异成绩，由此成为奥地利皇家剧院的首席

歌唱家，名扬世界。

如果黑海涛拘于一些类似自己是农民的孩子，没有背景不敢高攀的想法，那么他就不会鼓起勇气引吭高歌，帕瓦罗蒂也就不会发现他，千载难逢的机会也就被白白地浪费了。在日常生活中，让贵人了解自己的最好办法就是像黑海涛一样，主动去展现自己。所以，当我们遇见贵人的时候，不要因为某些原因或者一些想法而影响自己的决定，畏缩不前，要大胆地毛遂自荐，展现自己，让贵人"一见倾心"。

阿强去应聘一家广告公司的策划主管，由于该职位待遇非常丰厚，接待大厅被应聘者挤得水泄不通。此时，阿强灵机一动，走到入口处高声喊道："请大家自觉遵守秩序，前来应聘的人排成三排！"应聘者看到阿强与公司的工作人员站在一起，以为他也是考官，便很快排好了队。阿强又把大家的简历收在一起，并把自己的简历放在最上面，这样阿强便得到了第一个面试的机会。之前考官已将阿强的行为看在眼里，看了他的简历和作品后，便说："你被录用了。"

不难看出阿强是一个聪明人，他很懂得利用环境以及用什么样的方式来展现自己。毛遂自荐的方式不拘一格，所以每个人都要选择适合自己和最能展现自己的方式来自我推销。就像阿强，他的自我推销可谓极具创意，虽然一些行为有"犯规"嫌疑，但是他在面试前的行为被考官看在眼里，为自己加分不少。所以，在进行自我推销时不妨注意利用一下周围的环境。

自荐需要自信，因为你要在人们面前表现出一种强势，让人们知道你是强者。这样才能让人们知道你是有能力的，能够胜任工作。如果你畏畏缩缩，连半句话都不敢说，说话的声音小，那么人们会认为你是一个无法承担重任的人。所以，当你自我推荐时，要充满自信。

在展现自己时要突出重点，即让别人知道你的竞争优势。你的优势会让你非常出彩，会给人们留下深刻的印象，更重要的是这是你自我推荐的真正资本。

此外，一定要注意自信的尺度，不要过了头，否则就会变成傲慢。没有人喜欢一个目中无人的人，你的傲慢只会让人们更加疏远你，这无异于自己给自己掏红牌。强中自有强中手，高人背后有高人，一定抱着一种学

习的心态，拥有一颗谦虚的心。有实力，不张狂，这样的人才是我们俗称的"强人"，这样的人往往能得到人们的欣赏，因为他们是招聘者心中的得力干将。

不卑不亢，谦虚自信，在自我推销的过程中充分展现自己，让贵人识出你的真品质，获得贵人的欣赏和成功的好机会。

少利用，多与贵人真情相处

大家都知道被利用的感觉是很不舒服的，会有一种类似"被骗"的感觉。通过贵人的指点或者提携能使自己的事业更上一层楼，贵人的作用就很明显地表现出来，那么在你感受成功喜悦的同时，贵人则会感觉到你在利用他的能力使自己成功。这时就需要一些情感回馈行动，以消除其"被利用"的心理。在自己受到贵人的帮助时，要记得用真情来感染他，在相处的过程中，不要总是想方设法从贵人那里搜刮到什么好处，而应该以一颗真诚感恩的心来面对你的贵人，少一些利用，多一些真情。

曾经有一个人非常自私，为了实现目标不择手段，甚至有心狠手辣的一面。处于事业起步阶段的他为了能在公司有更好的发展，很注重用攻心术来引起领导的注意，赢得上司的赏识。在自己不懈的努力下，他获得了经理的认可，并在很短的时间内晋升为部门主管。此时，经理的想法是发掘到了人才，拉年轻人一把，让他有更好的发展，让自己也有一个得力助手。但是这个自私的人却只把经理当做一个台阶，踩着向上走。后来，他通过在董事面前的抢眼表现，再次升迁，已经属于当初提升自己的经理无法驾驭的人物，结果他竟然对经理视而不见，根本不把其放在眼里，不能不叫人心寒。最后，他因为一个重大的失误给公司造成了巨大的损失，而被公司开除，然而这个决定本可以由当初的经理求情而避免的。

这个年轻人为了理想奋斗没有任何错误，但是把每个人都只当成自己脚下的台阶，而踩着向上走就不对了，这也是造成其最后在面临被公司开

除时，而没有人去帮助的原因。一个人要懂得感恩，特别是对自己有过帮助的贵人。人不能只为了利益而活，如果人与人之间只是利用关系，那么这个社会就会变得很可怕，因为没有真情的社会是冷漠的，人是冷血的。只知道利用贵人让自己飞黄腾达的人，他的下场会像那个自私的人，不会好到哪里，因为这样的人不近人情，不懂感恩，只懂得谋私利。所以，在与贵人相处时不要太多的利用，多一些真情，你们之间的关系不但会更加融洽，也会使贵人感觉帮助你是非常值得的，从而心甘情愿地做你的贵人，这样有利于你的长远发展。

没有人喜欢被人利用，贵人帮助你，从心底是希望你能饮水思源，对其充满感激之情的。有了贵人的提携，你的事业突飞猛进，而你要知恩图报，一定要珍惜贵人的滴水之恩。假如你从头到尾都只想着利用别人，早晚都会被识破。你的贵人可能是一位身居高位的领导，也可能是你想模仿的对象，更有可能是你的下属，这些人在经验、专长、知识、技能等方面肯定有比你略胜一筹的地方，值得你学习的地方。但不管你的贵人是你的上司、你的同事还是你的朋友，都要多用一些真情去相处，少一些利用。

一般情况下，贵人会出于几个原因帮助你。例如，你是人才，一般人都有爱才心理，所以为了不使人才被埋没，会出手帮你。另外，贵人多少会觉得在帮助你飞黄腾达后会对自己有好处，但是又有怕你的成功超越了他自己从而不把他放在眼里的担忧。所以，贵人对你往往是爱恨交织，既期待成功，又怕受伤害。李嘉诚曾说："一个人的富贵是内心的富贵。贵，是从一个人的行为而来。"作为被贵人所帮助的你，一定要减少对贵人的伤害，让他们感觉自己的付出都是值得的。

"先不要问别人能为我做什么，要先问自己能为别人做什么。"这是畅销书《别独自用餐》的作者启斯·法拉利摸索得出的最重要的结识贵人之道。启斯·法拉利从一个劳工家庭出身的球场杆弟一路成为顶尖企业的领导人，凭借的就是这个方法。同样的道理，不要总是想着利用贵人能为自己谋到什么好处，要多想一想自己能为贵人做些什么。我们应少一些借助贵人以达到某种目的的想法，不要天天惦记着用手段使贵人为自己服务，多一些真情，让贵人感受到你的真诚。与贵人相处，少一点利用，多一点

真情，让你们之间的关系更加融洽。

编织人脉网，人脉账户需要长期注资

　　一个人的人际关系、人际网络对一个人的生活质量、事业发展都是有重要影响的。当一个人的人缘好、社会关系非常融洽时，这个人往往拥有较为幸福的生活，工作事业上往往都小有成就。因为人缘好能汇聚人气，朋友很多，可以使其在得意时与他人一起分享喜悦，在失意时得到朋友的安慰，这样非常有益于一个人的身心健康。好的社会关系能使一个人在奋斗时遇到贵人，从而发现更多的机会，成就自己的事业。而人际关系较差，不注重拓展人脉的人则会在生活或者工作中遇到各种各样的麻烦，而且多是独自承担，常常叫苦不迭。所以在平时注重拓展自身的人脉，向人脉账户里注入资金，便能够积攒更多的人脉，提高生活的质量。

　　人脉看不见又摸不着，它不像超市里的商品明码标价，而且人脉的价值是不能用金钱来衡量的。曾有一个在商界很成功的人，在他的眼里，人脉可以让一个人左右逢源，没有到不了的地方，也没有谈不成的生意，更很少有做不成的事情；而没有人脉时，则会寸步难行、走投无路。人脉就像一个属于你的账户，要不断向里面注资，才能让你的人生像一个企业一样得以正常的运转。人脉需要不断拓展，这样你的生意才会越做越大。

　　一个禅师走在漆黑的路上，因为路太黑，行人之间难免磕磕碰碰，禅师也被别人撞了好几下。他继续向前走，远远看见有人提着灯笼向他走过来，这时旁边有个路人说："这个瞎子真奇怪，明明看不见，却每天晚上打着灯笼走。"禅师也感觉非常奇怪，等那个打灯笼的盲人走过来的时候，他便上前问："你真的是盲人吗？"那个人说："是的，我从生下来就没有见过一丝亮光，对我来说，白天和黑夜是一样的，我甚至不知道灯光是什么样的。"禅师更迷惑了，问道："既然这样，你为什么还要打着灯笼呢？你甚至不知道灯笼是什么样的，灯光给人的感觉是怎样的。"盲

人说："我听别人说，每到晚上，人们就变成了和我一样的盲人，因为夜晚没有灯光，所以我就在晚上打着灯笼出来。"禅师非常震动地感叹："原来你所做的一切都是为了别人。"盲人沉思了一会儿，回答说："不是，是为我自己。"禅师更迷惑了，问："为什么呢？"盲人回答："你刚才过来有没有被人碰撞过？"禅师说："有啊，就在刚才，我被两个人不留心碰到了。"盲人说："我是盲人，什么也看不见，但我从来没有被人碰到过。因为我的灯笼既为别人照亮，也让别人看到了我，这样他们就不会因为看不见而撞到我了。"禅师顿悟，感慨万分。

盲人的灯笼在照亮别人的同时，也照亮了自己，不但给路人在黑暗中行走带来了便捷，也使得自己免于被碰撞。在生活中，我们可以采用同样的方法拓展自己的人脉，当别人发现你的价值时，同样会给你带来展现价值的舞台。当你的人脉在自己的积极拓展下变得广阔时，你就会像那个打着灯笼的盲人一样畅通无阻地行走于人间。拓展人脉的方式很多，不求索取，较多贡献，是其中非常有效的一种。

在人脉拓展的时候要注意自己的原则。首先要诚实守信，因为在人际交往中，一个人的诚实能给对方带来心理上的安全感，守信用会让人觉得你值得信赖，这样人们才会将自己封闭的心灵逐渐向你敞开，成为你的朋友，汇入你的人脉。另外，要懂得分享。当你获得成就，不要忘记那些曾经帮助过你的人，因为他们本就是你的人脉，需要你的巩固，如果在此时将其抛弃，无疑将使你的人脉变得脆弱，不堪一击。

不要一味地追求名利，因为只顾事业的成功会让你错失生活中的精彩瞬间，会让你掉进名利的陷阱，而忘却了生命追求快乐和幸福的本义。拓展人脉，不仅是为了事业，更是为了生活，所以不要忘记那些生活中的亲人、朋友，他们可是你人脉的最主要、最坚不可摧的组成部分。

不要忘记向你的人脉账户中"存款"，为了幸福的生活和成功的事业。

第12章 远离陷阱，聪明地与小人博弈

生活中要警惕小人，远离陷阱。人们都喜欢听好话，但是要警惕"高帽子"，因为这里可能暗藏杀机。一些别有用心的人，会为了一些目的用尽全力往高里捧你，但是一旦他达到了目的就会撤掉云梯，让你摔得很惨。要警惕"小喇叭"，因为稍有不慎就会使自己臭名远扬。平时也要远离外忠内奸的伪君子，不要栽倒在"老油条"的城府下。

警惕"高帽子"，捧得越高摔得越惨

生活中、事业上，都要警惕"马屁精"。这种人对你的称赞和夸奖往往不是发自内心的，而是带着某种不可告人的秘密。为了达到目的，他会给你戴"高帽子"，把你捧得很高，但是一旦达到目的，他会马上撤掉梯子，让你从风光无限的高处跌落，摔得很惨。"高帽子"会增加人们的虚荣心，让人们失去理性思考，使正常的人际关系扭曲，也会给人们带来难以忘怀的伤痛，一向为人所不齿。然而，它却从未绝种，而是随时更新，所以我们一定要高度警惕。

从前有个小官吏，最擅长阿谀奉承。他察言观色，见风使舵。因此，他施拍马之术百发百中。几任顶头上司都因为上了他的当，弄得丢官卸职，栽了跟头。这次新来的一位上司，吸取了他前几任的教训，一

到任所，就把小官吏叫起，劈头盖脸地一顿臭骂，然后严正地警告："告诉你，我可不吃你这一套！不信，你就试试吧！"小官吏吓得瑟瑟发抖，先是淌泪抹眼，继而竟然哽咽地哭出声来。新上司把眼一瞪："哭什么！委屈你啦？""不，不，"小官吏边哭边摇头，"我恨，我恨哪！""恨什么？"新上司的眼珠子更大了。小官吏装出一副痛心的样子："我恨我遇到您这样的洞察秋毫、铁面无私、推心置腹、赤诚相见的上司太晚了。我要是能早在您手下亲聆教诲，我这些见不得人的肮脏毛病岂不早就……呜呜！"说到这里放声号哭起来，哭声凄切，令人耳不忍闻。新上司虽然还在横眉竖眼、背手挺胸地踱方步，但一肚子的嫉恶如仇、必欲挞伐的浩然正气却早已烟消云散了。他不由无限感慨地想："前几任世兄怕也太治下无方了。人非圣贤，孰能无过？看你会不会驾驭罢了。"小官吏看透了新上司的矜持之意，心中不仅悄然骂道："看你吃不吃这一套！"

新上任的上司表现出一副大义凛然、明察秋毫的气势，严厉地训斥善于拍马的小官吏，但是最后还是被小官吏的"迷魂阵"给迷惑了。可见，小官吏的拍马屁水平实在高明，同时也可以发现拍马屁之所以可以让小官吏横行，原因还在于有人喜欢被拍。在实际的生活中，要想不被各种各样的拍马屁手段迷惑，就要彻底杜绝拍马屁者，要时刻给予自己心理暗示，当其发现你根本不为所动时，自然而然就会收手了，这样才能避免被小人陷害。

很早以前，有个专会拍马屁的人，上自皇帝、宰相，下至州官、县令，都被他拍得飘飘然。阎王爷得之这一情况后，大骂马屁精是人间败类。于是，命牛头马面将马屁精捉来，准备割舌下狱。马屁精被捉来之后，一见阎王爷，急忙双膝跪倒、磕头祷告："请阎王爷息怒，在人世并非我愿意拍马屁，而是世人多爱听奉承之言，喜欢拍马屁之人。如他们都能像您这样铁面无私、严肃公正，我自然就不会拍了。"阎王爷听后怒气全消，高兴之余，命二鬼把马屁精送回人间。

这个笑话不得不让人感叹拍马之人的高超技巧，连阎王爷都能在几句话之间摆平。生活中，有些人听不得坏话，一旦听到别人批评自己就感觉浑身不自在，满面阴沉，但是一听别人夸赞自己就立刻满面春风，笑得

合不拢嘴。

拍马屁者善于阿谀奉承，这类人往往一身媚骨，嘴上涂蜜，睁着眼也能顺口编瞎话，把臭的说成香的，把丑的说成美的。还有的拍马屁者善于心领神会，知道领导的孩子喜欢看球赛，就不惜用高价购得球票两张，还装作随意的样子说是朋友送的。

有些人拍马屁并无害人之心，但不免有利己之意。他们为了一己私利，常常不从实际出发，专挑你爱听的话滔滔不绝，选你喜欢的东西送上门来。他们在你被拍得忘乎所以之时，求你为其谋求利益，致使你身败名裂。拍马屁者往往不露声色，"杀"人于无形，所以一定要远离，以免惹祸上身。

防备"小喇叭"，维护自己的名声

工作中，有些人喜欢在暗中向领导打"小报告"，尤其是一些开领导玩笑的人都被列入这张"小报告"，从而影响领导对一个人的印象，以及一些问题的决策。这类人通过所谓的"检举揭发"使领导能够获取平时难以了解但并不完全真实的信息。时间长了领导会认为这是一个可以作为心腹的人，而将其重用。但实际上这类人的行为严重影响了单位的正常运转，使一些人蒙受不白之冤。这类爱打小报告的人往往被称为"小喇叭"。他们也非常乐于在同事间散播一些关于某人的负面消息，使其名声在无形中被败坏。所以，对于这种人一定要警惕。

小李是某企业内刊的一名编辑，由于办公室里都是同龄人，因此平时大家说话都口无遮拦的。可最近一次偶然事件，让他在办公室遭遇了"白色恐怖"。在一次公司聚会上，总编酒后吐真言，我发现有人一直在背后打我的小报告。事后经调查分析，确定这个打小报告的人就是新来的同事小孔。后来，同事们在办公室里不敢多说半句话，心里对那个打小报告的人恨得牙痒痒。

小孔成为了办公室里的"监听器",他动辄向领导汇报的作风使得本来非常融洽的办公室气氛变得死气沉沉。编辑工作本就需要大家交流、共同商议最好的方案,而且轻松的工作氛围也能提升工作的效率和质量。但是小孔的小喇叭让交流停滞,让气氛凝固。自古以来,人们对各色人物打的小报告,很少经过冷静思考辨认出真假,这常使打小报告者屡试不爽,春风得意,而那些"被告者"却不得不蒙受天大的冤枉。

某些人为了自己私利,打着提意见的幌子向管理者反映问题,此时反映的问题往往是他人的失误和错误。他们的主要目的是为了让管理者意识到自己的努力和重要性,以此来谋求利益或者巩固自己已有的地位。此类现象不在少数,对组织的危害较大,管理者要善于识穿它。

曹操小时候很调皮,每次犯事被他叔父知道后,叔父就会把他犯的错误告诉他父亲,因此曹操就一直怀恨在心。有一天,他在院子里玩耍的时候看到叔父走过来,刚走到他面前,他突然往地上一倒,而且还口吐白沫。其叔父见状大惊,马上就去告诉曹操的父亲。等叔父带着他的父亲过来的时候,曹操早就站起来了,还在拍身上的尘土。他父亲问刚才是怎么回事,为什么会口吐白沫。曹操说:"我哪有口吐白沫,分明是叔父总是喜欢在父亲您面前说我的坏话。"曹操的父亲一看曹操确实是没什么事也就没说什么,曹操的叔父刚想解释就被他的父亲拒绝。从此之后,曹操的叔父不管在曹操父亲那里说什么坏话,他父亲都不再理会了。

曹操的故事告诉我们,可以用事实来打破打小报告者的谎言,让其在铁的事实面前不攻自破。对待"小喇叭"可以有多种方法,除了像曹操一样采用计谋,还可以尝试与对方进行沟通。可以问其是不是对自己有意见,不妨在一起把话讲明。如果对方不配合,可以对其进行适当的警告,如告知对方今后有什么意见可以直接找自己,以免产生误会。通过话语让其知道你不会面对他的行为无动于衷,而是会采取相应的行动,请其自重。

在工作中,让自己的行为尽量不要出错,如果出错了,一定要勇于承担责任。另外,尽量不要诋毁说你坏话的人,不管他出于什么原因这么做,你一定要装作没有听到他说过什么。如果领导直接问到你的眼前了,

那么就一定要针对事情据理力争，但是不要说那个人的不是。如果是同事传过来的话，一定要微笑着听完，而且一定要听完了就过去了，并且不要加任何评论，只要用"是吗"、"哦"等回应一下就可以了。总之，要警惕"小喇叭"，因为稍有不慎就会让你臭名远扬。

小心满腹牢骚之人，莫让怨声磨灭激情

很多人在工作不顺心的时候会抱怨，这并不是一种不能接受的行为，适当的抱怨能舒缓内心的压力，在别人的适当开导下会逐步调整好自己的状态，精力充沛地回到工作岗位。但是，一些人抱怨从一开始就没有停止过，就像精神上出了问题的祥林嫂，整日唠叨个不停。开始出于同情想伸出援助之手的人们会随着其不厌其烦的唠叨而感到精神疲惫，逐渐地被这些唠叨的内容所影响。"谎话说上一千遍就会变成真理"，这是反复进行心理干预的结果。同样的道理，一个人唠叨的时间长了，他唠叨的内容就会使听者受到潜移默化的影响，认为工作的确像唠叨者所说的一样没有希望，逐渐对工作失去了激情。其实，这都是不必要的，只看到消极的一面当然会变得消极，所以在生活和工作中一定要留心身边的"祥林嫂"，因为唠叨会磨灭你的激情。

小张刚毕业，对工作充满了热情和信心，她一心想在工作岗位上做出点成绩。然而，周围的同事中，有好几个阿姨在事业单位混了一辈子，临近退休。她们整天无所事事，一心就是聊天。当时，新来的小张自然成为她们最感兴趣的对象。一开始，小张牢记父母的教诲，在工作中千万不能跟任何人产生冲突，不能跟同事顶嘴，更不要去得罪同事。因为她深知得罪她们的下场会是轻则被孤立，重则会谣言满天飞。于是，刚开始时，阿姨们闲聊的时候，小张偶尔也会参与。然而过了一段时间，小张发现这样对自己的工作非常危险，有时候甚至产生职业倦怠心理，觉得自己可以看到三十年后的样子，浑浑噩噩地开始混日子。于是，小张开始调整自己的

心态，并借各种冠冕堂皇的理由逐步疏远阿姨们。她跟领导另外申请了一份超出自己工作范畴的事情，给自己一个忙碌的借口。那之后，虽然小张每天仍然笑脸相迎，但是终于跳出了是非圈。

小张的做法是正确的，如果她整日和阿姨们闲聊，虽然会感到工作轻松，但是自己会一无所获，长久之后会失去工作的热情和动力，浪费了青春和生命，对自己的整个人生发展非常不利。小张的做法非常得当，如果小张大发雷霆，恐怕会让自己陷入极为不利的境地。所以，小张很理性地运用智慧寻找正当的理由，既消除了人们的怀疑之心，又使自己跳出了是非圈，让自己的能力得到了锻炼。

对于唠叨的同事，我们既然无法阻止他们，就不要强求他们不去唠叨，因为这往往是无效的行为。这时必须从自己身上下手，寻找办法阻止自己被他们同化。尤其是年轻人，正处于事业的起步阶段，美好的未来正在向你招手。如果就这样被喜欢唠叨的同事们感染变成"八卦"而又无聊的人，那么领导会看不起你，更不会取得工作成就。多年以后回首往事，只会发现自己一事无成，悔之晚矣。

小刘是一家美容店的员工，这家店的环境很好，而且在业界比较知名，还处于学徒期间的小刘工作非常努力，可以说她的前途一片光明。但是让小刘很无奈的是有一个很爱唠叨的女同事。这个同事不但喜欢用一种尖酸刻薄的语言数落他人，而且对一些鸡毛蒜皮的事情也能大做文章，更要命的是这个女同事有在同事之间散布谣言，在领导面前打"小报告"的习惯。一次，小刘一句无心的话得罪了她，结果没过几天就听到大家在议论自己什么，后来才知道是那个女同事为自己量身打造的谣言。小刘感到工作没有了感觉，失去了激情，无奈之下离开了这家店，换了一个工作单位。

小刘的做法就属于眼不见为净，既然不能当这个同事不存在，就自己重新换个地方。因为对于此类人，我们无力去改变他们，只能改变自己。在工作中，对于那些爱唠叨的人一定要给予高度注意，不要被同化。

懂得自保，躲开城府深的"老油条"

有一些人随着阅历的丰富会变得世故、油滑，不厚道、不诚实。在一个单位工作久了，会钻空子，嘴上说得条条是道，但是工作不用心、不负责任、经常应付。很多时候爱摆老资格，尤其是在年轻员工面前。在有工作时，消极应付，能躲就躲，要不就是对年轻人指手划脚，自己只说不做。在责任来临时，总是躲在最后面，能推就推，公司的变革威胁到自己的利益时，会千方百计地阻挠和破坏。在荣誉和好处来临时，总是冲在最前面。在奉承领导方面很有心得，用不正当关系维护自身的利益。这样的人，我们称之为"老油条"，这类人城府极深，与其相处要提高警惕，避免栽跟头。

业务员麦克曾是A公司的负责某个州的区域经理，每次出差回公司他都表现得如谦谦君子，特别是对高层领导毕恭毕敬，经常跑到领导的办公室里主动汇报工作，有意无意地对他管辖的区域粉饰太平。高层领导一度对他很有好感，下面的其他业务员也误以为高层领导对麦克偏心、偏爱。但年底销售任务达成率揭晓时，麦克的辖区是公司唯一一位销售出现滑坡、负增长的区域。他随即被调离其管辖区域，降职处分。在把麦克调离他的管辖区域后，A公司重新派遣了两名认真负责的区域经理，麦克的"狐狸尾巴"终于藏不住了。他曾多次胁迫自己管辖区域的经销商在他到后给他开房住宿，不开房的就不给好脸色或压根不去。麦克用这种方式大肆骗取公司的出差补助。他还包庇自己区域做得差的经销商，不予整改和撤店处理。只要能伺候好麦克，做得差的经销商就可以相安无事。麦克还主动让部分经销商不给公司下单，把订货单下到他指定的其他厂家，以此来中饱私囊，麦克最后被公司予以开除处理。

麦克是一名经验丰富并对公司非常了解的业务员，但是他没有把他的经验用到努力提升业绩等正当的地方，而是上面哄好自己的领导，下面压榨所辖区域内的经销商，就这样利用自己的权力欺上瞒下，赚取利益。麦

克属于典型的"老油条",他处世圆滑,做事不是为了完成上面下达的任务,而是以自己的利益为中心,想尽一切办法"巧取豪夺"。他并不着眼于公司的长远发展,而只是想在最短的时间内满足自己最大的利益。他对待工作消极怠工,对待利益争先恐后,但是纸包不住火,他被公司开除的下场在情理之中。

一个企业需要一个强大的团队,而"老油条"则是这个团队里的害群之马,是必须铲除的毒瘤,否则他们将腐蚀整个团队,最后使团队瓦解。

小杜是一家公司的新人,由于工作非常努力,博得了领导和同事的好评。一次公司要设计一个晚会,小杜的主管意识到这是一次立功表现自己的机会,于是将这个任务揽了下来。由于这个任务非常繁琐,所以他将任务交给了小杜,并鼓励小杜说这是一次难得的展现能力的机会,如果成功,公司领导会有嘉奖,年轻气盛的小杜听完欣然接受了。后来晚会在进行过程中出现了小的差错,公司领导在问及此事时,小杜的主管说这个任务是由新人小杜全权负责的,由于是新人,难免会有疏漏。公司领导听后将功劳记在了小杜的主管身上,而小杜则替主管背了黑锅。后来,这个利益熏心的主管居然想借此辞退小杜,同事们不断为小杜求情,才让小杜避免被辞退。

在这个案例里,职员小杜的遭遇是悲惨的,他被城府极深的主管利用了,不但没有通过努力的工作得到嘉奖,反而被主管陷害,成了晚会漏洞的制造者。由此可见,"老油条"的手段是花样百出的,也是让受伤者刻骨铭心的。所以,在工作中,对待城府极深的"老油条",一定要与之谨慎相处,或者干脆远离,因为他们动辄利用他人,让其成为自己的替罪羊。另外,在企业不能及时发现和处理这些"老油条"时,团队中的其他人会感觉心态失衡,无路可退时会主动去效仿,这样的后果是不堪设想的,会给企业带来灾难。所以,企业务必要及时发现和查处"老油条"。作为企业的一员除了自保,别栽在"老油条"的城府下外,也有义务提醒同事和领导者,从而使企业正常地运转、健康地发展。

要与小人保持一定的距离

古人对君子的定义是:"君子者,权重者不媚之,势盛者不附之,倾城者不奉之,貌恶者不讳之,强者不畏之,弱者不欺之,从善者友之,好恶者弃之,长则尊之,幼则庇之。为民者安其居,为官者司其职,穷不失义,达不离道,此君子行事之准。"孟子对君子的评价是"穷则独善其身,达则兼济天下"。小人是君子的反义词,指搬弄是非的人。

如果你在无意中伤害了一个君子,那么会在当面的沟通中化解,一了百了,但是不小心得罪了一个小人,不但事端不会被轻松化解,而且会招来许多不必要的麻烦。因为君子坦荡荡,小人则会铭记于心,寻找时机痛快地报复。

小郑是公司里的一名普通职员,但是他很强的办事能力和端正的工作态度博得了同事的夸赞和领导的好评。小玲是比小郑大一届的员工,可以说是小郑的师姐,在小郑进公司后一直很照顾他。平常有工作,小玲经常带他一起做,让他积累经验并教他许多应付难缠客人的技巧。有一次,小郑和小玲共同筹办一个美国客户的新品发布会,因为事前对客户提供的新品资料做了详尽分析,小郑提出的方案最后得到客户的赞赏并被采纳。虽然隐隐感觉到小玲的尴尬与不悦,但他仍安慰自己:"公平竞争,各凭本事,师姐应该能够理解。"当晚,就计划书的细节问题两人又和客户谈了很久。小郑在发现自己手机没电并四处找电话通知家里时,小玲又恢复了当初大姐姐的姿态,主动说:"快去和客户谈吧,你家里我来搞定。"小郑听后着实感动了一番,直到看见自己老婆黑着脸、气急败坏地冲进酒店将自己大骂一通时,他才明白那笑容背后的含义。

看样子,小郑的师姐是个爱争风吃醋的人,喜欢在工作上争功,如果争功不成就会采取手段报复。小郑虽然在工作上很顺利,但是却后院起火,让他措手不及。这一切都离不开因为没能获得客户认可的小玲,她假装善意地答应小郑帮其搞定家里的事,实际上是利用这个机会报复小郑,

用心险恶。对于此类人，不要去招惹，要懂得运用怀柔之术进行安抚。工作中，要在自己能力所及的范围内善待所有的人，但是避免过分亲昵，要有一个安全距离，避免被暗箭中伤。

小陈和小赵差不多是同时进入同一个单位的，但两个人并不怎么熟悉。小陈特别开朗，每个同事和他关系都很好，而小赵比较内向，他每天都皱着眉头，不知道在烦什么事情。因为小陈的工作表现和平时良好的人际关系，领导准备提升他。正好公司办公室主任准备退下来，领导找小陈谈话，让他接这个位子。单位有一条规定，人事提拔要在单位里公布一段时间，征求大家的意见，但一般只是走走形式而已。可是过了一个星期，上级领导来找小陈谈话了，而且很严肃的样子。领导说单位收到了匿名信，说小陈生活作风有问题，还煞有介事地写到"某年某月某日有某个女人进了他的家"。听了这样的罪状，小陈差点晕过去，因为这都是子虚乌有的事。后来通过一些渠道才了解到是小赵所为。

显然是小赵的嫉妒心在作祟，看到和自己在同一时期进入公司的小陈升职，自己的心里自然不好受，但是捏造罪名陷害他人就显得有些过分了。在工作中，对于小赵这类人，我们最好不要在其面前炫耀，以免招来嫉妒，进而遭到莫名其妙的攻击。如果嫉妒者喋喋不休，但是无关大局，听听就算了。

职场里什么样的人都有，所以低调为人处世并不是件坏事，起码可以保证自己的安全。如果想有所成就，就要搞好人际关系，建立良好的人际关系是成功的基石。所以，在平时要和同事和谐相处，要抱着一颗谦虚的心请教不懂的问题，让别人在给你解答时获得成就感，从而产生对你的好感。在平时收起自己的锋芒，不到必要之时不轻易展露，这样人们会减少对你的嫉妒。最后不要招惹小人，对小人要保持一定的距离，懂得怀柔之术。

下篇 玩策略

掌控人心好办事

第13章　洞察真实需求，有的放矢攻克人心

社交生活中，你是不是有以下这些经历：为上司鞠躬尽瘁却得不到晋升？对朋友掏心掏肺却得不到信赖？对长辈嘘寒问暖却得不到疼爱？让客户介绍体验各种产品，客户却拂袖而去？其实，造成这些结果的原因，并不是因为你做得不够，而是因为你不知道对方需要什么。要解决这一问题，首先就要学会一步到位地看出他人性格，同时，更要懂得变通，针对不同的人采取不同的社交政策。总之，我们要学会洞察交际对方的心理需求，才能有的放矢地攻克人心，达到社交目的。

千人千面，迅速识别对方个性特征

我们知道，人是这个世界上最具智慧的一种动物。作为人类，我们能了解很多神秘的问题，并能发挥其最大作用，可是，回过头来我们想想，世界上最难理解的问题是什么，有人得出的答案是：人。一则古老的希腊神话告诉我们：

在忒拜城外，有只长着狮身、鸟翼、美女头的怪兽——司芬克斯。她蹲在悬崖上强迫每一个路过的人猜出她的谜语，谁猜不出，她就将谁吃掉。无数的人葬身其腹，连克瑞翁国王的儿子也未能幸免。司芬克斯一条谜语的谜面是：早上四条腿，中午两条腿，黄昏三条腿。谜面暗指了人的

第13章 洞察真实需求，有的放矢攻克人心

幼年、成年、老年三个阶段的特征，谜底自然就是人。

是的，人确实是一个千古难解的司芬克斯之谜。人能了解许多事物，却难于了解人本身。难于捉摸的是人的心理、人的需求、欲望和人的个体特征。但也并不是无所了解。看清一个人的性格在社交生活中尤为重要，因为人是社会动物，处于复杂的网络中，只有知道如何洞察他人的性格并善加研究各色各样的人物，才能左右逢源、游刃有余。

杜薇是刚毕业的一名学生，有幸的是，她应聘上了一家大型公关公司的策划职位，成为白领一族。

上班第一天，她小心谨慎，如她所料，办公室果然是美女如云，站在人群中，杜薇突然有一种"丑小鸭"的感觉，正在想时，一个美女走过来，热情地冲杜薇打招呼，杜薇自然也是热情的回应，然后杜薇也打量了一下这位同事：一身很惹眼的名牌，而正当这位同事和自己说话时，她看到其他好几个同事都投来鄙夷的眼神。杜薇认识到这应该是一个不受欢迎并且爱表现的同事，然后她给自己敲了一个警钟：以后不要和这同事深交，否则不仅在职业上没有上升的空间，还得罪了所有人。

上班的第一天，根据自己的观察，杜薇把办公室的同事以及领导都划归为几个类型，并用不同的方式与他们每个人相处，果然，不到半年，她就在一片支持声中升职了。

现代社会的职场人士，除了要具备一定的职业能力外，还必须学会怎么和同事、上司相处。杜薇的聪明之处，就是在上班的第一天，弄清楚每个人不同的性格，给自己打了不同的预防针。

这也给我们一定的启示，要读懂周围的同事，对于那些攻于心计、总是处心积虑挖掘别人的内心世界，而从不把真实面目露给世人、懂得周旋于同事和老板之间从而处于交际中的主要地位的同事，你一定要有所提防，不要被他利用；而对于那些嘴巴好似抹了蜜，但当面一套、背后一条的同事，你最好敬而远之，能躲就躲；对于那些得理不饶人、说话刻薄、好揭人短的同事，你要与他拉开距离，尽量不去招惹他……

往大处看，在与人相处的时候，更要具备一定的洞察力，一步到位看清对方的性格。比如，从难以伪装的习惯动作看出对方的心态，从被忽略的生活点滴推知对方的性格，这才能在最短的时间内达到我们的社

交目的。那么,在与人交往的过程中,大致要从哪些方面识别一个人的性格呢?

第一,通过谈话来识别。

语言是性格的最好体现,我们在不到三分钟的彼此交流中,大致就能看出一个人的性格,那些侃侃而谈的人属于性格外向型;那些谨慎措辞的人一般做事小心;那些喜欢谈论生活点滴的人性格稳定;那些说话颐指气使的人可能习惯了支配下属;那些说话音调高的人往往性格浮躁、任性……

第二,通过外表和装扮来识别。

首先是色彩上,通过一个人的服色可以加深对一个人的了解,性格豪放热烈者一般喜欢大红色,他们一般表现欲强,不拘小节;而经常穿橙黄色服装的人常常是热情好客的,他们的性格色彩是温暖的;喜欢淡蓝色服装的人通常是逍遥超脱者;而常穿翠绿色服装的人许多是高雅者,当然其中也不乏颇为清高的人;总穿深灰色服装的人肯定是在思想上较为保守、办事稳重沉着的人。当然,这些都是一种倾向,并不能给一个人的性格定型。

再次,就是装扮的档次、品位等。一个注重服装品位的人同时也很注重个人修养,一个追求高档次服装的人在经济上应该有一定的优越感,同时,也很注重外表。

第三,握手方式上。

握手是社交活动和商务礼仪中不可或缺的一部分内容,美国心理学家伊莲嘉兰曾对握手的含义进行了分类,分析认为:握手有八种类型,每种类型代表着不同的含义,显示出不同的性格。

当然,这些方面只是看清他人性格所用方法的一部分,这些都能帮助我们在最短的时间内看透一个人,察觉其内心,洞悉其真实意图,帮助我们成功社交。

按需分配，对方缺什么就给什么

人活于世，都有一定的需求，包括生理上的和心理上的。著名心理学家、第三代心理学的开创者马斯洛把这种需求划归为五个层次：生理需要；安全需要；社交需要；尊重需要；自我实现需要。事实上，每个人都潜藏着这五种不同层次的需要，一类是沿生物谱系上升方向逐渐变弱的本能或冲动，称为低级需要和生理需要；一类是随生物进化而逐渐显现的潜能或需要，称为高级需要。

据此，我们在日常交际生活中，可以抓住对方的需求，对方需要什么我们就给他什么。当然，现代社会，人的需求基本上超越了低级需要，更多的朝更高层次的需要转化。抓住交际对方更高层次的心理需求，然后满足这一需求，已经成为很多人交际成功的秘诀。

一位助理奉上司之命，要和另一公司谈合作之事。这天，他敲开门，走进对方公司王总的办公室。王总当时正在处理另外一件事，就让他暂时坐在沙发上稍等一下。他静静地坐了下来，观察了一下王总的办公室：在王总的办公桌上是一个很大的书柜，隐约地，他看见，这些书柜里好像摆放了很多书，然而最显眼的还是那那幅博士服的照片。实际上，他已经听说了，这个王总和一般的博士不一样，他是通过自学考上大学，然后一步步走到今天的，这时，他心中的敬意涌上心头。

当王总忙完以后，他对王总说："王总，您是博士毕业啊？您的事迹我听过一些，很让人敬佩，您是博士又掌管着这么大的一个公司，国内像您这样的董事长可不多啊！"王总一听，立刻哈哈大笑："哪里，哪里，过奖了……"于是，王总开始讲起了自己以前的辛酸故事。

不一会儿，他就带着王总进入正题，他今天来的目的就是将公司积压的那批货卖给王总的公司，这样，才能解决财政危机。但是，当他如实报出了上司订的价格后，王总的脸色马上就变了，这时，他看出了不对劲，于是，他又说："王总，照片上的字是您写的吧，真有气势，你对书法肯

定也很有研究吧？"

王总一听，说道："过奖了……我以前……"

最后，这笔生意谈成了，而他也成了王总的知心朋友。王总都会经常主动找他一起打球、喝茶、畅谈人生。

这名助理是聪明机智的，刚开始，他利用的就是通过满足对方的心理需求、肯定对方的能力和充满心酸的历史，来拉近和对方之间的距离。在冷场的时候，他再次强化了对方这一需求。试想，如果一开始这名助理直接将正题放在工作上，大谈对方和自己合作的好处，那估计他谈判的过程不会如此顺利。

事实上，我们与人相处的时候，并不需要处心积虑地讨好对方，也不需要一味奉承，因为这些都不及满足对方的心理需求更有效。而这些心理需求，是需要我们观察和发现的，就如同那位助理一样，他就是个细心的人，在短短几分钟内，就能看出对方是一个急需价值肯定的人，然后"智擒对方"，拿下合作。

另外，找出交际对方的心理需求，还可以从对方周围的人下手，因为有些人本身并不缺什么，而是希望自己周围的人能幸福、快乐，比如，已婚成功男性往往最关心的是自己的孩子以及家人，因为事业的繁忙，他们根本没有太多的时间和精力与家人在一起。于是，只要有人替他关心家人，他们便会予以感激。相比之下，一些未婚的青年男女，更在乎周围的朋友，因为只有在这一团体中，他们的自身价值才会显现出来。

因此，我们在与人交往中，要细心观察，多方位考察，了解对方的需求，他需要什么，我们就给什么。这样，没有处理不好的人际关系，没有交不到朋友，自然也就没有办不成的事。

乐人之所乐，了解对方的情趣所在

在日常生活中，我们每个人都有自己的爱好和感兴趣的事，也都有

自己擅长的事情。爱好是一个人的乐趣所在，就是通常意义上人们说的快乐，一般情况下，为了获得这种快乐，人们都愿意付出人力、物力和财力，甚至是情感的投入。如果你能投其所好，就会与其成为朋友。尊重别人的爱好，可以赢得别人的喜欢，因此，在与人交往的过程中，我们要学会投其所好，并且要对对方的爱好有一定的了解，这才会为你们架起成功沟通的桥梁，正如一句话说的："你不是鱼，一样要知道鱼的快乐。"

拜访过罗斯福的人都惊讶于他的博学，因为无论你是政治家、哲学家、运动员、工人或小牛仔，他都能针对你的职业或特长与你交谈。其实这个道理很简单，当罗斯福知道访客的特殊兴趣后，他都会在前一天晚上预先研究这方面的资料，以此作为第二天交谈时的话题。因为罗斯福很清楚，抓住人心的最佳方法就是谈论对方感兴趣的事情。

罗斯福这样做狡猾吗？不！谁不希望别人对自己最喜欢的事物感兴趣呢？"说别人感兴趣的话，双方都会有收获"，谈论别人感兴趣的东西能够很容易拉近人与人之间的距离。

史蒂夫·鲍尔默曾经对手下的微软经理说："不要成为一个喜欢泼冷水的人。"纽约著名银行家杜威诺则说："我仔细研究过有关人际关系的丛书后，发现必须改变策略，我决定先找出这个人的兴趣所在，然后想办法激起他的热忱。"

一天，法国巴黎的希尔顿大酒店来了一位美国女宾，她衣着讲究，应该是个上层社会的人，但她似乎很匆忙，只是简单地安顿了一下行李，就去参加商业洽谈了。

这位女宾的举动很快引起了细心的值班经理的注意。值班经理在女宾走后，很快吩咐服务员重新布置来客的房间，把房内的地毯、窗帘、床罩和桌布统统换成大红色。

女宾忙了一天回到酒店，对自己房间的变化甚为惊讶，怀着好奇的心理去问经理为什么这样做。经理说："我看见您的皮鞋、提包和帽子都是红色的，猜想到你对红色一定有兴趣，于是就做了这样的布置。您的工作繁忙，更希望休息得好些。这样的环境，您喜欢吗？女宾听了非常满意，当即取出支票本，开了张10000美元的支票作为小费赠送。投其所好，留意顾客的衣着举止，使希尔顿大酒店赢来了顾客的青睐。

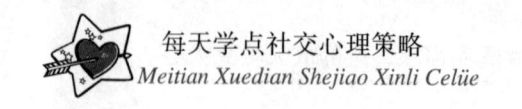

案例中的值班经理就是通过充分了解、分析顾客心理，投其所好，因此获得了客户好感，为希尔顿酒店的信誉做出了贡献。现代社会，与人交际，学会投其所好，你才能成为各种社交场合中的幸运儿。

当然，了解交际对方的爱好和兴趣所在，并不是曲意逢迎，民间有句话"千穿万穿，马屁不穿"，是指人人都喜好顺耳之言，这本身就是人性的弱点之一。但在与人交际的过程中，恶意的投其所好迟早会被对方发现，这无疑是给自己埋下使人际关系之路越来越窄的障碍。同时，我们也不要迁就自己去满足别人的快乐。

"酒逢知已千杯少"，两个意气相投的人在一起总觉得有说不完的话，因此，我们在和陌生人交往时，不妨多多寻求彼此的兴趣、性格、阅历等方面的共同之处，使双方在越谈越投机的过程中获得更多关于对方的信息，迅速拉近距离，增进情感。那么，具体说，我们该怎样挖掘别人的兴趣和爱好呢？

第一，懂得尊重别人。

日常生活中，我们与人交往的时候，一定要懂得尊重别人。比如，别人同你说话的时候，不可做一些与此无关的事情，而且当他偶尔问你一些问题时，你就会因为不留心听他所说的话而无从回答了。聆听别人的谈话时，偶尔插上一两句赞同的话是有必要的，不明白时加上一个问号也是非常必要的，因为这正表示你对他所说的话感兴趣。但同时，你不可以把发言的机会抢过来，滔滔不绝地说自己的，除非对方的话已告一段落，轮到你说话的时候才可以这样做。

第二，要懂得倾听。

在这一过程中，我们最好做一个倾听的高手，首先是专注，别人在和你谈话的时候，你的眼睛要注视着他，无论他的地位比你高还是低，你都必须这样做，只有虚浮、缺乏勇气或态度傲慢的人才不敢或不愿去正视别人。

第三，无论他人说什么，我们都不可以随便纠正他的错误，如果因此而引起对方的反感，那你就不可能成为一个良好的听众了。批评或提出不同意见，也要讲究时机和态度，否则，好事就会变成坏事。

总之，我们要记住，你不是鱼，也要知道鱼儿的快乐。谈论别人感兴

趣的话题，对双方都有好处，可以使别人对你产生兴趣，也可以使彼此之间的关系更进一步。

说话暗合人心，到什么山上唱什么歌

俗话说得好，"到什么山上唱什么歌，见什么人说什么话"。社交场合，因为与我们打交道的每个人都有其不同的个性、习惯、年龄、性别、文化背景，也就有了不同的思想意识。各人所处的地位不同，对同一事物的理解是有差异的，说话的分寸也要据此来做不同的处理。例如，在日常生活中，对同辈人与对长辈（或上级）、对陌生人与对知己、对不同性格的人说话都应讲究分寸，考虑到听者的接受程度。

比如，对领导就要学会谨慎、示弱。

王小小是个刚毕业的大学生，毕业后不久就找到了一份满意的工作，很让周围那些还未落实工作的同学羡慕。可是，小小也有自己的烦恼，因为无论她怎么做，似乎领导都不满意。于是，她找到自己的一个师姐，希望能给自己指点迷津。

"我对工作非常投入，而且在很短的时间内就创出了业绩，可领导就是不肯定我，反而经常在开会的时候暗指有些年轻人'翘尾巴'，他这不是故意刁难我吗？"

"你平时是不是上班迟到啊？或者是什么地方冲撞了领导呢？"师姐问她。

"从没有，我从小都很听话，在学校听老师的话，在家听爸妈的话，上学就是三好生，我从来没有让大人、老师和领导说出过话来，我要求自己特别严。"

"这就是你的不对了！"师姐笑道，"你看你，平时工作认真，能力较高，业绩突出，在细节上也没问题，那不就等于告诉领导'我不需要领导吗？'"

小小百思不解："难道表现好还不对了？"

"那倒不是，"师姐接着对小小说，"原则问题一定要过硬，你可以在工作上表现突出，但要学会在语言上示弱，然后让领导指出你的缺陷和不足，也就体现了他的作用和价值，但你若处处做得很完美，那领导的地位又何在呢？因此，你工作上要好，但你要有意露出点破绽，存心让领导指出来，这才是聪明的做法。另外，你在语言上一定要谨慎，并且要示弱，别总跟领导面前说看不惯谁，有事没事就要学会汇报思想，哪怕是一件极小的事，只要你学会请教，领导就会觉得你是个听话的孩子，给了他面子，你也没吃什么亏……"

听完师姐的劝告，第二天，小小故意没有收拾桌面，领导走过来，点了点桌子，指示她要学会收拾桌面，她好像恍然大悟的样子，即刻收拾。再后来，她学会了请示，就算她已经知道下一步该怎么做，也会拿着文件敲领导的门，让领导先过目，她甚至会主动在文件上打错几个字，有意让领导用红笔圈出来……

事实证明，她的做法是正确的，年底得到了提升，领导也越来越器重她。

下属小小在听了师姐的指点后，采用的是与以前不同的与领导相处、说话的方式，很快，她这种方式便奏效了。这是因为，每个领导都希望自己的能力被肯定。作为下属，应该懂得成全领导的这种心理，在说话、做事的时候就要学会示弱。根据这一点，就可以通过看出你的问题，找出你的毛病，并加以指点，以此来显示自己的角色了。如果一个下属无论在办事能力和说话风格上都大包大揽，这个下属肯定很容易得罪上司。

当然，日常交际中，与上司沟通、相处只是一部分。面对其他不同的人，还要懂得说不同的话，委屈才能求全。委屈就是要舍弃一部分东西（让给别人），给别人留有余地，这才是处世之道。总的来说，无论面对什么人，我们在说话的时候都应该掌握下面几个原则：

第一，注意说话的分寸和水准。

说话要讲究水平的。那么，这个"水平"主要表现在哪些方面呢？

一是语言准确，能表达出到位的意思。说不到位，说不到点子上，别人可能听不明白，理解不透，琢磨不出你的真实用意，你提出的想法或要

求也不会被他人重视和接受，非但事情办不成，也常常被人瞧不起。

二是说话不能太过头。有些人在与人交往的时候，不顾对方的感受，只顾自己逞口舌之快，结果得罪了人。其实，他们虽然言辞尖刻，但并没有恶意，只是让人听上去不愉快，却造成了交际的失败。讲究分寸是一种很重要的说话艺术，说话是否有分寸，对于我们办事成败有着很大的关系。

第二，说话要注意对方的身份。

任何人在交谈时，都有一个交谈的对象。在与不同的人交谈的时候，一定要注意对方的身份，有些话当说、有些话不当说，这才能达到理想的交谈效果。

第三，要学会察言观色。

建立在接触很多人的基础上的，也许我们一开始并不会做到这么好，会说错话、做错事，但是，时间长了，经历得多了，也就渐渐懂得了人情世故。

很多人认为，见什么人说什么话是一件很难的事，事实上，这确实需要一定技巧，也不是一蹴而就的，这不是别人告诉你怎么做你就会怎么做的，你需要接触很多很多的人，慢慢地就会了解不同人的所思所想，从而提高自己识人察人的能力，成功地达到交际目的！

掌控对手强弱之处，懂得对症下药

当今社会，无处不存在竞争，我们与人交际，有时候并不是为了交朋友，而是为了打败敌人。孙子兵法云："知己知彼方能百战不殆"，这一点同样可以运用到社交活动中，只有先掌握敌人的优缺点，才能对症下药，从而控制局势，赢得成功。

春秋战国时期，苏秦的弟弟苏代就用这种为敌人分析利弊的方法说服西周，顺利地解决了一次东西周之间的水利纠纷，并获得了双方的奖励。

事情经过大致是这样的：

当时，东周为了发展农业，提高农作物的产量，准备改种水稻。而西周掌握着东周的水资源，因为西周在高处。东周准备改种水稻的消息很快传到了西周，西周坚持不给东周放水。东周百姓非常着急，于是放出话来，谁能去说服西周放水，国家要给予重奖。这时，苏秦的弟弟苏代就毛遂自荐去说服西周。

苏代来到西周后，就对西周人说："我听说你们不给东周放水，这个决定可不高明啊。"西周人问："怎么不高明呢？"苏代说："你们不给东周放水，他们就没有办法改种水稻，只种小麦。这样，他们就再也不用求你们了。你们和东周打交道也就没有主动权了。"

西周人问："苏先生，你的意见怎么办好呢？"苏代说："要听我的意见，你们就给东周放水。让他们顺利地改种水稻。改种水稻就常年都需要水，这样，东周的经济命脉就掌握在你们手里了。你们一断水他们就没辙了。他们时刻都得仰仗你们，巴结你们。"西周人听了觉得有道理，不但同意给东周放水，还重重奖励了苏代。

苏代之所以能说服西周，主要是因为他找出了放水对西周人的好处和不放水的弊端，在权衡利弊后，西周人自然会做出明智的决定。从这个故事中，我们懂得一个道理，与人打交道，要想取胜并不是不可能，关键在于找出对方的优缺点，然后对症下药。

在谈判桌上，双方都希望最后的谈判结果有利于自己，也就是说，在谈判之前，谈判双方心中都已经规划好了怎样的结果才是最有利于自己的，也就是说，双方谈判内容一致，只是要达到的目标不一样，而这目标是有个界限的，也就是谈判中的"焦点"，因此，谈判中最重要的就是能把握好这个中心点，控制好谈判的进程。要想达到这个目的，我们要做的就是要控制大局，但同时，也要关注细节，其中，对方的优缺点就是我们要掌握的一个重要内容，这些细节有时候也关乎成败。

那么，我们怎样才能找出对方的优缺点呢？

第一，善听，引导对方多说。

常言说："锣鼓听声，听话听音。"真正会听的人会听出对方的"音"，然后做出正确的分析和判断，从而拿出应对的策略，因为这些都是能不能

达到谈判目的的关键。

我们要做一个善于社交、善于谈判的人,就要在无声中听出对方的优缺点,同时,还要引导对方多说,因为对方说得越多,对我们就越有利,对方说话时,不要打断对方,不要怕"冷场"。当对方有一种"言多有失"的警觉时,要尽力地"谆谆善诱"。

第二,善于识破对方的谎言。

在大多数的商业谈判中,出于谈判制胜的考虑,双方都不会把谈判的机密全盘托出。这主要是出于自我防卫的考虑。在谈判中,如果你问"这真的是你能提供的最好条件吗?"这样的问题时,答案总是"是的"。没有人会回答说:"这个嘛,实际上,不是这么回事。我只是希望你会这么想。"更好的策略是给对方留有托辞的余地。

所以,我们在倾听了对方的意见后,要从对方说话的神情、讲话的速度、声音的高低、说话的思维逻辑等方面判断出对方的真实意图和所说之话的水分。关于这一点,我们必须炼就火眼金睛,抓住细微表情,因为很多时候,一个人无意识状态的表情和动作更反映他内心的真实想法。

第三,多用技巧,采用迂回战术。

案例中的苏代采取的就是这种办法。我们在谈判时,要用轻松的语言去交流,这样就不至于把谈判双方的神经搞得过于紧张,甚至引发谈判的僵局。说话时还要瞻前顾后,不能顾此失彼,更不可前后矛盾,否则将会引起对方的猜疑而导致被动。

总之,我们要想在交际中找出对方的优缺点,就尽量不要按照对方的思路走。要千方百计把对方的思维方式引导到你的思维方式上来,然后,要学会根据具体形势采取相应的对策,取得社交的胜利!

第14章 制造心理共鸣，与对方站到同一阵营

人与人之间交往，都希望找一个可诉衷肠的人。这里所谓的"衷肠"，就是对方感兴趣的话题，其中包括他的爱好、兴趣甚至一些值得骄傲的经历或者辉煌的历史等。一旦找出能让他滔滔不绝的"衷肠"，我们就能引发对方的心理共鸣，与对方站在同一阵营。随后，我们也就获得了"特许"，交到了朋友。但这种心理认同感，还必须要经过我们细心的强化，才能巩固彼此之间的关系。

引发心理认同感，与对方惺惺相惜

社交活动中，我们与人交谈，尤其是在初次见面的时候，最终能否达到沟通目的，取决于我们和对方心理距离的远近。善于社交的人，可以与对方一见如故，相见恨晚；处理得不好的人，只能导致四目相对，局促无言。

事实上，任何两个初次见面的人都处于一定的心理戒备状态，彼此之间都会存在心理距离，社交的根本目的也就在于打破这种心理隔阂，建立友谊从而达到更深层次的交际目的。而如何拉近彼此之间的距离，最重要的一点就是制造惺惺相惜的心理磁场，找到与对方之间的共同点，从而达成一种心理认同感。

一个退伍军人和陌生人乘同一辆汽车，两人都坐在驾驶员后面的位

第14章 制造心理共鸣，与对方站到同一阵营

子，一路上，两人并没有说一句话。不料，汽车在半路上抛锚了。

驾驶员停车后，车上车下忙了一通还没有修好。这位陌生人建议驾驶员把油路再查一遍，驾驶员此时已经无计可施，只好抱着试试看的心态去查了一遍，谁知，正和陌生人说的一样，车子抛锚是因为油路的原因。站在一旁的退伍军人一看，突然感到他的这绝活可能是从部队学来的。于是试探道："你在部队呆过吧？"

"嗯，呆了六七年。"

"噢，算来咱俩还应算是战友呢。你当兵时部队在哪里？"

"在苏北的部队。"

"这么巧啊，可您听口音不是苏北人啊？"

"噢，山东枣庄人！"

"啊，枣庄是个好地方啊！我在读小学时就在《铁道游击队》连环画上知道了。三年前去了一趟枣庄，还颇有兴致地玩了一遭呢。"听了这话，那位陌生人马上来了兴趣，两人从枣庄和铁道游击队谈开了，一路上聊得热火朝天，不知底细的人恐怕要以为他们是一道的呢，接着就是互赠名片，下车后，两人还一起进餐，从此，两人变成了好朋友。

退伍军人和陌生人从相识到最终成为好朋友，就是因为他们有很多共同点，他们在同一个地方当过兵，对枣庄这个地方有很多共同的认识。当彼此发现了这一点后，恐怕都有"相见恨晚"、"真是缘分"的感觉，这就是一种惺惺相惜的心理磁场。当这种心理磁场存在后，即使是陌生人也能很快对彼此产生兴趣，打破沉寂的气氛，相反，如果我们在与人交际的时候，不从彼此之间的共同点入手，即使再有结识的欲望也会无话可讲，或讲一两句就"卡壳"。

那么，我们在日常交往中，该如何制造这种惺惺相惜的心理磁场呢？

第一，寻找共同话题。

这就要求我们善于观察。一个人的心理状态、性格、爱好乃至精神追求等，都或多或少地要在他们的表情、服饰、谈吐、举止等方面有所表现。只要你善于观察，就会发现你们的共同点。除此之外，我们还要学会揣摩、分析，因为对方很多信息都隐匿在交谈的话语中，细细分析才会有所察觉。

第二，学会一些拉近彼此之间关系的语言技巧。

比如，我们可以多从以下几个方面注意自己的说话方式：

首先，多赞美对方。

若想让对方觉得你关心他，就该赞夸他的各种潜力；多赞美对方较不易为人所知的优点，可以加深对方对你的好印象；每次见面都找一个对方的优点赞美，是拉近彼此间距离的好方法。

其次，多注意一些礼貌用语。

使用"请教"、"帮我"等语气，较易获得对方的好感；常用"我们"这两个字可以拉近彼此间的距离，因为善用"我们"来制造彼此间的共同意识，对提升我们的人际关系有很大的帮助。

再者，与人交谈中，会话中多叫几次对方的名字，增加彼此间的亲近感。

不断地称呼对方的名字，往往会使刚刚才认识的人产生彼此已经认识了很久的错觉。

第三，以好感为起点，让彼此之间的心理磁场更稳固。

与人交往，找出共同话题，建立好感并不是什么难事，但要将彼此之间的关系更深一层，就体现你的社交水平了。发现共同点是不太难的，这只是谈话的初级阶段所需要的，你要做的是巩固、加深彼此间的关系。

比如，你可以记住对方"特别的日子"（如结婚纪念日、生日等），然后在这个日子送上一份祝福；还可以经常约对方出来见面，因为见面时间长不如见面次数多，你给对方留下的好印象将会随见面次数的累加而逐渐累加起来。

总之，人际关系的培养主要是要让对方觉得自己亲切而留下好印象，而这个好印象的获得，也主要是从心理认同感获得的，为此，心理磁场的制造很重要。

积极表露兴趣，带动交流气氛

随着社会的进步，人们越来越渴望交往，于是，就有了社交，但无

第14章　制造心理共鸣，与对方站到同一阵营

论是哪一种社交形式，都需要交谈双方的主动意愿，都要起到传递信息、交流感情的作用。可是，什么能带动交谈双方吐露心声呢？答案很简单，是兴趣，因为人们只有对自己感兴趣的事才会投入更多的精力和时间，那些善于交际的人往往也积极表露自己的兴趣，然后带动说话的氛围，这种人往往受到大家的欢迎，能与周围的人建立起良好的友谊，相反，那些只等着对方寻找交流话题的人，总是不能把握交际的大局，也很难使别人信服，在社会交际活动中往往容易被人冷落甚至遗忘。因此，你如果想在社交活动中增进彼此之间的情感，达到交流的目的，就要学会积极地表露自己的兴趣，以此引起心理的共鸣。

在上海一家百货公司的皮鞋货架旁，一位四十多岁的先生，对售货员说："请您把那双鞋子给我看哈撒。"在说这句话的时候，他的发音和普通话并不一致，而是一口很地道的重庆话，这引起了旁边货架上另外一位先生的注意，很快，这位先生也走过来；主动用同样的口音和售货员说了同样的话："请您把那双鞋子给我看哈撒。"两句话字里行间都渗透着地道的西南方言，使两位陌生人相视一笑。

随后，他们二位买了各自要买的东西，出了店门就谈了起来。两人发现，原来他们都是重庆江津人，九十年代到上海来闯天下，这些年经历了很多事，但没想到的是，两人还同时都是做皮具生意的，而更为人惊奇的是，两人在生意上都出现了一些问题，而对方正可以为彼此解决问题，于是，好事成双，他们在交到朋友的同时，还做成了生意。

这二人之所以能成为朋友和生意伙伴，是因为其中一位先生在听到熟悉的乡音之后，主动表明自己是老乡，引起了对方的兴趣，因此，二人便交成了朋友。

在社交活动中，交谈双方可以主动寻找话题，以消除与他人之间的陌生感。能不能找到话题，主动地搭上话比会不会讲话更重要。而这共同话题也就是交谈双方共同感兴趣的人和事。这告诉我们，要积极地表露自己的兴趣，因为只有这样，才能让对方感觉到你的主动、大方、友好和亲切。当对方对你的兴趣产生心理认同后，就会与你一拍即合、达到情感的共鸣。

那么，我们在表露自己兴趣的时候，有哪些技巧呢？

第一，从反面表露。

这主要是针对那些有分歧的爱好而言的，比如，你喜欢足球，但只是浅层次上的，也可能对对方的某些理论和观点并不认同，而你发现对方在足球上有一种狂热，甚至有偏激的想法。此时，你不妨称自己不如对方"知识渊博"等，这样一说，就会表露出自己的兴趣，但又造诣不深。

第二，以请教的方式表露。

通常情况下，爱什么懂什么，比如，一个人爱好数学，必定就具备丰富的逻辑思维；一个人爱好书法，一般也会有一定的书法造诣；一个人爱好钓鱼，钓鱼经验必定丰富。当你想和对方深交的时候，不妨主动放低姿态，以请教的方式说出自己的兴趣，这远比以恭维的方式询问对方的兴趣要奏效得多。对方一般看你如此有诚意，都会对你传授其中的一些奥秘。

第三，以"外行人"的身份表露。

很多年轻人与人交际的时候，年轻气盛，以为将自己的水平发挥到极致，就会使得对方对自己刮目相看，实际上，结果往往相反，这样做无异于侧面贬低了对方的水平。真正聪明的人会把出风头的机会让给别人，这是一种隐性的恭维。因此，我们在与人交际的时候，不妨把自己表现得"外行"一些或水平更低一些，尤其是与领导相处时，更应如此。比如，当你陪领导打乒乓球、打扑克牌、下棋时，如果不巧妙地"心慈手软"一些，把上司"杀"得一败涂地，"打"得脚不沾地，岂不太不给领导留面子？此时，你不妨多赞扬领导水平提高很快，暗中"手下留情"，岂不两全其美？有时，领导们明知是你暗中帮忙，脸上却仍笑容可掬，露出胜利的喜悦，你也就大功告成了。

兴趣、爱好相同的两个人相处时，谈得最多的自然是他们的爱好。即使两人萍水相逢，也可能一见如故。因此，我们要学会积极地表露自己的爱好，以此来拉近彼此间的心理距离，但如何表露，你必须要掌握一些技巧，才能投其所好。

互惠互利的合作，大家都是受益者

所谓双赢，就是对合作双方都有利的交际措施，得到各自应该得到和最想得到的东西。这就好比大家一起坐公交车，如果大家都争相上车，谁也不肯谦让，可能谁也上不了车。只有大家遵守秩序，排队上车，才能让大家都能上车，并且节约了时间。这样，双方都成为胜利者。

在人际交往和合作中，也是这个道理。每个人的性格、爱好乃至坚持的立场都不尽相同，他们处理问题的方式也存在很大差异，只有学会让步才能求得一个大家都能满意的结果。生活中，尤其涉及利益的时候，很多人始终不肯让步，甚至与合作方争论到不可开交的地步，最终，他"获胜"了，但从长远角度来看，他还是失败了，因为那种置对方利益于不顾的所谓"胜利者"最终将不会获得任何人的信任与好感，将成为社交中的被嫌弃者。所以，胜利与失败并不是社交活动最好的结果，最好的结果是双赢，"大家好才是真的好！"

我们在社交活动中，要学会运用双赢的思维，引导对方看到对双方都有利的合作方式、利益点等，这样，就能得到一个皆大欢喜的结局。

小崔研究生毕业后，就被一家中外合资的大型企业录用。因为能力突出，很快，小崔就当上了外贸部主管。

刚上任不到几天，小崔就发现自己碰上一位对她偏见颇深的下属。这位下属是一位将近四十岁的女人，工作能力还可以，也很勤快，但是，不知道为什么，在公司呆了四年，却未获得一官半职，因此对年轻有为、初来乍到的小崔存在偏见。

心存偏见倒没什么，关键是这位下属总是无事生非、找小崔的茬儿，还常常散布谣言败坏小崔的名誉。小崔虽然升职升得快，但并不是那种会耍心机的女孩子，只好一躲再躲，希望更高一级的科长能看出个中端倪，结果等了三个月，还是等不来一句公道话。一气之下，小崔就递了辞呈，经理先生没有竭力挽留小崔，只是告诉她自己处世多年得出的一条经验：

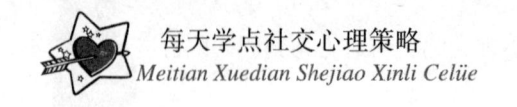

逃避不是办法，双赢可以解决问题。

后来，小崔收回了自己的辞呈。一次，在一个项目中，小崔希望这个下属能和自己合作，可很明显，那个下属不怎么愿意，于是，小崔主动示好："张姐，我们都是为了公司的利益着想，我知道您的能力强却没有得到重用，那么，为什么不尝试着找出原因呢？"这个下属很聪明，明白了小崔要给她升职，很快，就对小崔改变了态度。

小崔在经经理点拨后，开始改变一味忍让的态度，而是引导那位下属向着彼此能接受的双赢方向思考，用为下属升职为自己赢来了双方的好关系，可谓是聪明之举。的确，社会总是会有竞争，人与人之间也总是利益不平衡，关键在于我们抱什么样的态度。只要抱着"我好，你好"的双赢态度，按照这个原则去处理人际关系，你将会获得最理想的结果。

那么，具体人际合作中，我们怎样运用双赢思维呢？

第一，找出双方利益的平衡点。

找出这个利益点，是我们说服对方的前提。然而找出这个利益点还需要我们懂得让步，如果一味地坚持自己的利益点，恐怕只能争个面红耳赤而没有结果。其次，一定要有长远的眼光。要记住，这次的"妥协"和"退让"只是为赢得信任和下一次的合作。

第二，学会站在对方的立场说话。

一位成功的推销员这样说道："当我不去追求自己想得到的东西，而是去帮助别人得到他们想得到的东西时，我在经济上就会获得更多的成功，而在生活中也会有更多的乐趣。"的确，作为推销员，你应该站在顾客的立场上来陈述商品的利弊。针对不同的商品、不同的顾客、不同的需要，夸奖应恰到好处，因为虚假的夸奖往往会适得其反。

同样，这一原则也应该放大到整个社交生活中，这是强化心理感受、获得心理认同感的重要方面。

第三，学会逻辑演绎，让对方接受"利益点"的变化。

人是经济动物。人与人之间的交往中很大一部分是利益交换的过程。这不仅是指物质商品上的交换，而且更重要的是诸如赞许或声望符号之类的非物质商品的交换，包括使对方心理需要得到满足的精神报偿。

因此，我们在交际中，必须学会引导对方的想法，以利益为核心，经

过层层推进，让对方接受利益的均衡。

总之，社交生活中，要想与人合作成功，我们就要懂得互惠互利，争取双赢，不要将对手视为敌人，应视对手为问题的解决者。双方能接受的共同利益点的达成才是合作的最佳效果，合作双方也都达到了社交的最高境界。

思想上要平衡，精神上得安慰

在我们日常生活中，有些人认为，与人交往并不是什么难事，但如果要从对方那里获得利益并让对方心甘情愿地接受，就没有那么简单了。但是也并不是不可能，我们不妨从对方的精神需求着手，以满足对方的精神利益为切入点，当对方在精神利益上感到平衡后，我们就获得了满意的实际效果。

以营销为案例，你可曾想过，人们到底需要什么？人们购买商品和服务，除了购买商品和服务本身以外，还得购买其使用价值。人们购买衣服，是为了保暖和装饰；人们购买化妆品，是为了化妆品能带来年轻和美丽。当然，有些人购买商品，并不是单单因为商品本身的实用性，而是为了更高层次的需要，比如面子。这些都是我们找寻消费者精神平衡点的切入点，从这些方面下功夫，就没有卖不出去的产品。

这一点同样适用于整个社交活动，让对方获得精神利益的平衡，很快就能消除人际间的隔阂，赢得对方的认同，然后，在实际利益方面，我们要做的工作就很简单了。

王娜最近心事重重，因为和自己同等级的几个同事不是发了奖金就是升了职，而自己还原地踏步，不知道什么时候才能"破茧成蝶"，得到上司的重用。实际上，王娜的各项能力都很强，但她不好强争胜，老总似乎根本就没发现还有王娜这个人，于是，王娜就成了永远抬不起头的"孺子牛"。王娜苦思冥想之后，准备找人力资源总监谈谈，当然，她并没有抱太大的希望。

刚开始，王娜并没有提升职的事，只是听总监抱怨繁忙的工作和永远无法平衡的职场关系，慢慢地，人力资源总监开始吐露自己的心声："这

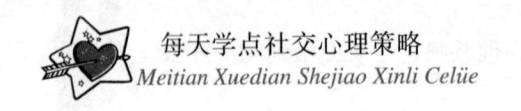

些年来，我为公司招来了那么多优秀的人才，可是为什么我听说大家都比较畏惧副总呢，你觉得他实际上怎么样？"总监这是在给王娜出难题啊，可是王娜不得不回答，她正犯愁时，灵机一动，想到一个妙招。

王娜不紧不慢地说："我不知道别人畏惧谁，但从心里，我敬仰您。不过，首先呢，我还是讲一个故事：饥饿的老虎出来找食物，抓到一只狐狸。狐狸对老虎说：'你不能吃我，天帝派我来做百兽之王，你要是吃掉我，就是违背了天帝的旨意。如果你不相信，我可以走在你前面，你在我后面跟着，看是不是百兽见了我都害怕。'老虎相信了狐狸的话，跟着它走，果然不管是什么野兽见了它们走来都吓跑了。老虎并不知道野兽们是由于害怕自己而逃跑的，还以为是害怕狐狸哩！"

王娜接着说："实际上，您和副总还真和故事中的局面差不多，您虽然日理万机，但是呢，具体的人力资源的工作还是交给了副总，就如同一个国王把兵权交给了大将一样，所以手下的那些员工也就敬畏他了。其实，他们好比百兽害怕老虎一样。"

总监听完后，哈哈大笑："你这个小姑娘啊，还真是会说话，虽然比喻不怎么贴切，但也是这么个理儿啊！"

很快，王娜就收到了升职的通知。

王娜之所以圆了升职梦，主要就是因为她善于和领导沟通，用自己独特的方法——以故事相喻，宽慰了总监，使总监释然。如此会说话的下属，何愁得不到重用呢？这就是掌握对方需要的重要性。攻心也是如此，只要满足了他的精神需要，没有不能成功的。

当今社会，人们在精神层次上的满足感远远不如物质上的满足感。人们在物质生活满足后，更强烈地希望得到他人的承认，被他人接受，受他人尊敬。这也就是为什么员工王娜用一个简单的小故事就换来了梦寐以求的升职，因为她贴切的比喻肯定了总监的地位。

让对方获得精神上的平衡，最重要的就是成功地打动他，首先，你得走进别人的世界中去了解他，了解他的爱好和向往，了解他的喜悦和烦恼等。然后，你应当证明你所说的话同他的需要之间有什么样的关系，证明这样的做法对他是有利的，并将这种利益放大。最后，你要让他相信目前就有满足他需要的东西，这时你可能已经成功地说服了他，让他心甘情愿

地满足你的需要!

加深认同感，巩固情感基石

　　现今社会，人际关系尤为重要。俗话说"朋友多了路好走"，良好的人际关系、从一定程度上也决定了一个人的生存状况。但又有句古语说"话不投机半句多"，人与人之间能否意气相投，不在于交往时间的长短，而在于心灵是否相通，是否能产生一种心理共鸣。事实上，只要我们掌握洞察人心的技巧，5分钟就可以赢得朋友。

　　但令我们疑惑的是，虽然我们找到了令彼此感兴趣的话题，也有了共同语言，可是这种良好的氛围为什么不能持续下去呢？为什么对方那么善变，原本谈好的合作方案却临时取消了呢？其实，这主要是因为我们不善于经营自己的人脉，不善于加深对方的心理认同感，不善于巩固现有的感情基石。

　　一个客户欠了迪特毛料公司150美元，并经常接到迪特毛料公司的催款电话。有一天，他忍不住了，怒气冲冲地冲进迪特先生的办公室，说他不但不付这笔钱，而且一辈子也不再买迪特公司的任何东西。

　　这人一口气说了大概二十分钟，迪特才接着说："我要谢谢你告诉我这件事，你帮了我一个忙。既然你不能再向我们买毛料，我就向你推荐一些其他的毛料公司，我们会把你欠的账一笔勾销的。"最后，这个顾客又签下了一笔比以往都大的订单。

　　据说，他的儿子出世后，他给起名叫迪特，后来他一直是迪特公司的朋友和顾客。

　　迪特与这位顾客的关系，因为催款本来已经将处于崩溃的边缘，尤其是在顾客冲进迪特的办公室时。一般情况下，免不了一场大吵或者不愉快的交谈，但迪特却采取了与众不同的措施，明智地做出了退让，满足了客户争强好胜的心理，改善乃至加深了彼此之间的关系。他的举动明显让客户产生了一种信任感。客户的情绪也由气愤变得温和、冷静了很多，他们

之间的合作关系也因此延续下去。

这种让对方感受到我们值得信任和诚恳的合作态度，只是加深交际对方心理认同感的措施之一，具体说来，我们还可以从以下几个方面努力。

第一，懂得反馈式倾听。

心情烦闷或感觉孤独时，任何人都需要倾诉。尤其是那些带着情绪的交谈对象，还有那些不满的顾客，他们都需要你的倾听。此时，你该做的就是倾听和表示你的理解，但这并不足够，因为要想真正走进他人的心里，不只是要带着耳朵听，而是会用心听，然后帮助对方解决烦恼。

当然，这种解决烦恼的方式，并不是一般意义上的用"实际行动"解决，而是要用语言反馈，这样，对方就能感受到你的真诚和善解人意，彼此之间的关系也就会巩固很多。

第二，重复对方的话和对方的名字。

可能有些人会问，这是为什么呢？其实，很简单，重复对方的话表明你很在意对方的感受，听进去了他的想法。不断地称呼对方的名字往往会使刚刚才认识的人产生彼此已经认识了很久的错觉。

第三，多强调你们之间的共同爱好和兴趣。

若与对方有共同点，就算再细微也要强调。人与人之间一旦有了共同点，就可以很快地消除彼此间的陌生感，产生亲近的感觉。这样不但可以使对方感到轻松，同时也具有使对说出真心话的作用。但随着时间的推移，这种"热乎劲儿"很快就会过去，因此，你必须经常强调，这也有助于加深对方的心理认同感。

第四，多关心对方，哪怕再小的事。

要知道，认同感的产生表明你已经获得了对方的好感。通常情况下，如果你将这种好感搁浅，你们会返回到陌生人的状态，因此，你不妨多关心对方，这种关系自然会深化。比如，你可以经常赞美对方的变化，从小处赞美，哪怕是个小小的饰品。稍有变化地赞美他几句会让他感觉很愉快。你还可以将他的名字写在记事簿的首页，记住他的爱好，并时常表示一下，也会让他欣喜万分。

加深对方认同感的方法还有很多。只要我们做个有心人，没有搞不好的人际关系，没有交不到的朋友！

第15章　善用心理暗示，令对方心领神会

心理暗示是人们日常生活中最常见的心理现象。它是人或环境以非常自然的方式向个体发出信息，个体无意中接受这种信息，从而做出相应反应的一种心理现象。当我们在社交中想要传达给对方一个意思，或者希望对方能接受并按照我们的意愿去行事，而又不便直说的时候，不妨使用暗示手法，用旁敲侧击、潜移默化的方式去影响他人，既不会显得唐突，又不得罪人，甚至让对方轻松接受，自然而然地达到我们的目的。因此，掌握一些心理暗示的技巧，会让我们更快速地成为社交高手。

含蓄地表达，不伤感情地解决问题

日常生活中，我们与人交往的时候，会涉及一些我们不能直言的问题，比如，拒绝别人、指责对方等。如果不顾对方感受和情绪，把自己的想法强加给别人，不仅起不到我们预想的效果，还会恶化彼此之间的关系。此时，我们不妨尝试一下心理暗示，委婉地暗示对方，让对方接受起来轻松得多。我们不妨看看下面的故事：

李某是一个机关干部，老家在农村，也就有了几个在农村的老乡，正因为如此，他的正常生活已经完全被打乱了，今天不是老乡生病借钱，明天就是老乡求着办事，这倒还好，有些老乡竟然把李某家当成自己家，吃

住全在他家。李某无所谓，关键是他的家人，尤其是妻子和小孩，对此很有意见。

有一次，两个进城打工的老乡，找到李某，诉说打工之艰难，一再说住店住不起，租房又没有合适的。言外之意是要借宿。

李某听后马上暗示说："是啊，城里比不了咱们乡下，住房可紧了。就拿我来说吧，这么两间耳朵眼大的房子，住着三代人。我那上高中的儿子，没办法晚上只得睡沙发。你们大老远地来看我，不该留你们在我家好好地住上几天吗？可是做不到啊！"

两位老乡听后，就非常知趣地走开了。

李某运用的就是暗示法，他并没有直接拒绝老乡借宿的要求，只是说出了自己的难处，老乡自然能听出李某的言外之意，也就只能知趣地离开了。这告诉我们，在与人交际的过程中，如果碰到一些由于种种原因不好意思直接开口、喜欢用暗示来投石问路的人，你最好用暗示来拒绝。

在人际交往中，出于各种原因，有时我们需要驳别人的面子，这种事情如处理不当，轻则伤害对方，让对方难以接受，疏远彼此间的关系；重则得罪人，结仇家。对此，我们要学会暗示，既表达了自己的意思，又让对方轻松接受。利用话里藏话暗示他人是我们必备的社交技巧。

有一个顾客在一家餐馆就餐时，发现汤里有一只苍蝇，当场就很生气，于是，他质问服务员，可没想到服务员全然不理，好像没听见一样。

后来，气愤中的他找到餐馆老板，提出抗议："这一碗汤究竟是给苍蝇的还是给我的？请解释。"

那老板一听，把责任全推在服务员身上，于是，只顾训斥服务员却全然不理睬他的抗议。

他只得暗示老板："对不起，请您告诉我，我该怎样对这只苍蝇的侵权行为进行起诉呢？"

那老板这才意识到自己的错处，忙换来一碗汤，谦恭地说："你是我们这里最尊贵的客人！"

说完，大家一起笑了。

显然，这个顾客的做法值得赞扬，他虽然是有理的一方，却没有颐指气使，也没有对老板和服务员纠缠不休，而是借用所谓苍蝇侵权的比喻暗

示对方："只要有所道歉，我不会追究。"这样老板也就明白了他的话，"苍蝇事件"自然也就在十分幽默风趣的氛围中化解了，避免了双方的尴尬和窘迫，可见，暗示的作用很大。

委婉暗示，让对方接受，我们必须得掌握几个基本功。

第一，会把握局势。

首先是能听出的对方的话中话，然后加以揣摩，这其中会观察的能力很重要。毕竟，交际中，很多人都喜欢用隐晦的语言表示自己的弦外之音，即便是恶毒之意也不容易听出来。再者，你必须学会掌控局势，让对方接受你的暗示，你就必须得站在有理的一边。

第二，要会委婉含蓄地表达自己。

同样的一句话，直言不讳与委婉表达起到的效果是不一样的。话说得讲艺术才能让人心领神会。当然，委婉表达的前提是要让对方听得懂。

第三，尽量在善意的氛围中暗示。

有些人虽然接受了我们的委婉暗示，却是在迫不得已的情况下接受的，这种人一般会和我们"老死不相往来"，这不是社交的最终目的。为此，我们要懂得不伤感情地、在善意的氛围中暗示对方，让他既能接受，还感激我们"口下留情"。

总之，与人交往，当开口时不能开口，我们就可以采用暗示的方法，委婉地表达我们的想法，这是必备的交际能力。

不同方式的暗示令沟通更无碍

生活中，我们可能有以下经历：你无意中给下属投来一个赞许的目光，他就更加倍地努力工作；当我们的搭档说错话时，你使了个眼色，稍后他很感激你的"救助"；当你对你的上司不满又不好开口时，你给他写封信，希望他能认真考虑你的建议……这些都属于暗示。

生活中有大量的话不用直接说出来，可以用暗示的方法表达。暗示是

生活中最常见的一种特殊心理现象。它是人或周围环境以言语或非言语的方式向个体发出信息，个体无意识地接受了这种信息，从而做出一定的心理或行为反应的一种心理现象。巴甫洛夫说过："暗示是人类最简化、最经典的条件反射，可极大地诱发人的潜能。"

暗示有以下三种方式：

第一，语言暗示法。

这是暗示的最普遍的方式，因为通常情况下，人们在用直接的语言无法表达的时候，最先想到的就是隐晦的语言，以此来旁敲侧击，达到表达自己主观意愿的目的。

有一天，在某路公共汽车上发生了这样的事：由于急刹车，一位老先生一不小心踩了一位年轻姑娘的脚。这位姑娘开口就骂："你个老不死的！"可是这位老先生没有生气，反而笑呵呵地说："谢谢！谢谢！"

老先生这一举动，把周围的人都弄糊涂了，这是怎么回事，人家骂他"老不死的"，他不但不生气，反而乐着说"谢谢"，肯定这老先生神经有问题。此时，就有一人问老先生："人家骂你，你还谢人家，这是为何呢？"

老先生说："她没有骂我，她给我祝福呢，她说，第一我老了，第二我不会死，这不是给我祝福吗？我不应该感谢她吗？"听到此话，周围的人都乐了，那位姑娘红着脸低下了头。

事实上，老先生的做法是对的，他运用的就是语言暗示法。面对年轻姑娘的无礼，他心中肯定不满，但却没有当即用语言反击，而是采用一种语言转移暗示法，将不利于自己的内容转移为有利于自己的内容，让姑娘认识到自己的失礼。

在日常交际中，经常会遇到类似的情况，年轻人血气方刚，容易急躁，所以学会语言暗示就显得尤其重要了。

同时，暗示的目的是为了调动潜意识的力量，因此，暗示的语言首先要精炼，不能用复杂的语言进行描述，因为人的潜意识一般不懂得逻辑，喜欢直来直去；其次，一定要使用积极、肯定的语言，用肯定句进行暗示，尤其是在批评对方的时候，消极的语言暗示恐怕只会适得其反。

第二，动作暗示。

人的肢体发出的各个动作是人的第二语言，有时候会比语言更有效。因为人的一举手一投足，一回眸一顾盼，都能表现特定的立场，表示特定的含义。

就拿手来说，手的动作更能起到间接沟通的作用：如果对方伸出手来表示想与你握手，而你也伸出一只手送上去握住它，那就暗示了你的交往诚意；若你伸出两只手送上去紧握它，那就暗示了你的热情；若是你懒懒地握住对方的手或者干脆手也舍不得伸出去，那就意味着你不想与他交朋友。

眼睛也是传情达意的最好身体部位。正如人们常说的，眼睛是心灵的窗户。如果对方在表达意见时，你双目发光，瞳孔放大，表明你对对方说的话很感兴趣，并赞同。而如果你的眉毛挑高，眼睛四处张望，表示你对对方意见的不屑……

因此，我们在与人交往中，有些话不适合说的时候，不妨借助你的肢体语言来表达。一般情况下，对方都会明白你的暗示。

第三，空间暗示。

这种暗示方法指的是语言暗示和动作暗示外的其他暗示法。比如，现在社会上出现的一些送礼的现象，因为送礼的人不好当面求人办事。于是，一般都会送点小礼，如果对方收下了，就表明对方答应办事，通常情况下，这种方法会比正面要求效果好得多。

还有一种情况，有些下属对领导的工作不满，可是当面说肯定会得罪领导，甚至危及自己的工作。于是，聪明的下属会选择写封信或者发个电子邮件，直陈事情的要害。领导权衡利弊后，都会做出明智的决定，并且这也有利于改进上下级之间的关系，调动了员工的积极性，较易开发下属的潜能。

因此，在日常交际中，我们要学会暗示，掌握一些暗示的方法。多一些社交技巧，你的人脉会更广，人缘会更好，也更容易达到自己的社交目的。

激励对方，学会积极给对方贴完美的"标签"

每个人能都希望得到周围人的认同和肯定。而实际上，我们忙于自己的工作和生活，会忽视别人有这样的需求。因此，在日常生活与交际中，要多去鼓励、赞美、肯定别人，给对方贴上完美的"标签"，这也是一种积极的心理暗示。当别人接受了这种心理暗示后，我们也就交到了朋友。

某星级饭店有一位总台员工，在业内有很多年的经验，工作勤勤恳恳，任劳任怨，深受顾客的好评，渐渐地，整个饭店都离不了她了。

但有一天，她突然递交了辞职报告。这下子把领导都弄懵了，因为这家饭店的工资待遇在当地算比较好的，而且她也一直努力地工作。领导问她为什么要辞职不干，她说："没意思，干好干坏还不是一样的吗？"一语道破天机。领导明白了一点。

接着，这名员工说："酒店付我多少钱，我不在乎，可是当我把工作做得很好时，我希望上司能向我说声谢谢，或者至少向我表示点什么，让我知道他很重视我的存在。当我把事情办砸了都会听到上司批评的声音，可是相反的，如果我把事情办好了，我却什么也听不到！"

这下子，领导算是彻底明白了，最后，他还是好言相劝，将这名员工留了下来，并感慨说："我终于知道为什么我们许多的企业留不住好的员工，为什么员工流动率这么高了！"

这位领导的话的确发人深省。现代社会，任何企业对待员工，已经不能像以前一样了，不能再以训斥和高压的方式管理，肯定与奖励比以往任何时候都要重要。一个企业要想留住员工，就要学会鼓励员工，振奋士气，这并不是单单钱能解决的问题。没有一位员工愿意做一个平庸的人，每位员工都希望力争上游。上级领导一个小小的鼓励和暗示，就会让他们继续努力，保持良好的表现。

这一点同样适用于社交场合。我们要想达到社交目的，就必须学会肯定对方、鼓励对方。其实，搞好人际关系不一定用钱，因为这些都无法让

第15章　善用心理暗示，令对方心领神会

对方从心底深处接受你的"讨好"。打心眼里肯定他、赞美他、鼓励他，给他贴上完美的"标签"，才是有效的心理暗示。

那么，社交生活中，我们怎么给对方贴完美的"标签"呢？

第一，肯定对方。

这是最基础的贴"标签"的方法。

谁都希望自己的能力被肯定，至少对自己的付出应该有一点感激的心情。不论是经理还是员工，父母还是子女，教练还是运动员，尽管每个人表面上看起来好像都很独立，可是骨子里，我们谁都需要别人的认可。可是，实际上，我们在要求得到别人肯定的同时，却忘了肯定别人。

其实，肯定别人并不是什么难事，你可以送对方如"优秀员工"或者"三好妻子"等称号，虽然是无心的称呼，却在一定程度上肯定了对方，这种心理暗示会激励对方朝着更优秀的方向努力，而与此同时，我们的目的也能达到。

第二，赞美对方。

生活中，谁都会赞美别人，可是赞美的效果却参差不齐，这主要还看我们会不会赞美。

正确的赞美方法还是暗示性的赞美，比如，如果对方是个眼睛大的女孩子，实际上她并不漂亮，你可以称她为"小电眼"，并不时地提起这个"标签"。只要是女孩子都很受用。即使在本质上是一个微不足道的小优点，只要在量的方面给予反复刺激，就会使优点在心中逐渐扩大起来。

生活中，有人之所以有自卑感，不与人友好相处，就是看不到自己的优点，光看到自己的缺点。实际上，每个人都有自己的闪光点。你现在要做的是，设法帮助对方发现自己的闪光点，还得设法扩大它。

第三，鼓励对方。

拿领导和下属的关系说，一个领导要想让下属努力工作，在督促的同时更要鼓励他，比如，可以给下属贴上"辛勤的小蜜蜂"的"标签"，因为这是对下属勤劳的肯定。下属会认为"我行，我很勤奋，我有能力做好本职工作"，以此提高了自信心，增强了对工作的兴趣与信心，工作越干越好，越干劲越足。

因此，我们在社交生活中，要学会从积极的方面多肯定、赞美、鼓

励对方,为对方贴一些正面评价的"标签",这远比直接用语言表达效果好得多。

深谙暗示技巧,顺利达到社交目的

当今社会,社交能力已经成为衡量人才的重要标准。无论哪行哪业,社交的重要性已日趋凸显。一个成功人士必定同时是一个社会活动家,他们在与人交往的时候懂得察言观色,懂得暗示技巧,并且都拥有影响身边人的本领,这在心理学上叫做"暗示"。

很多人认为,暗示属于心理学范畴,怎么才能学会心理暗示呢?其实,暗示并不是什么难事,只是需要一些暗示技巧。如果你学会了心理暗示技巧,你会发现,交流其实并不是很困难,成功地让别人接受你的意见、思想也容易多了。我们来看看下面的小故事:

在《庄子·齐物论》里有一则寓言:

一个养猴子的老人用橡子喂猴子,早晨给每只猴子3个,晚上各给4个。众猴子都不高兴。老人改变了一下:早晨给每只猴子4个,晚上各给3个。众猴子皆大欢喜。

这就是一种暗示技巧,事实上,老人给猴子吃的食物总量是一样的,都是7个,只是调换了一下喂养的时间和量,从而满足了猴子的心理。因为猴子对这种分配方法理解不一样,猴子的感觉是饿了一夜,好不容易盼到早上才给3个,还得再等到下午才有4个,因而不满;而另外一种情况是,猴子认为早上已经吃了4个,下午还有3个,所以很乐意。

据传,在晚清时期,曾国藩率领湘军与太平军作战,连连失败,伤亡惨重,而按规定历次战役情况必须据实奏报皇帝。当曾国藩在奏折上写下"臣屡战屡败,请求处分"等字样时,又为必将受到皇帝怪罪而焦虑。此时身边一个幕僚看了奏章,沉吟片刻说:"有办法了。"只见他提起笔来,将"屡战屡败"改为"屡败屡战"。曾国藩连连称妙,拍案

叫绝。照此呈报上去，皇帝看了奏折，果然认为曾国藩忠心可嘉，很是赞扬了一番。

在这则故事中，曾国藩让皇帝看见的是"屡败屡战"，这句话的意思是即使失败，也百折不挠，坚持抗战。虽然皇帝明白最终的结果是失败了，但会认为曾国藩勇气可嘉，自然也就不会怪罪，甚至还给予赞扬。而假如皇帝看见的是"屡战屡败"几字，肯定要认为曾国藩统军作战无能，自然要加罪。

其实，这两个故事，都是运用了心理暗示效应。将一些产生心理效应的要素调换顺序，就会产生不同的心理效用。

可见，心理暗示是有技巧可言的，那么，我们一般要掌握哪些心理暗示的技巧呢？

第一，淡化消极因素法。

事实上，人们只有在积极地情绪下才会做出一些正面的决定。如果我们要让对方接受自己，就要尽量为对方淡化一些消极因素。

所谓淡化消极因素，就是设法缩小消极面。在实际生活中，有许多人被不安和自卑情绪困扰，但稍加分析就会发现，他们将极小部分的失败或恐惧扩大化了，那我们要做的就是尽量将这种消极因素缩小，比如当你的同事因为一些工作原因被领导训斥，心情很差时，你可以旁敲侧击，吐露一点自己曾经同样的经历，让他明白：当领导的，不可能样样事情都处理得很好，再说，领导处理问题是站在全局角度看的，也许是自己的看法不够全面。同事想到这一点，心情就舒畅多了，怒气也就没有了，而你们之间的友谊也增强了不少。

第二，不说消极语言法。

消极语言是一种消极暗示。这种话说多了，对方就会产生一些消极心理。无论我们出于什么目的，都要在积极的场景中进行，因为人们一般都喜欢积极的情绪体验。

有些人常说"反正"、"毕竟"或"总之"一类的话，这都是消极语言，这类话对方听多了会产生自我否定的想法。本来彼此间可以友好合作，却因为担心后果而放弃；本来情绪激昂地说帮你忙，也因为你的消极暗示而放弃。

因此，我们在与人交际的时候，要尽量避免说消极语言。

第三，赞美法。

赞美他人是一种积极的暗示，而且不仅给他人积极的暗示，同时也给了自己积极的暗示。因为在赞美他人时，你看到了他人的长处，发现了他人的优点，说明他人的长处、优点也进入了你的心灵，这本身就是一种积极的暗示。

第四，转移暗示法。

积极的暗示产生积极的心态，消极的暗示产生消极的心态，这种暗示方法一般是反方向的。在社交活动中，如果有人对你进行消极暗示，就得运用转移暗示，将别人对自己的消极暗示转化为积极暗示。

总之，心理暗示所带来的效应是我们在社交活动中不容忽视的问题，而暗示技巧的把握运用更是我们要必备的能力，它能帮助我们顺利达到社交目的，使我们在社交活动中如鱼得水。

后会有期，寻求下次的交流机缘

现实生活中，可能我们经常有这样的经历：好不容易遇到一个说话投机的人却只有一面之缘；和客户正聊在兴头上，并且客户也有购买意向了，对方却被一个突如其来的电话催走了；遇到一个心仪的女孩，很想和她继续交往下去，却不知道怎么做。其实，这些问题归结到一起，还是因为我们不善于心理暗示，不懂得为下一次的交流找借口。

在日常交际中，很多时候，我们已经做好了交际的前期工作，并给对方留下了良好的印象，但俗话说得好"天下没有不散的筵席"，即使再投机的交谈，也有结束的时候。此时，你就要开始考虑如何告诉对方你还渴望下一次的交流，然而，如果你有话直说会显得突兀，而且，万一遭拒，双方都会尴尬。而假如我们找一个借口，暗示对方，对方自然会会意，一般也都会领情。

第15章 善用心理暗示，令对方心领神会

曾经有这样一个美丽的爱情故事：

有年轻男女两人，坐在车站旁的一条长椅上等车。

男青年问女青年："在什么地方下车？"

"南京，你呢？"

"我也是，你到南京什么地方？"

"我到南京山西路一亲戚家有事，你就是本地人吧？"

"不是的，我是来走亲戚的。"

经过双方的你一句我一句的交谈，两人已经彼此之间都产生了好感，可是眼看车要到站了，男青年想，一定要和这位姑娘继续交往。于是，情急之中，他借口让女孩帮自己拿一下衣服，他去上卫生间。车进站后，男青年还没来，女孩只好自己上车走了。女孩摸了摸衣服的口袋，居然有名片，后来，女孩给男青年打了电话，在一来一往中，两人恋爱了。

这段爱情故事看似偶然，实则必然。因为一切都在男青年的掌握之中，衣服是他"故意"留下的，名片也是他"故意"放的，但即使女青年知道，也不会"责怪"他的故意，因为一切都是善意的。

男青年对女青年有好感，两人的交谈即将结束后，他就是找到了合适的借口，暗示了自己的情感，这一暗示方法实际上也可放大到整个社交生活中，关键是这个借口我们该怎么找。

我们在与人交往的时候，寻找共同话题并不难，与对方将交谈进行下去也不难，而维持并延续交谈就有难度了。我们该怎样为下一次的交流找借口呢？

第一，求助法。

我们要记住，这只是一个借口，我们所要求助对方的事情，对于对方来说，要是举手之劳之事，不然，当对方意识到事情的难度，在评估自己的实力后，一般会选择拒绝。比如，你要出门，可以将自己的宠物寄养在你想深交的朋友那儿，这并不是难事；但如果你缺一大笔钱，找对方借，或许人家就无能为力了。

第二，助人法。

生活中，很多男性追求女性的时候，一般会不遗余力地帮助对方，就是这个道理。

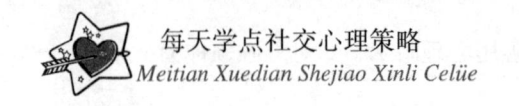

史蒂夫·鲍尔默曾经说过:"责任感就是成就神话的土壤和条件。"当你经营人脉的时候,什么才是你最重要的责任呢?答案很简单,那就是主动帮助别人,不断地帮助别人,尽你所能地帮助别人。如果你和交际对方有继续交往的愿望,你不妨试试这种办法。

第三,话题遗留法。

这一方法需要我们把握好双方交流问题的进程,也是一种"吊胃口"的办法。当你和对方正聊到兴头上的时候,你可以主动"偃旗息鼓",然后主动寻求对方的联系方式,对他说:"真不好意思,我临时有点事,您看今天我们没聊尽兴,要不下次我做东,我们找个地方好好聊,您看行吗?"这样诚恳的请求,一般没有人会拒绝。当然,值得强调的是,你一定要确保你们的话题足够能吊住对方的胃口。

事实上,我们有时候找的这些借口,对方都能看出来,只是对方一般不但不怪罪,反而感激我们的用心良苦,并会给我们面子,期待着下一次的交流。

第16章 以情动人，从心理上感化他人

现代社会，单单地你来我往已经不能满足人们的心理需求，我们还必须在心理上感化对方，情真意切地感动对方，用情交往才更可靠。为此，我们必须学会一些感化对方的攻心术：为人做事滴水不漏的确可敬，但不可爱，犯点小错误也是一种魅力；帮助他人、为人又好也需有度，不可一次"抛光"你的真诚，要为对方留一点心理空间；赞扬他人，更要有技巧，不妨先"否定"，以此衬托他值得"肯定"之处……总之，掌握这些"以情动人"的方法，你的人际关系会越来越好。

学会示弱，显得真实又可爱

可能忠厚老实的人会遇到这样一些事：无论在单位里还是在社会上，明明你做了很多工作，并且做事严谨，不放过任何一个失误，却总是和周围的那些人难以相处，他们经常对你牢骚满腹，给你使眼色。

你是否从自身找过原因？为什么大家总把不满的眼光投给你呢？因为你太"完美"了，

"完美"得让别人找不出缺点。要知道，任何人都有好胜心，都希望自己比周围的人优秀，尤其是心胸狭窄的领导更是嫉贤妒能，眼里容不下从不犯错误的下属。从另一个方面说，这就是为什么有些人能力平平却人

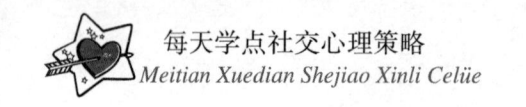

缘好的原因，因为他对别人够不成威胁。事实上，只要我们学会偶尔放低一下姿态，懂得示弱，就会赢得人心。

老陈在一家国有单位退休后，就迷上了围棋，几年潜心的研究让他对围棋还真有点建树。一有空闲，他就找几个老同事切磋棋艺，可是妻子和女儿菲儿都对这个不感兴趣。

女儿参加工作后，交了个男朋友，而凑巧的是，这个男孩还是个围棋高手。老陈一听这个年轻人也对围棋感兴趣，很快就让菲儿把男朋友带回家看看。

进门前，菲儿对男朋友说了爸爸的爱好，让他好好表现，然而这个男孩对女朋友的话会错意了。在与老陈下棋的时候，铆足了劲儿，杀得老陈场场退败，他还高兴得很，却没看见未来岳父的脸色都变了。那天，直到他出门前，老陈都没给他好脸看。后来经菲儿的提醒，他才明白了怎么回事。事后，老陈对女儿的婚事一直不同意，就因为这么一件小事。

原本一场见家长的活动被安排得好好的，老陈满以为自己找到了知音。没想到，菲儿的男朋友却是个不知趣的人，棋场如战场，长辈输了棋，心里自然不好受，即使你棋艺再高超，也没有任何作用了。我们在遇到这种事的时候，聪明的做法是，不留痕迹地学会示弱，让着长辈一点，让他赢得高兴。

由此可知，在日常交际中，说实话、办实事、发挥自己的能力固然没错，可我们在做这些的时候，也要想想，你这样会不会引起别人的不满呢？答案肯定是：会。比如，对于爱好相同者，可以与其相互切磋、互相交流经验，然而，有时候，如果你想和对方搞好关系或者对方是领导或者长辈的话，你不妨把自己表现得"外行"一些或水平更低一些，也就是要学会示弱。

我们在示弱的时候，应该注意些什么呢？

第一，要不露痕迹。

如果让对方看出我们是在故意示弱，不仅不能达到增进关系的目的，还会弄巧成拙，甚至引起他的记恨，因此，我们在犯小错误的时候，要在"不知情"的情况下进行。

第二，有时候可以用语言代替实际行动。

比如，闲暇时候，你可以和同事闲聊自己曾经失败的事，这比谈自己成功的事更易拉近彼此间的距离。因为老是炫耀自己成功的光荣事情，容易让人产生反感，而留下不好的印象。首先在态度上我们已经示弱并表示了友好，对方没有不接受的道理。

学会这些示弱的小技巧，我们在与难以相处的人打交道时会更有效率，而且你会发现这些人似乎不那么难以相处。

把握分寸，好事不要一次做尽

我们深知，与人搞好关系，让对方认同我们，我们需要付出，需要多为对方做好事，用行动感化对方，于是，有些人就会常犯一个错误，就是"好事一次做尽"，以为自己全心全意为对方做事会使关系更融洽、更密切。可事实上并非如此，因为如果好事一次做尽，对方会感到没有预留的心理空间，也就是说，当你做完所有的好事后，你会"黔驴技穷"、"无所事事"。

一位漂亮的女士结婚不久就离婚了。当大家问起她离婚的原因时，她自己都觉得是天方夜谭。她丈夫在离婚的时候对她说："你对我太好了，我都觉得受不了。"原来这位女士非常喜欢关心照顾别人，所有的家务都由她一个人包办，弄得丈夫、公公、婆婆觉得像住在别人家里一样。

在单位，她也一样，什么事情都抢着做，时间一长，别人都觉得她的勤快是理所应当的。只要她稍有松懈，别人就会有意见，慢慢地，她开始也不适应单位的工作了，只好辞职。

这位女士的做法明显是好事做过了头，这会让周围的人喘不过气来，于是就会产生一种"大恩不言谢"的想法，会期望着某一天也一定要为你做类似的事情。但是在没有报恩之前，他人会选择暂时地离开和疏远你，因为他承受不起这份未还清的恩情。

所以好事别一次做尽，这是平衡人际关系的重要准则。因为人际交

往理论认为，人与人之间的交往要符合平衡的原则。当你付出多而得到少时，对方就会想办法偿还你，但如果你对别人的恩惠做得太多、太过的时候，对方会觉得无法偿还你的恩情甚至还会依赖你做的好事，对方的心理也会由刚开始的感激迅速地变为不满，而假如我们见好就收，一次只给对方一点恩惠的话，他对我们的感激之情就会慢慢升温，并且在礼尚往来中还会加深彼此之间的友谊。

那么，我们在对别人付出的时候，该注意些什么呢？

第一，给对方一个回报的机会。

心理学家霍曼斯早在1974年就曾经提出人与人之间的交往，本质上是一种社会交换，这种交换同市场上的商品交换所遵循的原则是一样的，即人们都希望在交往中得到的不少于付出的。但如果得到的大于付出的，也会令人们心理失去平衡。

这给我们的启示是，我们要想让他人达到一种心理平衡，在付出的同时，还要给对方一个回报的机会。"过度投资"，不给对方喘息的机会，就会让对方充满压力。留有余地，彼此才能更加轻松地相处。

第二，把某些付出分成若干部分。

生活中，我们有这样的感触：一个男孩子主动追求一个女孩子，如果一次性地把要送给女孩的礼物全部送完，女孩在一阵激动之后还会归于平静。如果在日后的交往中，男孩子没有表示的话，女孩会感到失望，但如果男孩把这些礼物分成几个部分，不间断地送给女孩，那么，女孩可以经常收到惊喜，对男孩子也就会更有好感。

同样，社交生活中也是这样，累积成若干次数的付出比一次性的"和盘托出"更有效，更能巩固人际关系。

第三，给人好处和帮助也要注意姿态。

人际交往中，我们会遇到一些类似"好好先生"的人，然而，人们并不太喜欢"好好先生"，甚至会发自内心地不尊重"好好先生"。如果我们对人过分好，会给受惠方一种我们是"弱者"的感觉。因此，我们在给人好处、对人付出尤其是帮助他人的时候，要放低姿态，要让对方在一种双方平等的心态下接受我们的帮助，同时，对方也会感激我们的用心良苦。

总之，与人交往，不要过分对人好，要留有余地，要适当保持距离，这是感化别人的技巧。给得太多，反而费力不讨好，因为对方心里已经没有了想象空间。

评价到位，更易俘获人心

生活中，我们有这样的体验，如果有个经常与你作对的人突然主动示好，你会觉得受宠若惊；而如果一个人自始至终都对你很友好，你会觉得理所当然。这就是两种不同的心态。据此，我们可以得到启示，在社交中，我们与人交往，不妨先否定再肯定，这更容易"俘获"人心。

的确，人对于最初否定自己后来才肯定自己的人，比一直肯定自己的人更有好感。道理很简单，开始时为负面评价，而后才转为正面评价，容易给对方"强烈再评价"的感受，并使其相信评价的真实性。相反，对于那些从头至尾一直称赞自己的人，人们会怀疑其企图，而不易接受。

曾经有个有趣的心理学实验：在实验中，让一个人分别对4组人作不同的评价，看看哪一组对此人较有好感。这个人对第一组的人从头至尾一直称赞他们；对第二组则一直给他们否定性的评价；第三组是刚开始给予称赞，然后慢慢转为责备；第四组与第三组相反，开始时先给予否定性评价，最后才正面肯定他们。分别重复做过几次评价之后，结果都是第四种方式最给人以好感。

这个实验结果告诉我们，无论评价是好是坏，始终如一地评价，没有比中途改变评价所受的冲击大，人们对于原来否定自己而最终变得肯定自己的人好感最高，这就是人际关系中的增减原理——从否定到肯定能让你赢得人心。

巧巧是个勤快的姑娘，正和她的名字一样。大学毕业后，她到一个单位工作，由于刚进单位想在领导面前好好表现自己，她每天抢着打扫卫生，周末加班。时间一长，单位同事和领导都习惯了她的"无偿劳动"，

她一直盼着升职，可转眼两年多过去了，毫无动静。

就在巧巧郁闷的时候，单位来了一个年纪轻轻、很漂亮的姑娘，因为是事业单位，每天，她在单位没什么事，就和大家聊聊天、修修指甲，但从来不干活。

但有一天，这个女孩好像突然转变了很多，一进办公室，一会泡茶一会打扫卫生，同事目瞪口呆，领导也看在眼里，大大赞扬了一番。可想而知，在一个月后的测评中，领导也给她提名了，却不见巧巧的名字。

巧巧和这位后来的同事有不同的职场命运，取决于她们给领导的印象。她的这位同事给领导的就是一个"先消极后积极工作"的错觉，领导看到她的进步，为了鼓励她，自然会有所奖励，而巧巧一开始给领导的就是"积极地工作"的感觉，领导会认为巧巧无需督促，同样会做好工作，于是，巧巧只能原地踏步，输给了"后辈"。

生活中，有很多和巧巧类似的人，在与人交往的时候，他们嘴巴好像总是那么甜，他们对别人恭维总是让人喜欢的。但时间久了，人们就会对这种没有诚意的、廉价的恭维厌倦甚至讨厌。相反，有一些人懂得"先否定后肯定"的道理，他们在和人说话的时候，会先否定对方无关紧要的小失误，然后才恭维对方的其他优点，这会让恭维显得更真切。

但是，"先否定后肯定"别人的时候，我们该注意些什么呢？

第一，把基点拉低。

这一做法比较适合"制造螺旋式上升的心理曲线"这一原理，因为，起点越低，对方心理落差就会越大，会越认为我们的肯定有诚意。

第二，从无伤尊严的小毛病说起。

如果我们开门见山，就挖出对方的"最痛处"，然后将对方数落得一无是处，恐怕即使我们以后怎么肯定也于事无补了，因为对方已经"心死"了。

第三，保存实力。

话不是一次可以说完的，本事也不是一次就能显尽的。这就是说，我们在博取别人好感、肯定别人的时候，不妨循序渐进。比如，聪明的售货员，当他称货时，不是先抓一大堆放在秤盘里再一点点拿出，而是先抓一小堆再一点点地添加，也是这个道理。

第16章 以情动人，从心理上感化他人

总之，我们与人交往，要懂得从否定到肯定更得人心，这样的恭维才会让对方更受用。

给予对方快乐，令其欣然笑纳

生活中，我们更愿意与那些给予我们快乐的人交往，这是人的心理原因导致的。就像我们每个人都喜欢听好话一样，虽然我们嘴上说坚决要与拍马溜须的人决绝，但对于给我们戴"高帽子"的人，还是会笑脸相迎。我们来看下面的故事：

两个书生刚被任命去做县官，离京赴任之前，去拜访主考老师。老师对学生说："如今世上的人都不走正道，逢人便给戴高帽子，这种风气不好！"一个书生说："老师的话真是金玉良言。不过，现在像老师您这样不喜欢戴高帽子的能有几个呢？"老师听了非常高兴。这个书生出来以后，对另一个书生说："高帽子已经送出一顶了。"

主考老师听了书生的话很高兴，表明他已经笑纳了书生的"高帽子"，虽然他对这样的世风很不满。可见，人们都有追求快乐的心理，在痛苦和快乐面前，人们一般都会毫不犹豫地选择快乐。

我们在与人交往的时候，就要给对方快乐。对于你给予的快乐，一般情况下，人们都会照单签收。

但给予别人快乐的时候，我们要注意一些技巧。比如，我们可以让对方的快乐不断增长，那么，我们给对方的好感也将不断增长。当你给他的快乐达到一定程度时，你们之间的关系也就更加稳固了。

王小姐是一大型企业的总裁秘书，总裁的一切行程都由她安排，所以，谁要想见总裁，必须先过她那一关。在工作的几年，她受到很多保险、地产业务员的骚扰，这不，又有三个业务员来了。

第一个业务员对王小姐她说："王小姐，你这件衣服挺好看的。"此时，王小姐心里特想听听她的衣服好看在哪儿，结果，那位业务员不再说

了，王小姐心想，巴结我也不真诚，令人失望。

第二个业务员说："王小姐，你的衣服挺漂亮的，主要是搭配得好。"王小姐立刻想听自己的衣服哪里搭配得漂亮，结果也没有了下文，话还是没有说到位。

第三个业务员说："王小姐，你的衣服挺漂亮的，总体看起来真的很有个性。"事实上，王小姐已经没有了耐性，但还是想听听自己有什么样的个性。他接着说："你看，一般的白领穿衣服都很讲究职业性，但你不一样，你的衣服是定制的吧？在追求个性的同时又不失职业性。一般人手表戴在左手腕，而你的手表戴在右手腕上……"王小姐一听，还真觉得自己有点与众不同，挺高兴的，就让他见了老总，结果签了一个10万元的单子。

第三个业务员之所以能打动王小姐，是因为"他踩在了前面两个人的肩膀上"。前面两个人已经对王小姐的服饰夸赞了一番，但没有让王小姐满足，而第三个业务员说出了独到的意见，自然会有与众不同的效果。

这告诉我们，我们在与人交往的时候，给人好处要学会把握度和分寸，让对方的快乐不断增长，他会在心里越来越感激你，你给对方的印象就会越来越好，你的攻心术就成功了，但在给予人快乐的时候，我们该注意些什么呢？

第一，合乎时宜。

我们给人好处要学会相机行事、适可而止，比如，求人办事、奉承别人要真正做到"美酒饮至微醉后，好花看到半开时"。当我们的朋友下决心做一件事，我们要给予鼓励，开头的鼓励能激励他下决心做出成绩，中间的鼓励有益于对方再接再厉，结尾的鼓励则可以肯定成绩，指出进一步的努力方向，当对方成功时一定会感激你。

第二，雪中送炭。

俗话说："患难见真情。"最需要帮助和鼓励的不是那些早已功成名就的人，而是那些因被埋没而产生自卑感或身处逆境的人。他们不仅需要物质帮助，还需要精神鼓励。如果我们能雪中送炭，并在他不断努力、接近成功的过程中对他们不离不弃，你交到的将是一生的患难之交。

第三，小处落墨。

第16章　以情动人，从心理上感化他人

日常生活中，我们给人好处和快乐的时候，要从具体的事件入手，越小的事件越好，因为这样可以体现出细心和诚意；给予的快乐愈详实具体，说明你对对方愈了解，对他的长处和成绩愈看重。让对方感到你的真挚、亲切和可信，你们之间的距离就会越来越近。

总之，每个人都渴望与那些懂得施予快乐的人交往。我们在与人交往的时候，要让对方的快乐不断增长，你们的关系也会随之越来越紧密。

温暖人心，把握好赞美的弧度

作为一个社会人，我们都渴望被人重视，被人赞赏，被人需要。在社交活动中，赞赏是"润滑剂"。学会在社交中适当地赞赏他人已成为一个人社交成功的关键。然而，人们却又往往吝惜自己的语言，就像著名心理学家杰丝·雷耳评论的那样："称赞对温暖人类的灵魂而言，就像阳光一样，没有它，我们就无法成长开花。但是我们大多数的人，只是敏于躲避别人的冷言冷语，而我们自己却吝于把赞许的温暖阳光给予别人。"

作为中国人，往往不喜欢表达自己的赞美之情。但我们要认识到，我们的社交语言，直接影响着我们的社交成果。与人交往成功与否，就在于我们表现出来的态度。那些冷淡的批评的眼光、言语只会挫伤别人，与此同时，我们也会被人"遗弃"。为什么我们就不能抛开自己的惰性，自觉寻找他人行为中的优点，坦诚地向他人表示接受，把温暖的阳光给予别人呢？

生活中，很多人的确了解赞美在社交中的重要性，可是却不懂得赞美的技巧，有时候怀揣好心去赞美别人，却"搬起石头砸自己的脚"，引起对方的误会；也有一些人，对别人的赞美起到的却是"不痛不痒"的结果。事实上，我们不妨先否定后肯定地赞美别人，可能又是另一番效果。

一豪绅大摆筵席为老母祝寿，唐伯虎作为四大才子之首赴宴。酒酣耳热之际，众宾客纷纷祝贺，说了许多华丽贺辞。这时，再美好的辞令也

显得很平常。唐伯虎为了调动现场的气氛，开始来了一回"耸人听闻"的话，他向主人献了一首诗。唐伯虎慢悠悠地对着寿星念道："这个婆娘不是人。"

听完第一句，大家都震惊了，大家以为唐伯虎醉酒失礼，都不知该怎么办。唐伯虎还是慢条斯理地念下去："九天仙女下凡尘。"

宾客拍掌称绝，果然，才子不是浪得虚名。唐伯虎又念："生下儿女都是贼。"

刚缓和的神经又绷紧了，大家又被镇住了，鸦雀无声，听他念下一句："偷得蟠桃献母亲。"

唐伯虎在公众场合露的这一手，别出心裁，自然语惊四座。

唐伯虎采取的赞美方法就是先抑后扬，这远比满腔的溢美之词起到的作用更好。的确，生活中，我们应该多赞美别人，不能轻易否定对方，然而，我们换另一种赞美方式——先否定后肯定，对方便会欣然接受。

在公开场合，如果全说好话，有吹捧的嫌疑；只说缺点，又得罪别人。这种情况下，你不妨运用"先否定后肯定"的方法。从否定到肯定的评价，不仅能增强谈话的吸引力，同时也显得真实可信。

我们在生活中，对以下的这些话应该不陌生：

"我说实话，您别生气啊，开始我觉得你这人有些清高、不合群，但交往时间长了，我发现你其实是挺随和的一个人，以前还真是我看错了。"

"我记得你以前脸上好多雀斑，现在皮肤怎么这么好？"

"他以前学习也不怎么样，现在却成功且富有。看样子，还是情商高啊！"

人们之所以这样说，否定别人"以前怎样"，肯定别人"现在怎样"，是为了形成一种心理对比；讲述别人过去的"低下"，是因为别人现在已经变得"高贵"，而且这些过去的艰苦经历更能突显现在成就的来之不易，也就更能满足对方现在的成就感和优越感。

那么，我们在先否定后肯定别人的时候，应该注意哪些技巧呢？

第一，赞美要及时。

观察到别人有好的变化时，就要及时赞美。毕竟你注意到的是对方当

时的变化，你所传达的也是你当时的真实感受。一旦时空变换，什么都会变化，所以，要勇于赞美，不要留下遗憾。

第二，注意对方的情绪。

如果对方心情差、情绪低落时，或者对方屡屡失败还没有成功时，你尽量不要去赞美对方，因为对方很可能会把你的赞美当成挖苦，尤其是不能把他的现状与以前相对比。比如，生活中，当一个人还没有成功时，就很少听到他说自己是如何如何穷的。因为，一个处于贫穷中的人往往好面子，从而装出生活不错的样子，那是怕别人看不起自己，对此，我们要理解，不要触及他的"不快"。

第三，先否定后肯定。

前面的否定是为了后面的肯定，所以，如果前面抑得过低的话，后面必须扬得意外，才会有好的效果，否则，也会引起对方的不快。掌握这一赞美的技巧，我们在恭维别人的时候，会更显真实、贴切，对方也会很受用。

第17章　消除心理戒备，令自己更具吸引力

与人交往，贵在交心。人们称"真正意义上的朋友"为"知心朋友"也就是这个道理，但人与人之间毕竟存在差异，要想让别人从心里接纳我们，就必须要突破对方的心理防线；要学会创造自身心理优势，让自己具备一定的吸引力；还可以利用名人的影响力，为自己增加社交的砝码；更要学会"得寸进尺"，一步步赢得对方的信任和支持；当和对方建立交情后，更要保持经常接触，深化、巩固这来之不易的友谊。

让对方感受到你，期待与你接近

俗话说，"浇树浇根，交友交心"。我们在与人交往的时候，最重要的就是交心，让对方从心里接纳我们。而要做到这一点，我们首先就要在心态上有绝对的优势，让对方觉得值得交往。

生活中，不少人在与人交往时常出现矛盾的心理：既想接近别人，又怕被对方拒绝；既想在别人面前表露自己的观点，又怕被别人耻笑。于是，在这种左右矛盾的心理影响下，他们事先虽然想好了许多话，可是一站在别人面前就全忘了，大脑一片空白。另外，当我们唯唯诺诺地站在对方面前的时候，人家也会认为我们心里没底，自然，不愿与我们交往。可见，心理优势在与人交往中的重要性。

第17章　消除心理戒备，令自己更具吸引力

心理优势是一种内在自我的空间延伸，直接决定了一个人对周围人的影响力。你是一团火，旁边的人便感到热；你是一块冰，旁边的人便感到冷；你是一缕春风，旁边的人则感到舒适怡然。我们要在人群中活得自由快乐，便首先要使自己具备一定的心理优势。

《三国演义》"徐州战"中有这么一段：

刘备领着关羽、张飞、赵云、太史慈等人日夜兼程赶到徐州与孔融等人会合，却发现曹操已经攻破小沛，此时已经围困了徐州城。

……张飞冲入曹军阵中，曹军顿时人仰马翻，丈八蛇矛将敢于挡在它面前的任何东西都搅得一团粉碎，那霸道的气势连一向以勇猛著称的青州兵也不由退避三尺。如果说关羽的刀法是一种王道，让人无法生出对抗之心；那张飞的蛇矛就是一种霸道，让人忍不住瑟瑟发抖。

百万军中取上将首级，如探囊取物耳。

尽管周围都是自己的士兵，曹操仍忍不住泛起一丝寒意。两丈外，脸如黑碳般的张飞提着丈八蛇矛直指曹操，曹操想要退入后阵之中，却发现张飞的气场早已锁定了他。一时间，天地里仿佛只剩下了他们两个人，没有人能帮得了他，那高耸的帅旗此时也仿佛如支持不住般轰然倒下，丈八蛇矛猛然向曹操刺来，曹操几乎绝望地闭上了眼睛。

……

这时，曹军的将领也都退了回来，最惨的要属于禁，背上被管亥劈了一刀，要不是仗着马快，恐怕已经被劈成两段了。

曹操与刘备的首次交锋就这样落下帷幕。曹操在占据着绝对优势兵力的情况下大败而回，伤亡近五千人，而这只是这两个绝代雄主的第一次碰撞。

刘备在与曹操的首次交锋中大获全胜，其中少不了张飞的功劳。他和曹军交锋的时候，和曹操正面对决，凭着一股不怕死的精神，在气场上压倒了对方，胜利自然势在必得。

社交活动中的心理优势同样重要，比如谈判，尤其是价格谈判，很多谈判者总是觉得自己处于劣势，就理应给对方做让步，结果损失很多，而假如他们在谈判前，先调整好自己的心态，主动营造出一种有利于自己谈判的氛围，那么，或许又是另外一种情况。

那么，我们该怎样主动创造这样的心理优势呢？

第一，克服自卑，具备自信心。

生活中，有这样一些人，他们总对别人采取躲避态度，走路时喜欢低着头，不愿与人打招呼；与人交谈时爱垂下眼皮，或注视其他地方，不敢正视对方，这类人一般是具有社交恐惧和自卑的心理。我们要想处理好人际关系，首先就必须克服这一点。高度的自信心意味着对自己信任、尊重和肯定，也意味着对自己生活的实力充分的了解。

对此，我们要把与人交往当成一种乐趣而不是负担。你要明白，没有人可以活在自我封闭的世界里，每个人只有在与人不断交往、学习的过程中，才会获得自我提高和发展。

第二，区分心理优势和"清高"。

心理优势与所谓的"清高"是不一样的概念。有些人以为自己与众不同，于是，在与人相处的时候，会故意显出自己很清高，但内心却又觉得自己事事不如人，随时都有被人嘲笑的可能，所以故作清高，将自己封闭起来。如果有人想接近他、和他交谈，他会觉得茫然不知所措；但如果大家都不理他，又感到自己自尊心受到了损伤。有时别人本无心轻视他，他却疑神疑鬼地无故和别人赌气，搞得别人莫名其妙，结果失去越来越多的朋友和社交机会。

其实，真正的心理优势是需要自我创造的。当你具备心理优势后，你会主动吸引别人与你交往，而不是患得患失。

第三，时刻保持良好的社交礼仪。

中国是礼仪之邦，事事以礼相待，一个懂得礼数的人会由内而外散发出吸引人的气质，这类人往往也不缺朋友。

总之，与人交往要懂得制造心理优势，让对方看见我们的良好素质和修养，继而攻破对方的心理防线。

动用人际关系，让你坐收渔翁之利

在社交界流行一句话："一个人能否成功，不在于你知道什么，而是在于你认识谁。"这里的"谁"，就是人们常说的"人脉"。

在美国乡村，有个老头和他的儿子相依为命。

一天，一个人找到老头说要将他的儿子带去城里工作，老人愤怒地拒绝了这个人的要求。这个人又说："如果你答应我带他走，我就能让洛克菲勒的女儿成为你的儿媳，你看怎么样？"老头想了又想，终于被"让儿子能当洛克菲勒的女婿"这件事情说动了。这个人精心打扮后，找到了美国首富、石油大王洛克菲勒，对他说："尊敬的洛克菲勒先生，我想给你的女儿找个对象。"洛克菲勒说："快滚出去吧！"这个人又说："如果我给你女儿找的对象是世界银行的副总裁呢？"于是洛克菲勒就同意了。最后，这个人找到了世界银行总裁，对他说："尊敬的总裁先生，你应该马上任命一个副总裁！"总裁先生摇着头说："不可能，这里这么多副总裁，我为什么还要任命一个副总裁呢，而且必须马上？"这个人说："如果你任命的这个副总裁是洛克菲勒的女婿呢？"总裁立刻答应了。

在这个人的努力下，那个乡下小子不但娶了洛克菲勒的女儿，还成为了世界银行的副总裁。

这个财富故事反映的就是借助名人影响力带来好处。的确，如果你善于运用名人效应，你可以轻松地得到别人的认可，进而达到你的目的。

生活中，我们还有这样的经历：如果有一群人想要结识你，其中有一个人说他认识某某明星的经纪人；或者说他和某大企业的总经理一起吃过饭；甚至说他曾经拿到某国外影星的签名照片，你会不会对他格外注意或者问长问短，希望得到这些人的一些"信息"？或许你对这些不感兴趣，但至少你会记忆深刻，当下次他再找你说话时，你会毫不犹豫地叫出他的名字。

生活中，这样的现象实在太多了。名人更能吸引人的眼球，引起人

的关注。我们在社交生活中，如果认识有影响力的名人，不妨借助其影响力，但如果不认识他们，也可以巧妙运用。

那么，我们该怎样借助名人的影响力来攻破对方的心理防线呢？主要有以下几个途径：

第一，建立有名人参与的人际关系网。

当然，这不是任何人都可以做到的，也不是任何人都可以和名人直接对话的，但我们可以扩大交际范围。因此，如果你想要利用名人的影响力拉近自己与对方的关系，你第一步要做的就是建立一个庞大的人际关系网，这样你才可能结识更多的名人。

当我们建立属于自己的人际关系网以后，要善于分析、整理每个人的资料等，然后找出那个对自己有帮助的人。当然，这个对你有帮助的人必然要在某个领域功成名就，找准他，然后通过你认识的人一步步接近他，结交他。

第二，让名人认识你。

这是建立在认识名人的基础上的第二步。的确，现实生活中，我们见到甚至认识名人的机会并不少，可是让名人记住我们，并产生与我们交往兴趣的机会就很少，这还需要做进一步的努力。我们要遵循几个让名人记住你的法则：善于倾听，热情微笑，巧妙赞美，有足够的思想高度，能给对方留下良好的第一印象。这些技巧你要多花时间来落实，让自己熟能生巧起来。

第三，掌握一些语言技巧，不动声色地以名人为话题。

借助名人的影响力并不是狐假虎威地向别人炫耀你的人脉，这样做不但不能得到别人的认可和喜欢，也可能让对方讨厌你，因为这意味着一种轻蔑和不屑。因此，你在借助别人影响力的时候需要注意语言技巧。

比如，我们可以装作无意识地提及名人。在和别人谈话的过程中，我们要学会不动声色地将一些名人引进来，比如，当对方说了一个笑话时，你可以说"您真幽默，我曾以为某某（名人）是我见过的最幽默的人。"这时候，对方会立即产生兴趣，继而会问你："是吗？你还认识他呀……"慢慢地，话题也就展开了。

再者，我们还可以不露声色地表明自己和某名人的关系：假如你和名

人有直接的关系，而你又想在交往时用这层关系拉近与对方的距离，你可以用这样的方式拉开对话："某某先生您好！很高兴认识您，我经常听我叔叔（或者其他关系）提起您！"对方听你这么说，必然会问到你的叔叔是谁，这时候你就可以很自然很巧妙地达到目的了。

当然，巧妙地借助名人的影响力还有很多种方法，但总之，只要我们懂得借助这些人际资源，我们往往能少走弯路地达到自己的目的。

打开对方心门，步步"得寸进尺"

生活中，我们与任何人交往到最终成为朋友，都要经过一个相识、相知的过程。当我们与对方初次见面的时候，第一印象很重要，这是毋庸置疑的。如果我们能成功打开对方的"心门"，让对方拆除心理防线，我们就有与对方继续交往的机会。但同样，如果让对方真正接受我们，我们还要学会"得寸进尺"，因为只有让对方从内心真正接受我们，才意味着我们社交的成功。

这里所谓的"得寸进尺"，指的是我们要逐步加深对方对我们的情感认知，从而由刚开始的好感到逐步信任、赞赏并乐意与我们成为朋友。要知道，真正意义上的友谊并不停留在表面的认识的基础上。

三国的时候，东吴有一个叫吕蒙的博学多才的人。周瑜死后，他继任了东吴的都督，设计打败了刘备的大将——关羽，并派部将潘璋把关羽杀死。从这里可以看出吕蒙的才能不低。

其实，吕蒙原本是一个不肯用功的人，没有什么学识，学问当然也就不深。

孙权对吕蒙说："你现在当权掌握重要事务，不可以不学习！"吕蒙以军中事务繁多为理由推辞。孙权说："我难道是想要你成为专门研究传授经学的学官吗？你只是应当粗略地阅读，了解历史罢了。你说你军务繁忙，哪能比得上我的事务多呢？我常常读书，自认为有很大益处。"于是

吕蒙开始学习。

到了鲁肃来到浔阳的时候，感觉他和以前不一样了，吕蒙说得头头是道，很有见地。鲁肃觉得很惊异，便笑着对他开玩笑说："现在，你的学识这么好，既有勇，又有谋，再也不是吴下的阿蒙了。"

吕蒙说："对于有志气的人，分别了数日后，就应当擦亮眼睛重新看待他，兄长你看清楚这件事情也太晚了啊！"

吕蒙原话是"士别三日，刮目相待"。后来人们用"士别三日"这句话称赞一个人变化很大。吕蒙让鲁肃对自己"刮目相看"，也是他勤奋学习的结果，那么，现实生活中，我们该怎样"得寸进尺"，让对方加深对我们的良好印象呢？

第一，多和对方主动打招呼。

这是让对方记住我们的第一条，同时也体现了我们的良好修养。

俗话说："一回生，二回熟。"对于刚认识的朋友，如果我们遇见他时，对他置之不理，我们刚建立起来的友谊将很快消逝。相反，如果我们先开口向对方打招呼，就等于你将其置于一个较高的位置。以谦恭热情的态度去对待对方，一定能赢得对方的心，而我们在与其谈话、交往时，如果能再用自信诚实的目光正视对方的眼睛，则会给对方留下更深刻的印象。

第二，对我们的姓名予以特别说明，使得对方能记住我们。

生活中，人们总是忘记某一件事，是因为这件事平淡无奇，无法激起人们大脑深层次的记忆细胞。而如果我们在与人交往中，在介绍自己时，把自己的姓名和某些特别的事物联系在一起，则不仅会让对方很快记住我们，而且还会加深对我们的印象。

第三，深入探讨彼此间的共同兴趣和爱好。

任何人都有"求同"心理，当我们找出与对方拥有的某种"共同点"、心理上的距离缩小以后，我们更要深入探讨这个问题，这样，很快双方便很容易推心置腹了。

第四，给对方一个特备的分别方式。

心理学认为，人类的记忆或印象具有"记忆的系列位置效果"，也就是说，人的记忆或印象会随着它的话语中出现的位置的不同而有深浅之

分。一般来说，最有效果的是最初和最后的位置。所以，在事情进行过程中留下不好的印象或出现某些小问题，如果能在最后关头将良好印象深植于对方心中，就能挽回原来造成的损失，这就是为什么重要人物会见时会特别注重见面开始时和结束时的仪式和礼节等问题。

据此，我们也应引起重视，我们在与对方分别时，也应放"特别"一点，比如，我们可以将自己的感激之情用三言两语表达出来，给对方献上很特别的一个小礼物，一定会给对方留下难忘的印象。

当然，如果我们能更细心一点，找出"得寸进尺"之道，我们的成功率就会更高一点。

保持联系，不要冷落了友谊

人与人之间的感情很微妙，我们曾对那些远离的知己"信誓旦旦"，并认为彼此之间的友谊永不失色，但事实上，随着时间的推移，随着见面次数的减少，友谊就渐渐变淡了，共同语言也少了；而对于那些我们不想与之深交的人，通过"朝夕相处"，我们也从心理上接受了他。可见，我们要想保持友谊，就需要与其保持持续的接触。

事实证明，很多友谊是随着见面次数的增加而递增的，因为只有在慢慢的接触中，彼此间的了解才会越来越深，这就是为什么很多人在学生时代都有个形影不离的朋友，而时过境迁，那份友谊只能深埋心底。

青年马克思有着改造社会的强烈愿望，因而他受到反动政府的迫害，长期流亡在外，生活极其艰苦。

1844年，马克思在巴黎认识了恩格斯，共同的信仰使彼此把对方看得比自己都重要。马克思长期流亡，生活很苦，常常靠典当生活，有时竟然连买邮票的钱都没有，但他仍然顽强地进行他的研究工作和革命活动。

恩格斯为了维持马克思的生活，他宁愿经营自己十分厌恶的商业，

把挣来的钱源源不断地寄给马克思，他不但在生活上帮助马克思，在事业上，他们更是互相关怀，互相帮助，亲密地合作。他们同住伦敦时，每天下午，恩格斯总到马克思家里去，一连几个钟头地讨论各种问题；分开后，几乎每天通信，彼此交换对政治事件的意见和研究工作的成果。

后来，恩格斯的妻子去世，马克思因为自身的很多窘境：收到了肉商的拒付期票，家里没有煤和食品，小燕妮卧病在床……这些使他处于绝望之中，于是只对恩格斯简单地慰问了一下，这使得恩格斯有点生气。但在随后的信中，两人的误会解开了。

恩格斯在给马克思的信中写道："对你的坦率，我表示感谢。你自己也明白，前次的来信给我造成了怎样的印象。……我接到你的信时，她还没有下葬。应该告诉你，这封信在整整一个星期里始终在我的脑际盘旋，没法把它忘掉。不过不要紧，你最近的这封信已经把前一封信所留下的印象消除了，而且我感到高兴的是，我没有在失去玛丽的同时再失去自己最好的朋友。"随信还寄去一张100英磅的期票，以帮助马克思度过困境。

这段伟大的友谊让人感动，可以说，他们的友谊就是建立在彼此间的不断接触上从而产生了相互信任和理解，尤其是在两人产生误会的时候，更体现了交流的重要性，这正是他们友谊的伟大之处。他们合作了40年，建立起了伟大的友谊，共同创造了伟大的马克思主义。正如列宁所说的"古老的传说中有各种各样非常动人的友谊故事，后来的欧洲无产阶级可以说，它的科学是由两位学者和战友创造的。他们的关系超过了古人关于人类友谊的一切最动人的传说。"

现实生活中，我们也是如此，如果我们要想保持和朋友的关系，真正走进对方心里，就需要和对方持续接触，那么，我们该怎样做呢？

第一，主动交往，关心对方。

寻求呵护是人参与交际活动的重要驱动力。在人际交往中，你若是主动关心对方，帮对方解决一些实际问题，让对方的心理需要得到满足，对方一定会感到你对他的呵护，因而更加信赖你，未来交际的可信度与有效度也会明显提高，对方与你交往的渴望程度也会大大增加。

第二，弱化和朋友间的竞争。

人与人之间，尤其是朋友间，最大的致命伤就是激烈的竞争。一味地

第17章 消除心理戒备，令自己更具吸引力

竞争，杀机四伏，着实会使人草木皆兵，给人际交往带来重重障碍。有时候，我们不妨主动向朋友表明心迹，给他带来安全感。只有这样，朋友才愿意接触你，才愿意和你发展友谊。这是优化交际环境、提高交际质量的根本策略，所以，你可以做到：

从长远角度出发，不要争一时之功；做别人的幕后支持者，以取得别人的感激；甘做配角，积极创造条件，帮助同事取得优异的成绩；见荣誉不争不抢，你争来抢来了荣誉，并不等于就真的有了荣誉；远离嫉妒，朋友或者同事得了第一，你应该发自内心地恭喜对方。

第三，注意适度交往。

与朋友接触，的确可以加深感情，但要注意度，即使再亲密的两个朋友，也都需要有个人空间，如果你为了友谊而占有了对方的私人空间，恐怕就事与愿违了。

总之，我们要想保持友谊，就需要持续接触，只有这样，你才能攻破对方的心理防线，成为其真正意义上的朋友。

拆除防线，获得更广的交际局面

现代社会，交际并不是单纯的人际间的情感的沟通和交流，它已经成为一种生活方式，是人们交流信息的需要，甚至是为了达到某种利益需求的手段，但交际又不仅仅如此，它也可以超越物质性，让人们达到一种精神上的愉悦，这种交际局面，也是我们经常渴求的。

事实上，与人交往，我们要想得到真正的友谊，就需要真正地了解对方，包括对方的内心世界。对此，我们可以了解"乔哈里资讯窗"，这个模式把人的内心世界比作一个窗子，它有四个象限：

第一象限：公开区（open area）。自己知道、别人也知道的资讯。例如：你的名字、头发的颜色以及你有一只宠物狗的事实。人与人之间交往的目的就是扩大公开区，实现这一目的的主要做法有提高个人信息的曝光

率、主动征求反馈意见等。

第二象限：盲目区（blind spot）。自己不知道、别人却知道的盲点。例如：你的处事方式，别人对你的感受。

第三象限：隐秘区（hidden area）。自己知道，别人不知道的秘密。例如：你的秘密、希望、心愿以及你的好恶。

第四象限：未知区（unknown area）。自己和别人都不知道的资讯。未知区是尚待挖掘的黑洞，它对其他区域有潜在影响。

根据这一理论，真正而有效的沟通只能在公开区内进行，因为在这一区域内，人们彼此间的讯息才是公开的，资源也是可以共享的，而也只有在这一区域内沟通，沟通的效果才会令双方满意。但在现实中，人与人开始接触之际，出于时间的缺乏和防备心理，人们的公开区都会较小。

根据这一理论得出的交往法则是，我们在与人交往的时候，应该尽可能扩大公开区，主动向对方打开心灵的窗户，增强信息的透明度、诚信度。当你开诚布公的时候，对方可能也正在为你打开心扉。

因此，我们在与人交往的时候，只有先向对方传递自我信息，让对方尽可能地了解我们，才能让对方敞开心扉地与我们沟通、交流，也就是人们常说的，要善用人际交往的"后花园"。

小唐是个很实诚的人，毕业后，在一家民办中学实习。他希望自己实习结束后能留在学校，但竞争着实激烈，他也只能尽自己最大的努力了。

一个星期后，学校开会，校长说："这星期各位老师都有什么教学心得与见解？上周被安排的是实习老师，你们有什么不明白的教学问题可以在会上提出来，大家讨论下……"校长说完后，会议室鸦雀无声，估计谁都不希望在实习第一周就出篓子，正在这时，小唐站起来说："事实上，我觉得同学们学得都很好，我和他们相处得也很好，只是我挺后悔的，以前在学校没有好好学专业课知识，现在有时候上课觉得有点吃力……"小唐说话，大家议论纷纷，都暗地里想，小唐真是疯了，这样一说，校长肯定以为他能力不够，实习后肯定留不住，真是悲哀！

但事实上，情况并不是这样，校长反倒说："唐老师的这种心态很好，能认识到自己的不足。对待教学就不能打马虎眼，这样会误人子弟！"很明显，校长话里有话，众实习老师都惭愧地低下了头。

第17章　消除心理戒备，令自己更具吸引力

小唐能得到校长的赞扬，可以说，归功于他能"自曝其短"，诚恳地说出了自己在专业知识上的不足，从而给校长留下了难能可贵的印象。

同样，我们在与人沟通的时候，也要主动敞开心扉与人交谈，当别人感受到我们的真诚后，话匣子也就打开了。

我们在运用人际交往中的"后花园"的时候，可以遵循以下步骤：

第一，放低自己，懂得谦虚。

我们在与人打交道的过程中常会见到这种现象：当有人做自我批评时，总会给人以诚实可信的印象，也会赢得大家的同情和支持。

与人交流、表达意见的时候，我们要尽量放低自己，这并不是贬低自己，而是一种尊重，因为在放低自己的同时，自然抬高了对方，这样满足了对方希望受到重视的愿望，也显得你格外真诚，自然会赢得他人的好感。

第二，试探出对方的烦恼和心事并表示理解，从而获取其不愿告知的"后花园"、"未知区"。

人生所有的烦恼、痛苦都不脱下列的四个范畴：人际关系、金钱（包括一切的富足）、梦想（目标）、健康。因此，读心者要使用"扩大/缩小说法"，推测出主要烦恼是归于哪个范畴，再逐步进行试探。

第三，加深感情。

事实上，真正的友谊不仅在于倾听对方的烦恼。如果你能帮助对方解决"压在心头的事"，你在对方心中的位置就会大大提升。

最后，我们要想交到真正的朋友，还必须有耐心。每个人对接受别人所需的时间都不同，必须给与足够的时间，使对方自然而然地敞开心扉。

第18章　破解心理密码，提升社交能力

人与人交往，谁都希望自己能给对方留下良好的印象，并能将这种良好印象保留在对方心中，从而达到我们最终的社交目的。为此，我们必须学会解读对方的心理密码，不妨学会运用"登门槛效应"："引诱"对方先同意小要求，就有可能同意大请求；还可以制造"不在乎的假象"，从而挑起对方的挑战欲望；也可以应用"增减原则"，逐步增加别人对你的好感。掌握这些心理效应，我们的社交能力会在不知不觉中提升。学会攻心就没有处理不好的人际关系，没有达不到的目的。

登门槛效应："以小引大"，让人接受你的请求

"登门槛效应"，又称得寸进尺效应，是指一个人一旦接受了他人的一个小要求，为了避免认知上的不协调，想给他人以前后一致的印象，就有可能接受更大的要求。这种现象犹如登门槛时要一级台阶一级台阶地登，这样能更容易更顺利地登上高处。

心理学家认为，在一般情况下，人们都不愿接受较高较难的请求，因为它费时费力又难以成功，相反，人们却乐于接受较小的较易完成的请求，在实现了较小的请求后，人们才慢慢地接受较大的请求，这就是"登门槛效应"。

生活中，"登门槛效应"的应用实例并不少见，比如，男性追求女性，直截了当地求爱可能会吓跑女方，但如果从朋友做起，则更易达成目

标。我们求人办事，因为事情的难度对方很可能会拒绝，但如果我们让对方帮个小忙，对方会欣然接受，也就是这个道理。

有个小和尚跟师父学武艺，可师父却什么也不教他，只交给他一群小猪，让他放养。庙前有一条小河，每天早上小和尚要抱着一头头小猪跳过河，傍晚再抱回来。后来，小和尚在不知不觉中练就了卓越的臂力和轻功。原来，小猪一天天长大，小和尚的臂力也在不断地增长，他这才明白师傅的用意。

实际上，这也是"登门槛效应"的应用。小和尚的臂力就是在这种无声的"登门槛效应"中慢慢练成的。我们再看下面一例：

据报载，在一次万米长跑赛中，某国一位实力一般的女选手勇夺桂冠。记者纷纷问其奥秘，她说："别人都把一万米看作一个整体目标，我却把它分成十段。在第一个千米时，我要求自己争取领先，这比较容易做到，因此我做到了；在第二个千米时，我也要求自己争取领先，这并不难，所以我也做到了……这样，我在每一个千米时都保持了领先，并超出一段距离，所以夺取了最后胜利，尽管我的水平不是最高。"

根据"登门槛效应"，在人际交往中，当我们要求某人做某件较大的事情又担心他不愿意做时，可以先向他提出做一件类似的、较小的事情。当他接受了我们这一小要求时，我们就有可能让他答应更大的请求，也就是想"进尺"，不妨先"得寸"。

我们在运用"登门槛效应"时，还应注意几点：

第一，"门槛"不能太高，否则无法"得寸"。

一般情况下，人们不会拒绝那些举手之劳的事。因此，我们在提出正式要求之前，要做足充分的准备，将对方的实力调查清楚，否则，可能你所谓的小要求，对于对方来说，都很难达成。

比如，你是个管理者，你高估了某位下属的能力，你交给他一件你认为的小事，他却没有办好，这主要是因为你没有事先了解清楚。相反，当你了解他的做事习惯、办事能力后，你不妨先提出一个只要比过去稍有进步的小要求，当他达到这个要求后，再通过鼓励，逐步向其提出更高的要求，这样他容易接受，预期目标也容易实现。

第二，注意"进尺"的尺度。

现实生活中，我们经常会拒绝那些进门之后直接向我们推销产品的

推销员，就是这个道理。当销售员向我们获得特许，在得了"寸"后便会进"尺"，以至得意忘形，将销售议程提上来。事实上，此时，我们的内心世界还并没有消除对销售员的戒备心理，可想而知，我们是不会买他的账的。

社交生活中，也是如此，我们求人办事、向别人提请求，也不能急功近利，否则，只会事倍功半。

第三，确定对方是否能接受你"得寸"，从而让你"进尺"。

生活中，一般人都能接受"登门槛效应"，人们都希望在别人面前保持一个比较一致的形象，不希望别人把自己看作"喜怒无常"的人。因而，在接受别人的要求、对别人提供帮助之后，再拒绝别人就变得更加困难了。如果这种要求给自己造成的损失并不大的话，人们往往会有一种"反正都已经帮了，再帮一次又何妨"的心理。于是，"登门槛效应"就发生作用了。

可以说，"登门槛效应"是一种求人办事的迂回措施，当"引诱"对方先同意我们的小要求后，对方答应我们的大要求的可能性也就更大。

故弄玄虚，引起对方的迫切欲望

生活中，我们可能对有些恋人间的"游戏"很迷惑：为什么彼此相爱并在乎对方，却要表现出"若无其事"的样子。实际上，这是一种策略，因为情人在交往之初保持一点距离，反而有助于增添几分神秘感，越是表现出不在乎越是能挑起对方的欲望。同样，交际中也是这样一个道理，我们与人交往，如果显得过分热情，可能会让对方觉得我们是"好好先生"，觉得我们能力不足才如此"在乎"，相反，如果我们故意"不在乎"，反而会引起对方注意，引发他的好奇心，这样，我们首先在心理上就有了优势，自然会赢得人心。

可能很多人认为，交际是交换最实在、最稳定、最刻板的。它的全部

第18章　破解心理密码，提升社交能力

内容莫过于物质移换、信息输送、精神传感、力量互补，既谈不上低俗，也谈不上高雅。然而，它不是一潭死水，是一门艺术。对于这门艺术，我们要设法使交际内容充满生机和情趣。

我们都渴望自己能在日常交际中左右逢源，但事实上，并不是如我们想象的那么简单。很多时候，我们处心积虑地"讨好"对方，却遭到"冷眼"。这时，我们要根据对象、场合的不同及时地应变、调整，采用各种策略。不妨制造"不在乎"的假象，挑起对方的挑战欲望，将局势转变为有利于我们的方向。

王强是一家皮具厂的老板，工厂效益一直很好，可毕竟年纪大了，他的儿女希望他能安逸地度过晚年。于是，王强希望自己的厂子可以被一家有实力的公司收购，自己也就放心了。

后来，在助理的引荐下，他和一家大型的皮具公司达成共识，但那家公司的女老板好像很有耐心，总是不提签约的事，他催了几次，也没消息。他心里明白，这个女老板是希望能将收购价压得更低一点。无奈之下，他想出了一个办法。

他请了另外一拨人装扮成审计员，来厂子里勘察情况，他让助理以私人名义把对方公司的助理约到公司来。

对方公司的助理看到这些审计员以后，问老刘："你们厂长这是怎么回事？不是要和我们公司签合同吗？怎么又请了另外的审计员呢？"

"说实话，我们厂长真是急了，你们老板总是不签合同。"

"我可以告诉你，我们老板是绝对会收购这个厂子的，你放心，我们很快会签约。"

果然，第二天，收购方就打电话过来，将签约时间定了。

皮具厂的王强很聪明，他利用的就是对方公司老板怕失去收购权的心理，从催着对方签约到采取计策，让另外一些人扮成审计员唱了一出空城计，制造出了自己已经不在乎是否签收购协议的假象，从而顺利签约。

那么，我们在制造"不在乎"的假象时，该注意些什么呢？

第一，把握好"度"的问题，别造成彼此关系的破裂。

有时候，你是为了吸引对方的注意，挑起对方的欲望，从而制造出这一假象的；但有时候，你的"忽视"过度，可能引起对方的误解，这样就

可能"偷鸡不成蚀把米"了。

第二，提升自己，让自己具备社交魅力。

我们作为交际的一方，交际方式总带有个人色彩，而这种个人色彩一旦成型则形成交际风格。挥洒交际风格的魅力，交际既可以提高层次，又能够形成独特的风貌。

当我们拥有了一定的社交魅力之后，社交范围也会随之扩展，这样，我们制造出的"不在乎"的假象更会引起对方的欲望。

第三，距离产生美。

"距离产生美"这句话我们并不陌生，它同样适用于社交活动。在与人交往中，我们不妨保持一点距离，这有助于增添神秘感，人们往往对那些自己不了解的事物更感兴趣。同时，多给对方一些空间与尊重，反而能赢得最后的胜利。

总之，我们要学会攻心，轻易"讨好"对方往往是社交中的大忌。因此，适度地制造"不在乎"的假象，可以让彼此的关系更具有弹性，但切记不要让对方对你们之间的友谊陷入绝望，其中的尺寸拿捏要视对方能够承受力而定。

增减原则：让你的好感指数层层叠加

美国社会心理学家阿伦森与林德曾做了项实验，实验安排被试者的同伴用四种不同情况评价被试者：

具体有四种情境：

肯定——让第一组被试者始终得到好的评价：假设从一开始就用欣赏的语气说他们如何如何好，他如何如何喜欢他们；

否定——对于第二组被试者，假设从始至终都对他们持否定态度；

提高——对第三组，前几次评价是否定的，后几次则由否定逐渐转向肯定；

降低——对第四组，前几次评价是肯定的，后几次则从肯定逐渐转向否定。

然后，研究者问所有被试者的同伴有多大程度上喜欢这个被试者。让被试者在从-10到+10的量表上作答案，结果发现，喜欢程度的平均分：第一组的得分是+6.42，第二组为+2.52，第三组为+7.67，第四组为+0.87。

这个实验证明的就是人际交往的增减原则，其大意是：人们最喜欢那些对自己的喜欢、奖励、赞扬不断增加的人或物，最不喜欢对自己的喜欢、奖励、赞扬显得不断减少的人或物。

心理学的研究表明，人们交往首先是出于自我价值保护的目的。从静态的角度看，人们往往喜欢那些也喜欢自己的人，而厌恶那些也厌恶自己的人，这就是人际交往的交互性原则。从动态的角度看，人们最喜欢的是对自己的喜欢水平不断增加的人，而最厌恶的是对自己的喜欢水平不断减少的人，这就是人际吸引力的增减原则。

在现实生活中，我们与人交往的时候，要以"增减原则"为理论依据，逐步增加别人对我们的好感。同时，尽量避免因为我们的表现不当造成对方对我们的印象向不良的方向逆转。

在一幢宿舍楼的后面停放着一部废旧汽车，大院里的孩子们每天晚上放学后都在这里玩。他们攀上车厢，在上面蹦跳打闹，喧哗的吵闹声使住户无法好好休息，在屡禁不止的情况下，一位老人想出一个办法。

这天，他对小孩子们说："小朋友们，今天你们比赛，蹦得最响的奖玩具手枪一把。"小孩子们很高兴，争相蹦跳，优者果然得奖。次日，老人又来到车前，说："今天继续比赛，奖品是两粒奶糖。"小孩们见奖品直线下跌，纷纷不悦，无人卖力蹦跳，声音稀疏而弱小。第三天，老人又对孩子们说："今天奖品是两粒花生米。"小孩们纷纷下汽车："不蹦了，不蹦了，真没有意思。回家看电视去。"

这个案例也说明了人际交往的增减原则。不过，老人在运用这一原则的时候，是从其反面运用的，老人先给孩子们分发玩具枪，孩子们自然很兴奋，但随之，老人的礼物越来越小，孩子们的斗志也就没有了，正是如此，老人的办法奏效了，社区归于安静。

生活中，我们可能会被友谊伤害，这种伤害一般不是来自刚结识的朋

友，而是昔日感情甚好的朋友。

另外，生活中，我们身边总有这样一些人，他们认为每个人对于好话都会受用，认为奉承、赞扬别人的话可以多多益善，于是，逢人便夸："你这身衣服哪儿买的呀？真显档次！""我要是有你这身材就好了"……可能，那些人刚开始能接受并为之感激，但时间一长，他们就会怀疑这些话的真实性，并可能产生厌恶情绪。于是，他们彼此的关系很可能从刚开始的"甜甜蜜蜜"变成后来的指责甚至恶语相加，并可能伤及自尊。其实，这种做法是很不明智的，也违反了人际交往的"增减原则"，这种"先扬后抑"的动态递减模式是最得不偿失的，因为它让人的自尊时时处于愈加严重的威胁之中。心理学中有言：谁让别人的自尊愈受威胁，谁愈成为最不受欢迎的人。尽管你最初的赞扬是发自内心的，然而因为呈现策略的不同，它最终变得一文不值。

因此，我们不妨学会巧妙运用"增减原则"，制造一种动态的、螺旋式上升的"心理曲线"，可使我们在付出同样的劳动下获得更多意想不到的效果：如果你要讨好别人，并准备用礼物的方式，就不妨先把基点拉低，以递增的方式给；当你想赞扬别人，以此获得好感时，可以先说对方一些无伤大雅的小毛病，然后再给予恰如其分的表扬。当然，交际中，这一原则的运用之处还有很多，需要我们发现。

心知肚明，不要拆穿美丽的谎言

对于谎言，往往令人无法接受，因为谎言之所以称为"谎言"，是因为它是虚假的、不真实的、骗人的。做人的基本原则就是诚信，也只有这样，才能获得别人的信任，一个人如果经常谎话连篇，久而久之，他的人格就会受到周围人的怀疑。

为人必须诚实，这是对他人的尊重，也是获得信任的前提条件。社交生活中也是如此，没有人愿意活在他人的欺骗和谎言中，但万事没有绝

第18章 破解心理密码，提升社交能力

对和唯一。针对恶意的谎言，我们绝对要拆穿，但如果对方的谎言是善意的，我们应另当别论，甚至应该为对方守住这美丽的谎言，你会因此得到他人的感激和信任。

其实，生活中，是有这样一句话的：善意的谎言是美丽的。当我们身边的朋友为了他人的幸福和希望适度地撒一些小谎的时候，谎言即变为理解、尊重和宽容，具有神奇的力量，这样的谎言，我们不该拆穿；当我们的老师为了鼓励成绩差的同学而故意撒些小谎的时候，我们也不该拆穿；当我们发现交际圈中有些人有生理缺陷，而故意采取一些遮掩措施时，我们更不该拆穿……

如果我们帮对方守住这小秘密，还会让对方感觉我们的善解人意，会因此感激我们，无疑这是加深彼此感情的有效方式。通常情况下，拥有共同秘密的两个人会因此关系更紧密。

约翰和往常的每个周末一样，去银行取钱，然后去市区买点家用的东西，而同样，他还会给地铁里那个所谓的"艺术家"10美元。

那是一个四十来岁的男人，虽然潦倒，但似乎和其他的乞讨者不一样，他收拾得很干净，也不说任何乞求路人给钱的话，只是身边放着一把吉他，偶尔有路人施舍一点钱。事实上，这个男人从未演奏过。约翰知道，他只不过是为了自尊，他并不会演奏，而约翰从未点破这个男人的谎言，反而对他说："你的这把吉他真漂亮"、"我相信你的演奏能力一定不错"。而且，给他10美元，这已经成了一种习惯。

但这次，当约翰进入地铁里后，那个男人不见了。

在接下来的一个月时间里，约翰再也没见到那个男人。约翰想，他是不是换地方了，还是因为生病不幸去世了？

当约翰在地铁里徘徊着寻找那个熟悉的身影时，一个陌生男人对他说："我们老板找您，这一年来，您一共给了他五百多美元，他很感激您，而您和其他施舍者不一样，您知道他自尊心很强，那把吉他只是个借口，而正是您的鼓励，他才能有勇气重新返回商界。请您跟我来。"

原来，那个乞讨者是因为生意失败而落魄潦倒，但在商业伙伴的帮助下，他很快重振雄风。

其实，约翰看穿了那个乞讨者的谎言，那把吉他只不过是个摆设，事

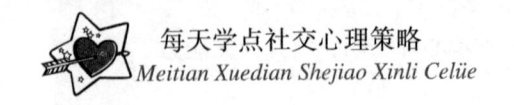

实上，这是一个美丽的谎言，但约翰并没有拆穿他，而是维护了那个男人的自尊，让他有勇气重新来过。

人生在世，谁都有不愿被提及的事可能涉及自尊、面子和亲情等，为此，他们可能会撒谎，将事情的真相掩盖过去，对此，我们要给予理解，但这并不是纵容谎言，而是成全对方，这样更容易得到对方的信任。

总之，我们要记住，如果开诚布公、直截了当是一种错误，你不妨选择谎言；如果真情告白、坦率无忌是一种伤害，你不妨选择谎言；如果谎言能减少对方的痛苦和忧伤，多一点谎言又有何妨？

第19章 通晓心理策略，磨砺社交技能

在现实生活中，我们发现，有些招人喜欢的人总是很有"心计"，他们即使不给你什么恩惠，却也会变着法子叫你对他们感恩戴德。这是因为他们掌握了人的心理，他们有使人信服的资本。其实，人际关系中各种各样的问题都与心理学有着千丝万缕的联系，一旦掌握了相关的心理学原理，许多难题就会迎刃而解。可以说，心理学原理是心理学中最实用、最贴近生活的知识。当你资历不如他人、实力不如他人时，只要你能掌握对方的心理，也能够立于不败之地。

留面子效应：为他人着想，令你事半功倍

我们对"登门槛效应"已经有所了解，与之相对的是，我们还可以运用"留面子效应"达到交际目的。

比如，生活中，我们可能有这样的经历：

我们想找朋友借钱，如果你直接说："能借2000块给我吗，有点急事？"得到的回答很可能是："借钱干什么，我还缺钱呢！"可是，如果你说："老同学，我最近手头很紧，借1000块钱给我救急，行吗？""什么？我哪有那么多，我也正用钱，最多只能借你100块！"这样一来，目的不就达到了吗？

生活中，如果对某个人提出一个很大而又难以接受的要求，接着再向他提出一个小一点的要求，那么，他接受这个小要求的可能性就比直接向他提出小要求而被接受的可能性大得多，这种现象被称为"留面子效应"，也叫"门面"效应。

心理学家认为，"留面子现象"的产生，主要是因为人们在拒绝别人大要求的时候，感到自己没有能够帮助别人，辜负了别人对自己的良好期望，会感到一点内疚。这时，为了在别人心中保持"乐于助人"的良好形象，也达到自己的心理平衡，人们往往更愿意为别人提供帮助。

在一个由巴黎飞往伦敦的航班上，乘客满怀激情地等待着飞机着陆，但就在此时，乘客们忽然听到乘务人员报告："接到机场通知，现在是客流高峰，机场拥挤、腾不出地方，飞机暂时无法降落，着陆时间将推迟一小时。"

乘客们听到这一消息，整个机舱里响起一片抱怨声，有些人害怕飞机是不是出什么事了。尽管如此，乘客们也没有其他任何解决的办法，不得不做好思想准备。时间一秒一秒地过着，谁知几分钟之后，乘务员又向乘客宣布："晚点时间将缩短到半个小时。"听完这个消息，乘客们都如释重负地松了口气，心情顿时好了很多。又过了几分钟，乘客们再次听到飞机上的广播说："最多再过三分钟，本机即可着陆。"这一下，乘客们各个喜出望外。虽然飞机仍是晚点了，但乘客们却反而感到庆幸和满意。

这也是"留面子效应"发生的作用，如果乘务员刚开始就向乘客通知准确的晚点时间，可能乘客们无法接受，在下飞机的那一刻，可能是抱怨声不断。但乘务员先向乘客们通知了一个小时的晚点时间，接着转为半小时，再转为三分钟，人们自然会喜出望外。

因此，在日常生活中，当我们与人交往、求人办事时，不妨利用这一效应，先提出一个令人难以接受的要求，等别人因为没有帮上你的忙而产生歉疚之情时，你再提出自己真正要对方办的、难度低很多的事情。因为人们都爱面子，不愿同时拒绝两件难度相差很多的事情，因此，人们往往会选择答应后者，这样做的成功率比直接提出这一要求高得多。在日常生活中，售货员的标价和侃价就是对这种技术的应用。

在现实生活中，我们运用"留面子效应"的时候，应注意以下几个

方面：

第一，不要利用别人的面子心理，提出一些不合理的要求。

"留面子效应"是一面双刃剑，正确地利用它可以促成好事，让事情事半功倍，但如果我们因为一己之私，利用别人好面子的心理，他日别人察觉出你的不良动机，必会远离你。

第二，注意彼此间关系的亲密度。

"留面子现象"是否会发生作用，关键在于别人和你的亲密度。如果你们彼此间关系亲密或者对方有义务对你提供帮助，那么，你可以利用这一心理达到要求，但如果对方既无责任又无义务，却想让他答应一些有损自己利益的事情，这时候"先大后小"也是没有用的。比如，如果你希望你的朋友能在你生日派对上送你一条项链，你可以先提出让他给你买一条纯金的，然后再提出随便买一条，但如果你对街上的陌生人提出这一要求的话，几乎不可能成功。

第三，不要因为别人的拒绝而损害其面子。

一般人都爱面子怕丢脸，怕得罪人，怕遭人议论，怕日后抬不起头来做人，特别是我们中国人，对于面子问题这件事则更是在意。但我们不能因为别人拒绝了我们的要求，而肆意传播不良信息，或者以此威胁对方，这都是不道德的。

总之，我们要学会正确地运用"留面子效应"，在不伤害感情的情况下，让对方答应我们的请求，这才是最佳方式。

互惠互利原则：
施以恩惠，令对方产生回报心理

中国人素有"投桃报李"的美好传统，有"来而不往非礼也"的交往习俗，正是在相互照应和你来我往中，增进了彼此间的感情，这也是我们这个礼仪之邦的习惯和规矩。实际上，这样的交际心理是有依据的，这就

是人际交往中的"互惠原理",因为人们在接受了别人的恩惠和帮助时,往往就会有种负债感,因此,就会产生回报的心理。

《战国策》中有这样一个故事:齐国人冯谖由于贫困潦倒,几乎没有办法维持生计了。无奈之下,冯谖前去投靠孟尝君。孟尝君问他有什么才能没有,他说没有,但是礼贤下士的孟尝君还是把他收留了下来。

后来,冯谖两次三番地对所受到的待遇感到不满,于是弹剑而歌。孟尝君闻知后,都一一满足了冯谖的要求,让其在心理上也有了满足感和安全感。后来,冯谖自愿去薛地收债,通过巧妙地操纵,让薛地百姓对孟尝君感恩戴德,为孟尝君开辟了一条后路。

冯谖之所以主动请求帮孟尝君收债,为孟尝君开辟后路,就在于报孟尝君的知遇之恩。可以说,在与人打交道这一点上,孟尝君确实有独到之处。

在现实生活中,我们要全力寻求能够帮助别人的机会,让对方产生必须回报的负债感,也就是想要人助你,必先助人。史蒂夫·鲍尔默曾经说过:"责任感,就是成就神话的土壤和条件。"

当你经营人脉的时候,什么才是你最重要的责任呢?答案很简单,那就是主动帮助别人,不断地帮助别人,尽你所能地帮助别人,只有这样,你才会获得别人的信任和好感,你储存的人脉才会越来越广。他日你需要帮助的时候,别人必定会挺身而出,为你效力。

当有意识地这样去做的时候,迟早有一天你会创造出最不可思议的神话,就像下面这则故事中的年轻人:

在一个刮着大风、天气寒冷的夜晚,一对上了年纪的老夫妻走进一家很简陋的小旅馆,他们显得很疲惫,但很不巧的是,这家小旅馆已经客满了。两位老人不知如何是好,叹着气说:"您这里已经是我们寻找的第16家旅馆了,到处都是客满,偏偏又碰上这样的鬼天气,我们该怎么办呢?"老人沮丧地对旅馆服务员说道。

旅馆服务员是一个很善良的年轻人,他不忍心让这对老夫妻继续在大风里寻找可以投宿的旅馆,便建议道:"如果你们不嫌弃的话,今晚就睡我的床铺吧,我在打烊后可以在大厅打地铺。"

老夫妻无奈之下只好接受了年轻人的建议,并很感激年轻人。第二

天，他们提出要付年轻人房费，但年轻人一口拒绝了。临走时，老人笑着对年轻人说："您的才能绝对胜任五星级酒店的总经理。"

"那敢情好！我就可以多赚些钱让我的母亲过上更好的生活了。"年轻人随口附和道，然后很爽朗地大笑一声，他当时并没有多想。

多年后的一天，这个年轻人收到一封从纽约寄来的信，寄信者正是当年睡过他的床铺的那对老夫妻，他们邀请年轻人去纽约，并随信寄来一张去纽约的机票。

年轻人来到纽约之后，那对老夫妻将他领到第五大道，指着那里的一幢摩天大楼对年轻人说："那是一家专门为你而建的五星级宾馆，现在我们正式邀请你来当总经理。"

年轻人的成功是偶然的也是必然的，偶然的是，他遇见了这对改变他命运的一对老夫妻；必然的是，因为他具备乐于助人的品质，他命运的改变就是典型的"贵人相助"，但前提是，他帮助了"贵人"。

一个年轻人因为一次很简单的助人为乐之举，便得到了一个彻底改变平凡命运的机会。这听起来可能有些像天方夜谭的神话，似乎离我们很遥远，但实际上，这是一个真实的故事，故事的主人公就是纽约奥斯多利亚大饭店总经理乔治·波菲特和威廉夫妇。

我们可以得出一个结论：这个世界上最成功的人从来不会一味地向别人索取帮助——与之相反，他们会挖空心思寻求能够帮助别人的机会。很多善于交际的人，都有条交际原则，那就是：帮助落难英雄。

我们在与人交往的过程中，对方的态度和行为是由我们的态度和行为决定的。我们与人为善、乐于助人，别人就像我们的一面镜子，也会同样的对我们友好、和善、帮助我们。不管你是否感觉到，这都是显而易见的，因为"人是感情动物"，当你对他予以帮助后，他内心的感激就会油然而生，并产生回报的愿望。

爱人就会被人爱，恨人就会被人恨，助人就会被人助，了解了以上事实，作为普通人，我们在人际交往中就要谨守互惠原则：你怎样待人，人就将怎样待你。要想得到别人的帮助，就要首先助人，让对方产生必须回报的负债感。

承诺效应：众目睽睽令对方不好推辞

生活中，我们可能还会遇到这样的情景：

有一天，你逛街时看好了一件衣服，想试试再确定是否购买，但是老板告诉你，因为这件衣服是限量版，为了保证衣服的干净，必须先付钱才可以拿下来试，否则就不要试了。你禁不住衣服的诱惑，在犹豫中答应了下来。试过之后，你发现款式和颜色都不合心意，但还是硬着头皮掏了钱。看着莫名其妙买回来的不合意的衣服，你一边埋怨自己冲动许诺，一边又安慰自己，既然买了，就别难受了……

实际上，这是店主的小伎俩，因为我们都想给别人留下言行一致的印象，不管是由于何种原因推翻刚刚做出的承诺，对自己和他人都可能意味着表里不一、言而无信、优柔寡断、缺乏逻辑。这种情况下违背了自己的承诺，我们自身会产生一种负罪感。而同时，我们通常把诚信这一品质与其他一些品质比如自信、坚强等联系在一起，一旦违背承诺，我们自身也会感觉到不快。

的确，人们一般都有信守承诺的特质。人们进行了承诺，就选择了某种立场，在接下来的行动中就有保持一致的压力，因为没有人愿意别人说自己是一个前后不一致的人，这就是"承诺和一致"原理。这条原理最关键的地方就是"承诺"，因为承诺代表了某种立场。在社交活动中，我们可以先让对方选择某种立场，然后利用这一原理使之就范，履行自己的承诺。

门铃响了，一位很贤淑的女主人把门打开，一位"衣冠楚楚"的推销员站在门外。

女主人一看，是一位陌生人，显得有点紧张和惶恐。这时，推销员彬彬有礼地问道："您好！请问你家中有高级的豆浆机吗？"

女主人愣住了，一下不知如何作答。这时，男主人看到推销员的良好态度，还是轻松地回答说："我们家有一个豆浆机，但不是特别高级。"

第19章　通晓心理策略，磨砺社交技能

推销员微微一笑，说道："我这里有一款很高级的豆浆机，您可以试用一下。"

说完，他从袋里掏出一个豆浆机，双手递给了女主人。女主人被他的幽默打动，愉快地买下了他所推销的产品。

实际上，推销员利用的就是"承诺和一致"原理，假如这个推销员一开口就说："我是搞推销的，请问你们是否需要购买豆浆机呢？"则结果一般是引起客户的反感情绪，严重的还会遭遇恶语相加。

由此，我们可以得出启示，在交际中，如果我们需要对方做出某种决定时，最好先让他做出肯定的承诺，并迫使他履行自己的诺言；而同样，我们面对别人提出的看起来微不足道的请求，也不能轻易许下诺言，一旦答应对方较小的请求后，就会不知不觉地答应更大的请求，做出有悖于自己意愿的决定。

我们利用这一原理，迫使他人履行自己承诺的时候，关键在于承诺。要使对方承诺一般有几个比较重要的条件：

第一，尽量让对方公开承诺。

很简单，公开承诺，见证的人多，来自外界的压力也就大，对方反悔的可能性就小。同时，写成书面的承诺要比不公开或者口头的承诺产生的一致性压力更大，这一点很好理解，书面承诺有白纸黑字作证据，不容易反悔。

第二，让对方主动承诺。

自主的承诺更带有履行的可能性，因为通常情况下，人们自主承诺都是有自我意愿的，即使日后我们提醒其履行也更容易成功。因此，在我们想要得到一个承诺的时候，要尽量引导其自己做出，不能让对方以为是经受了某种威胁或者诱惑才做出的，只有这样对方才会愿意对自己的承诺负更多的责任。

第三，让对方做出需要付出很多努力的承诺。

一般而言，人们都会对那些来之不易的人和事倍加珍惜。比如，男女谈恋爱，男孩都会几经女孩的考验，大概也是这个道理。另外，某些公司经过千挑万选、层层选拔，挑选到了合适的人选，也是为了增强员工的忠实度。

所以，在社交生活中，如果我们能让交际对方做出公开的、付出努力的、自主的承诺，"承诺和一致原理"就会帮我们解决后面的问题，我们的交际目的也就能顺其自然地实现了。

平衡原则：恰当给予他人好处，达到最终目的

生活中，我们都有这样的感触：如果我们不懂得付出，从不给别人好处，便很难赢得人心，因为没有人愿意与那些自私自利的人交往。因此，实际上，每个人都会有"给人好处"的经验，而也唯有给人好处，才能从别人身上也得到一些"好处"。如果从不给人好处，那么这个人不会有太大的成就。

但实际上，给人好处也是讲究一定原则的，即交际中人们常说的"得失平衡原则"。别以为"给"这个动作很容易，给得不恰当，不但对方不感激你，甚至还会怨你。你白白损失"好处"，又招人怨，天底下再也没有什么事比这更冤的了。

通常情况下，人们都有这种心理："天上不会掉馅饼"、"天下没有免费的午餐"，这就是得失不平衡的心理。我们给其好处，反倒会引起他的怀疑，认为我们另有所图，所以，我们给人的好处要恰到好处，这样，对方才会心安理得地接受。

有一天，王太太在家做饭。这时候，突然有人敲门，王太太心想，这还不是丈夫回来的时间，会是谁呢？

王太太打开门，发现是一个衣裳褴褛的年轻人。年轻人并没有什么身体缺陷，只是对王太太说："您行行好，我已经好几天没吃饭了。"王太太看着他那样子，不忍心将其拒于门外，可是，如果就这样施舍给他，会让其继续潦倒落魄、不思进取，不知道劳动的重要性。于是，王太太想出了一个计策：她让年轻人将家里的一些废弃物搬到楼下院子里，年轻人一看，阳台上的废弃物真不少，可是，为了能吃口热饭，他只好答应王太太

第19章　通晓心理策略，磨砺社交技能

的要求。

一个小时过去了，年轻人终于干完了，这时候，王太太给他端来了热腾腾的饭菜。年轻人饱餐一顿，谢了谢王太太，离开了。

多年以后，王太太照旧在家做饭，门铃响了，王太太将门打开，一个西装革履的中年人士站在她面前，王太太看着有几分眼熟。

"我很感激你，经过那次，我发现，只要靠自己的双手努力，总会成功的，我创业的这些年，每当想起您，我就倍增勇气。"

看着曾经潦倒的年轻人如今已经事业成功，王太太欣慰地笑了，当初的那个决定真是没做错。

王太太的决策的确是英明的。她在施舍年轻人的时候，并没有和其他人一样直接施舍年轻人，而是让年轻人用劳动来交换，这样，也让年轻人认识到应该努力靠自己的双手劳动，而不是坐等别人的施舍。可以说，她的一个小小的策略挽救了一个可能失足的年轻人，造就了一个成功人士。

因此，我们与人交往也要把握好得失平衡原则，即使给他人好处也要恰到好处，那么，怎样才是恰到好处呢？

第一，不轻给。

所谓"不轻给"就是"不轻易给对方"好处，要让其在接受我们所给的"好处"的时候，付出一些努力，吃些苦头，花一些心力，让他付出之后才"得到"，这样子他才会珍惜这"得来不易"的好处。

相反，如果我们很慷慨，认为反正我们有好处，为什么不给别人，或者想以好处来讨别人的欢喜，那么，他不但不会珍惜这些好处，对你也不会有任何感激之心，反而还会嫌少、嫌不够好，甚至一再向你索要好处。

当你有一次"轻给"以后，以后如果不给或者给的没有前次的好、不如前次的多，对方便要怪你、恨你，比你不给他好处的时候还要怨得深、恨得厉害。不过，不轻给也要拿捏分寸，如果你是故意不给或者明摆着要在折磨他之后才给他，那么你也有可能要招怨。

对此，我们可以设置一些障碍，就和故事中的王太太一样，你要向对方表明你的好处其实不像他想象得那么多、那么好，要给他也有身不由己的困难或者是还要同他人研究等。决定给他好处了，你也要让他知道，你是如何费尽九牛二虎之力才促成了这件事情。

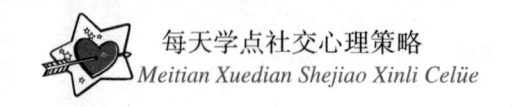

这样子,对方接受了你的好处,心里多少会有压力,对你的感谢自然不在话下,而且也不会动不动就来向你开口,这样你给人好处给得才有价值、有意义。

第二,不滥给。

"不滥给"顾名思义就是"不乱给",该给多少都要有准则,否则会出现和"轻给"一模一样的后遗症,而且会造成是非不明的结果。

第三,不吝给。

"不吝给"是指该给的时候要给,并且要慷慨、大方地给,不能给得少。很多时候,如果你给得少或者不愿意给,不仅不会起到给好处的效果,甚至还可能会招来怨恨!

可见,"好处"能不能给得"恰当好处"是影响重大的,我们要拿捏好分寸。

改宗效应:不附和,与众不同让你更具魅力

俗话说:"良药苦口利于病,忠言逆耳利于行。"的确,人们都爱听好话,不愿与那些反对我们的人为伍,可有一种情况,当众人附和我们的时候,突然有个人提出与众不同的意见,和大家唱起了反调,可能我们会更重视这反对意见。因为,人们往往有这样的心态,总是喜欢历尽艰辛的征战,却鄙视不战而胜的果实,会认为那些反对意见更真诚、更发自内心,"改宗效应"说的是,在一个问题对某人来说十分重要的时候,如果他能使一个"反对者"改变意见而和自己的观点一致,他宁愿要那个"反对者",而不要一个"同意者"。简而言之,人们喜爱改变观点者甚于喜爱一向忠实于自己观点的人。

"改宗效应"使我们明白:某些没有是非观念的"好好先生"之所以被人瞧不起,是因为他们给人一种没有能力的感觉;而不少敢于直言是非、勇于开展批评的人,最终之所以能受到人们的喜爱,乃是因为他们给

人一种富有才能的感染力。

"以铜为镜，可以正衣冠；以古为镜，可以知兴替；以人为镜，可以知得失。"这句话，我们早已经耳熟能详，这也堪称对魏征人生价值的最佳诠释。

有一次，唐太宗去洛阳，路上住在显仁宫。大队人马安顿下来，侍女奉茶，太宗一看茶盘、茶杯都是几年前来这儿用过的旧银器，心中很是不快，命人把总管叫来，狠狠地训斥了一通。总管心想：贞观初年，皇上您自己俭省得很，怎么如今嫌这嫌那的呢？心里不服气，嘴上却只能认错，赶忙命御厨将皇上的晚餐多加了几样海鲜。晚上，太宗来到餐桌前，瞥了一眼，又大为不悦："怎么搞的，海味不见新奇，山珍又少得可怜，总管哪里去了？"说罢拂袖而去。

第二天，魏征知道了事情的来龙去脉，便来到太宗的内宫。叙过君臣之礼后，魏征转入正题："陛下，臣闻皇上为总管侍奉不周而发脾气，臣以为这是个不好的苗头。"

唐太宗不解："我大唐国家殷实，多花几个小钱有什么了不起？再说，我可是一国之君啊！"

魏征深感唐太宗"当局者迷"，便决计为他指点"迷津"："陛下，正因为您是一国之君，所以您一开头，马上上行下效，整个社会就要形成一种奢靡的风气，那就糟了。"

"爱卿，请不要把话说得这么严重。国君就我一人，其他人谁敢向我看齐？"

魏征越发感到问题的严重性，他说"陛下，当年隋炀帝巡游，每到一地，就因地方上不献食物或贡物不精而动辄责罚。如此无限制地追求享受，结果使老百姓负担不起，导致人心思变，江山丢失。皇上怎么能效法隋炀帝呢？"

这一招真灵，唐太宗果然大为震惊："难道我是在效法隋炀帝吗？"

"是的，陛下！像显仁宫这样的供应，如果知足的话，您会很感满足的。但如果隋炀帝来，即使供应再丰盛精美一万倍，也难填他的欲壑。"

唐太宗听了既震惊又感动："爱卿，除了你，其他人是讲不出这种话

的啊！"

从某种程度来说，魏征的话起作用也是"改宗效应"起了作用。太宗在洛阳时，对条件不满，众人也不敢多说，只能听从，但魏征却不同，他刚直敢言、勇于谏诤、检点太宗的过失。

其实，生活中，"改宗效应"随处可见，比如，很多长相可人的女孩子追随者无数，可偏偏只有那些故意和她作对的男生才入得了她的法眼，并且，她们还会处心积虑地要征服这个男生。事过之后，却发现自己未见得有多喜欢这个男生，只是他的忽视引起了自己的好胜心而已。估计很多恋爱中的男人都使用过这样的伎俩，当自己站在追随者的阵营无法攻破对方堡垒的时候，开始从另外一个角度，让自己进入刁难者的阵营，当这个阵营人员比较稀缺的时候，反而容易胜出。

因此，现实生活中，我们在与人交往的时候，不要总是当"好好先生"，不妨站在"毒舌"的行列，对对方说"不"，你会发现，你会越来越"招人待见"，你的意见也会越来越有价值。

让对方占小利，才能获得更大利益

现代社会中，人际关系越来越重要。但是，光靠广泛的交际得来的"泛泛之交"无法建立良好的人际关系。你必须还要学会一些攻心术，用心了解你的交往对象，了解他的需求。在情况允许下，不妨满足他，因为人们都有一种"占小利"的感觉，我们先给对方这种感觉，在彼此关系更紧密的情况下，我们可以再赚取大利，这就是舍小本求大利。

生活中，人们利用这一心理的现象随处可见，比如，我们经常看到商场和超市在货物滞销的时候，采取降价、打折这些促销活动，也是利用了人们喜欢占小利的心理。这些促销活动对于顾客的影响一般是，平时舍不得买的、嫌贵的、家里不需要的、甚至是质量有些小问题的，都被他们买回去了，但同时，商家虽然表面上看吃了亏，但实际上则赚了大利。另

外，我们求人办事的时候，都不会空手登门，因为当我们"两袖清风"地拜访时，对方虽然不直接逐客，但明显心有不悦，甚至会找各种理由谢绝；而假如我们略带薄礼的话，"吃人嘴软，拿人手短"，无奈之下所求之事也就水到渠成了。

当然，这种让人占利的方式是给别人物质上的好处，但现代社会，随着人们物质文化生活水平的提高，人们在自身需求上有了提高，也就出现了另外一种情况，就是满足别人的心理需求有时候比"物质便宜"更有效。

袁世凯一直都有皇帝梦，在窃取中华民国临时大总统权力后，他的这种想法更是与日俱增。

一天，袁世凯正在午睡，一位侍婢按时端来参汤，准备供袁世凯醒后进补。谁知这位侍婢进门时不慎，将手中珍贵的羊脂玉碗打翻在地，化为碎片。玉碗的破碎声惊醒了袁世凯，他一见自己心爱的羊脂玉碗被打碎，气得脸色发紫，大声吼道："今天俺非要了你的贱命不可！"

在这生死存亡的时刻，婢女连忙跪着哭诉："这不是小人之过，婢女有下情不敢上达。"

袁世凯大骂道："快说快说，看你死到临头，还编什么鬼话！"

侍婢哭着回答："小人端参汤进来，看见床上躺的不是大总统。"

"混账东西，"袁世凯更加怒不可遏，"床上不是俺，能是啥？"

"小人不敢说，怕人哪！"婢女哭声更大了。

袁世凯气得陡然立起，咬牙切齿地说："你再不说，瞧俺不杀了你！"

"我说，我说。床上，床上……床上躺着一条五爪大金龙！婢女一见，吓得跌倒在地……"

袁世凯一听，心中不由一阵狂喜，以为自己是真龙转世，真是要登上梦寐以求的皇帝宝座了。袁世凯怒气全消，情不自禁地拿出厚厚的一沓钞票为婢女压惊。

婢女很聪明，情急之下，得一妙招，不仅转危为安，还得了一笔赏金。婢女能急中生智，主要还是因为她终日侍奉袁世凯，对他梦想当皇帝的心理体察入微。婢女"撒的谎"正好"印证"了袁世凯的美梦——真龙转世，满足了他的心理需求，使袁世凯化盛怒为狂喜。

让他人"占便宜"并不是"无章可循",主要还得迎合他人的需求,否则,我们就做了无用功。每个人都有不同的需求,而当我们适时地满足他的一点需求,就能赢得他的好感,但同时,我们还可以注意一些技巧。

有一位员工在单位是个"老好人",处处总是让着别人,即使别人欺负了他,他也从来不抱怨,相反,他总是提及别人的好处。其中,刘经理一直看不惯他,但一次无心的几句话。彻底改变了对他的看法。

有一次,他在与同事们闲谈时,随意说了上司几句好话:"刘经理这人真不错,处事比较公正,对我的帮助很大,能够为这样的人做事,真是一种幸运。"这几句话很快就传到了刘经理的耳朵里。刘经理心里不由得有些欣慰和感激。那位员工的形象也在刘经理心里上升了。就连那些"传播者"在传达时,也忍不住对那位员工夸赞一番:这个人心胸开阔,人格高尚,难得。

这位员工之所以得到周围人的赞赏,就是因为他能让别人"占小利",不计较,同时,他懂得在背后赞扬别人。喜欢听好话似乎是人的一种天性,而背后说别人的好话,远比当面恭维别人的效果好得多。我们在背后说他人的好话是很容易传到对方耳朵里去的。我们可以在对方不在场时,大力地"吹捧一番",而这些好话,总有一天会传到他耳中的。

总之,我们在与人交往的时候,一定要给对方一种在心理上"占小利"的感觉,无论是从物质上还是精神上。正如西方哲学家马斯洛说,人的需要由低级向高级分为五个层次,排列为:生理的需要,安全的需要,从属和爱的需要,尊重的需要,自我实现的需要。将这些需要应用于人际交往,要求你善于体察人心,了解对方最迫切的需求,有的放矢,并采用适当的方式予以激发和满足。先给对方便宜,你才能占到大便宜。

第20章 掌握社交规则，交际更加顺畅

社交生活中，我们并不能"随心所欲"、"为所欲为"。社交是有其一定的规则的，掌握社交礼节是给人留下良好印象的前提。对方愈是声明不必拘泥礼节的时候，你愈是要遵守礼节，因为这是对方试探你的方法；与人交往，不可太过于表现自己，要想让他人喜欢你，你就要不露痕迹地让他胜过你；也许你很优秀，但有时不妨暴露自己的一些小缺点，你会因此而变得可爱很多，也会让他人更亲近……当我们掌握了这些社交规则的时候，与人交往就会轻松、顺利很多。

展现低姿态，满足他人求胜心理

"物竞天择，适者生存"，这是整个大自然物种生存的自然规律，人也是这样。人或多或少都具有好胜心，正如俗话所说的那样"佛争一柱香，人争一口气"。人只有在竞争中，才能凸显自己的能力与价值，即便是我们平时见到的最不争强好胜的人，在他的心里也会有一种要强的思想存在，只不过没有在外面表现出来而已。可以说，在这个世界上，没有好胜心的人是不存在的。

因此，在交际中，如何利用别人的好胜心是一个值得注意的问题。如果想让他人喜欢你，你就要满足他的好胜心理，让他胜过你。

在秘鲁国家动物园里，生活着一头濒临灭绝的动物——美洲虎。

为了保护这只虎，秘鲁人从大自然里单独圈出一块地来，让它自由地生存。一千五百英亩的草地上，有成群的牛、羊、鹿、兔供老虎享用。然而，奇怪的是，老虎却不去捕食这些动物，而是吃人工投喂的食物。这种状况不利于美洲虎的野化，人们伤透了脑筋。

后来，有人提了一个建议，把三只美洲豹投进了虎园。美洲虎有了对手，精神大振，在山岭上巡视自己的领地，不再吃管理员送来的肉。很快，他就开始自己捕食动物，野化成功！

动物园的人利用了老虎的争强好胜之心，从而激发了老虎的生存斗志和活力。事实上，不仅动物有这种争强好胜的心理，作为有强烈自我意识的人同样有竞争心，并有过之而无不及。

不服输是人类的天性，也是人的致命弱点。在生活中，服输要比不服输更需要勇气，能服输时则服输，其实是一种生活的大智慧。在我们每个人的心里，谁都有不服输的心理，这种好胜的心理可以促使我们上进，但是，过度的好胜在不该好胜的地方使用，就会给我们带来害处。

在交际活动中，我们可以利用这种心理，满足对方不服输的心理，让对方胜过我们，以此让对方拥有一种自我能力和价值实现的心理满足感，对方会因此喜欢我们，我们也可以达到自己的目标。

《三国演义》中，有一个叫于吉的人，他最爱和孙策斗气。

有一天，孙策宴请袁绍派来的使者陈震。正吃饭间，忽然陪客的将军宰相们纷纷下楼，原来楼下于吉路过，大家齐去朝拜。孙策很生气，将于吉以妖言惑众罪抓到监狱里，但狱卒对于吉好吃好喝地招待，于吉在监狱过得比家里还舒服。孙策大怒，当时就要杀掉于吉。

大臣们纷纷求情，吕范出了个主意，说："于吉能呼风唤雨，现在天旱，不如让他祈雨，如果不灵验，再杀不迟。"孙策下令于吉求雨。于吉沐浴更衣，把自己绑在烈日下，到午时果然阴云密布，忽然间就大雨滂沱，足足下了三尺，于吉大喝一声，云散雨收。

孙策的脸上露出了笑容，从楼上走下去，准备亲自解开于吉的绑缚，但孙策刚一下楼，居然发现众官和百姓居然不顾衣湿，在水里向于吉下拜。孙策大怒，下令杀掉于吉。

孙策为什么要杀于吉？很简单，因为于吉在众人面前出尽了风头，孙策在众人心中的形象就相对降低很多，孙策心中自然不快。因此，我们不要和别人争风头，否则，也会成为他人嫉恨的对象。

人人都希望自己比别人强，所以，在交际中，我们不要在人家面前出风头，特别是不能表现得比那些社会地位比自己高的人或者我们需要请求帮助的人强，否则就会惹来麻烦。

知礼懂礼，令他人感受你的高修养

说话文明、举止文雅，是中华民族的传统美德，人们也往往喜欢和那些知礼节的人交往，因为通常情况下，知书达理这一品质是和一个人的修养成正比的。一个人如果能够出口成章、举止不温不火、语重心长又能催人奋发，就不仅展示了他深厚的文化功底，更体现了他高尚的品德素养。一句温暖的话语、一个体贴的眼神，看似微不足道，实则意义深远。因此，中国几千年的文化可以说是伴随着"礼"的文化进行的。

事实上，随着时代的进步，现实生活中，当我们拜访别人的时候，为了让我们能更自在一点，对方通常说："你随意，就当自己家，别拘泥于礼节。"但你千万别因为这句话而变得松懈，真的"拿自己不当外人"，因为这是对方礼节性的一句话，你若真的不遵守礼节，对方当时可能不说什么，但心里对你的印象会大打折扣。

因此，对方愈是声明不必拘泥礼节的时候，你愈要遵守礼节，这是一种社交规则。掌握这一规则，我们才能顺利地达到社交目的。

小芳谈恋爱三个月了，这段时间以来，她和男朋友小朱相处得不错，两人商量后，小芳选了个合适的日子，准备把男朋友带回家。回家之前，小芳对男朋友说："我爸妈很注重教养，你举止言谈注意点，别让他们挑出什么刺儿来。"这男孩一听，心理有点慌，第一次见未来的岳父岳母，很希望能给二老留下好印象。

进门以后，小朱换了拖鞋，在小芳父母的允许下，他坐在了沙发上，看着小朱很拘谨，小芳妈妈说："你呀，怎么这么拘谨呢，就当自己家，在自己家要是这么拘谨的话，多不自在啊。"说完，抓了一把瓜子给小朱。小朱一看，伯母人很好啊，并不像小芳说的那样，于是，就放开了胆子和未来岳父岳母聊起来，说着说着，竟然翘起了二郎腿，瓜子壳四溅，全然不顾自己的形象。小芳母亲做好饭后，他还意犹未尽，大侃自己的理想，事实上，小芳已经对他使过眼色了，可他完全没看见，而二老的脸也变了。

后来，送走小朱后，小芳父母转变了对女儿婚姻大事的态度，一定要让她终止这次恋爱。

俗话说："丈母娘看女婿，越看越顺眼。"恐怕这个场面很多人都经历过，初次见面，女友的家人都对自己客气有加，并显示出足够的热情，并告知你"都是自家人，别拘泥于礼节"，于是，刚开始的紧张和谨慎言行顿时烟消云散，但若真的"拿别人家当自己家"，最终留给别人的是不知礼节、毫无教养的印象。

卡耐基曾经总结过这样一句话："人类行为有一条重要的原则，如果遵循它，它就会为你带来快乐；如果违背它，你就会陷入无止境的挫折中。这条法则就是让对方认为自己是个重要的人物。"

的确，在社交生活中，我们始终遵守社交礼节足以证明我们的修养和素质，在对方心目中的印象也会一直很好，并且，如果在对方已经强调不必恪守礼节的情况下，你仍能以礼相待，那么，你给对方的好印象有增无减。但相反，如果你不知道对方的这一句话是社交规则，是为了测试你对礼节的熟识度和忠诚度，那么，你可能就会在这场社交中被踢出局，社交目的更无从谈起。只有经受住这一考验的人，才能真正成为对方心中的"重要人物"，并乐意与你交往。

因此，在社交生活中，无论与什么人交往，多留个心眼，多熟悉点社交规则，你会少走很多弯路。

避开交流禁忌区，把握好自己的口风

人与人交往，都离不开言语交谈，这是最重要也是最普遍的沟通方式。因此，学会说话是成功社交的基础功课，懂得一些交谈禁忌更是我们要学习的社交规则之一。

交谈已逐渐成为一门艺术，被众多的人推崇。"说对话"是我们搞好与对方关系的关键，这要求我们要学会恰到好处地运用语言技巧，准确、巧妙地表达自己的意思，说对方需要听、喜欢听的话，而不是说对方避讳的话。当然，这需要我们在与人交谈的时候懂得机智、灵活，要能察言观色，注意如何"说对话"。

交际中，不慎言谈并不会引起如此恶劣的结果，但会损害人际关系、疏远人际间的距离。除此之外，在交际中，我们还该注意哪些交谈禁忌呢？

第一，忌先入为主。

人们都希望自己的想法能被倾听，也都有倾诉的欲望。学会听是说的前提，但如果在你同别人进行谈话之前或谈话之初就已对别人所谈的话题有了先入为主的看法甚至是偏见，那么，你就无法真正地去听对方讲话，即使你出于某种原因听对方说话，也无法听到心里去。

第二，忌质问对方。

这样的人一般都不会有很好的人际关系，因为没有人喜欢自己总是被质问。用质问式的语气来谈话是最易伤感情的。生活中，很多夫妻不和、朋友间矛盾的产生、同事交恶都是因为"质问"引起的，因为质问首先就把对方摆在了与自己对立的位置上，无论后来怎么挽救，他们也总是给人留下心胸狭窄、吹毛求疵、好胜自大的印象。这种品质在社交中是最大的弊病。

第三，忌争强好胜。

爱争强好胜的人生活中不少，但这种人一般都会以失去朋友为代价，

因为即使对方表面屈服，不再与你争辩，他心里也会不平甚至怨恨。

第四，忌胡乱插嘴。

交谈中，我们都需要交流意见，因此，适当的插话有助于谈话的进一步深入。但随随便便的胡乱插话则会适得其反，让别人厌恶你。通常情况下，人们交流、表达自己意见和内心情感的时候，都是按照自己的思维顺序来进行的，如果我们随意插话，就会引起对方的不悦，同时，也不能正确理解对方要表达的意思。

第五，忌默不作声。

交谈中，倾听是很重要的部分，这有助于听到和理解他人说话的内容，但这并不代表我们应该默不作声。对方在高谈阔论时，你却自始至终一言不发，这是对对方的一种不尊重，同时，对方也会以为你根本没有在听，因为真正的交流是说与听兼有的，及时地反馈你的意见也是你对对方的话题感兴趣的表现。因此，在谈话中，你对对方的话题应表现出极大的兴趣，用你的表情、动作、语言、态度向对方传达"我非常乐意听你说话，我非常愿意同你交流"的信息。

第六，忌不看场合。

人际交往中，我们必须要学会见什么人说什么话、到什么地方说什么话，这是最简单的社交规则。

在社交场合中，如果说话内容与环境气氛不协调，不仅会使大家扫兴，还会影响你的人际关系。比如，在葬礼仪式中，说话不宜过多，不能开玩笑，说话应沉重以表达自己的哀痛之情；相反，在婚宴上，要尽量表现自己的喜悦之情，以与整个婚宴的氛围相容，谈话忌讳使用"断"、"散"、"离"等字；参加长辈生日聚会时，说话不要强调年纪，少论及生死问题，以免使老人家心生伤感。

第七，忌胡乱传言。

那些喜欢搬弄是非、传播流言蜚语的人表面上看会引起交谈对方的兴趣，但最终会招致"众叛亲离"的后果，因为没有谁愿意与一个"大喇叭"交往，以免自己的隐私被四处传播。

因此，交谈中，我们不要随便传别人的坏话，或揭发别人的隐私。这样不仅有碍别人的声望，且足以表示你为人的卑鄙。

第八，忌快言快语。

交谈是双方或多方的事，如果你不管听众、不顾场境，只是一大套一大套地把自己想好的话讲出来，那你就不能算是一个好的谈话者。

第九，忌自吹自擂。

自吹自擂者自视甚高，轻视一切，不大理会别人的意见，只会吹牛。自吹自擂其实是自己丢脸而已。因此，与其自夸不如表示谦逊。你应该明白，个人的行为在旁人看来是清清楚楚的。

总之，我们在与人交往的时候，要注意交谈规则，规避交谈禁忌，注意用恰当的方式把说的话说好，使语言沟通成为人际关系的"润滑剂"。

揭开对方的伪装，巧妙地深入别人的内心

生活中，我们与人交际的时候，尤其是与人初次交谈的时候，彼此的戒备心都会比较重，都是"戴着面具"交往的，这种交往方式一般只停留在表面，有碍于双方感情的增进，因此，我们首先要做的是卸除对方的面具，打消对方的顾虑，要让对方觉得你是一个诚实且友好的人。

俗话说，"害人之心不可有，防人之心不可无""小心驶得万年船"，的确，生活中，有些人的社交目的太过功利化，因此，人们在与之交往的时候不得不"戴着面具"，这也给我们的社交生活带来难度。我们要想走近对方，就必须卸除对方的面具。

那么，我们该怎样做呢？

第一，主动沟通，表现良好社交品质，随时让人感觉友好和亲切。

在一些初次见面或只见过几面的陌生人之间，如何拉近彼此间的距离是社交生活中的常见问题。要做到这一点，就必须尽快地表现出你的友好和随和，让对方乐于接受你。

日本著名企业家小池出身贫寒，20岁时在一家机器公司当推销员。有一段时期，他的工作非常顺利，在半个月内就与33位客户做成了生意。

后来，小池偶然间发现，自己推销的机器比别家公司出售的同样性能的机器要贵一些。他为此感到不安，认为如果客户知道了，一定会以为他欺骗了他们，并会因此对他的信用产生怀疑。想到这里，小池立即带着合约和订单，用了整整3天时间，逐一拜访那些客户，如实地向客户说明情况，并请客户重新考虑和选择。

小池的这种做法让客户都深受感动。结果，那33个人没有一人提出解除合约，反而成为小池长期的合作伙伴。

后来，取得事业成功的小池这样说道："做人和做生意一样，第一秘诀就是诚信。诚信就像树木的根，如果没有根，那么树木也就没有生命了。"

小池能感动客户是因为他拥有诚信这一品质。如果当初他在知道自己所推销的机器比其他厂家贵时而没有和客户主动沟通，恐怕不仅会让客户心生怀疑，甚至还会失去这些长期的合作伙伴。

人际交往同样如此，与人交谈主动寻找话题，可以消除你与他人之间的陌生感。能不能找到话题从而主动地搭上话比会不会讲话更重要，它能让人感觉到你的主动、大方和友好。对方或许会因你一句简单的问候而备感亲切，由此加深了彼此之间的亲密程度。

生活中，有些人总是担心自己不善言辞，生怕因此招来冷落或者别人的嘲笑，于是，他们一般选择沉默，但其实这种担心完全没有必要，一个人的社交态度才是最重要的，即使你不善言辞，但你热情的态度同样会打动对方。

第二，努力营造一种轻松愉快的气氛。

我们在与陌生人交往的时候，首先要做的就是使对方放松，我们要从自我做起，谈话要直率而坦然，使对方不感到拘谨。尤其是对那些比较害羞、很不习惯于同陌生人谈话的人，我们的语言要更随和。另外，我们要多听少说，多给对方表达的机会，你的眼神要随时表现出你对他的理解、信任和鼓励，而不是怀疑、挑剔和苛求。一道严厉的目光会使对方把只说了一半的话吞回去。

第三，寻找共同话题。

寻找并强调双方的共同点会增加彼此间的亲切感。同时，当双方对同

一话题感兴趣时,也更容易产生进一步交往的愿望。

第四,重视对方的谈话,显出你的关心。

每个人都期望得到别人的了解和关心,这是人的最基本心态。当我们向对方表示关心的时候,并不需要过分表现出来,因为通常这个时候隐匿的关心更有效果,比如,我们可以重复别人说过的话:"以前,你曾说过……"特别是当你说出了对方的兴趣或爱好之时,对方会因你对他的重视而感到欣喜,马上打消对你的戒备,由此增进彼此的感情。日本政治家河野一郎就非常善于使用这个技巧。

1959年,河野一郎欧美旅行时,在纽约与多年不见的好友米仓近不期而遇。双方互道近况,知道彼此都已成家,并留下了国内的住址和电话。当晚一回到旅店,河野一郎便打国际长途电话给米仓近太太:"我是米仓近的老朋友,我叫河野一郎,我们在纽约碰面了,他一切都很好。"米仓近太太为此感动了很久,两家的关系很快就亲近起来。

当然,关心别人、拉近与人关系的方法还有很多,这都需要我们予以发现。

第五,坚持一些人际交往的原则,这是与人深层交往的必备条件。

1. 尊重原则。尊重包括自尊和尊重他人。自尊就是在各种场合自重自爱,维护自己的人格尊严,不轻浮,不骄傲,不自卑,不谄媚。尊重他人就是尊重他人的人格、情感、爱好、习惯及隐私等。

2. 宽容原则。宽容指对他人的思想、观念、举止和行为的容忍态度,在坚持原则的前提下,以友善的态度待人。

3. 真诚原则。真诚包含两层意义:真即真实,言行一致,不虚伪;诚即诚恳,始终善意待人。

当我们有与对方交往的愿望时,就要主动交往,并表达你的真诚和友好,让对方真正地感受到你的关心,与此同时,不要忽视共同话题的作用,这样,挡在我们彼此间的那个"面具"很快就会自动卸去!

别揭他人伤疤,保护好对方的脆弱之处

人生在世,都有各自不同的成长经历,都有自己的缺陷、弱点,也许是生理上的,也许是心理上的,比如那些隐藏在内心深处不堪回首的经历,这些都是他们不愿提及的"伤疤",是他们在社交场合极力隐藏和回避的问题。一旦这些伤疤被揭开,对任何人来说,都是一种痛。尤其是他人身上的缺陷,千万不能用侮辱性的言语加以攻击。有句话说得好:"中国人可以吃闷亏,也可以吃明亏,但就是不能吃'没有面子'的亏。"无论是什么人,只要你触及了这块伤疤,他都会采取一定的方法进行反击。他们都想获求一种心理上的平衡。

我们来看下面一个真实的故事:

某公司的一个部门里有两位职员,工作能力不相上下,互为竞争对手,谁会先升任科长是部门内十分关心的话题。但这两个人竞争意识过于强烈,凡事都要对着干。到人事变动的时候,他们的矛盾已激化到了不可收拾的地步,好几次互相指责,揭对方的短。科长及同事们怎么劝也无济于事。结果,两人都没有被提升,科长的职位被部门其他的同事获得了。因为他们在争执中互相揭短,在众人面前暴露了各自的缺点,让领导认为两人都不够资格提升。

事实上,聪明人是不会揭人短的,这样只会挑起争端。《菜根谭》中有句话:"不揭他人之短,不探他人之秘,不思他人之旧过,则可以此养德疏害。"只要我们心存善念,顾及他人感受,打人不打脸,骂人不揭短,对方必会感受到你的善意。

每个人都在寻求被尊重的感觉,他判断别人对他好与不好的底线之一就是别人尊重他与否。社交生活中就有这样的规则:打人不打脸,骂人不揭短。你为对方守住了"秘密"和"伤疤",他会有种被尊重的感觉,自然也会尊重你。

面子是名,利益是实。名与实在大多数情况下是统一的。故此,一个

人如果感觉到你给他"面子",看得起他,就会想到你是他的朋友,与他是站在同一战线的,你将可以与他组成利益共同体。面子虽然是表面上的东西,其实与后面的利益直接联系在一起。

生活中,当下属或者晚辈犯了错,我们也要根据对方的接受能力选择正确的批评方式,对那些脸皮比较"厚"的人,语气可以适度加重些,如此才能使他们意识到所犯错误的严重性。而对那些自尊心较强和敏感的人,你要尽量小心说话,对他们所犯的错误点到即止,因为我们话说重了,就会让对方的自尊心受到伤害,从而让对方远离你。

譬如,你看到下属犯了一个错误,也许并不那么在意,但是心里一烦,就随口骂了一句:"笨猪!"结果会是什么呢?坚强一点的下属也许不作声,只在心里默默地回骂你,懦弱一点的下属也许就含着泪水离去。

为什么简简单单的两个字会造成这样的后果?原因非常简单,因为你伤害了别人的自尊心。

刘宽是东汉时的一位丞相,以宽厚待人闻名于世,他从不对人发脾气。

有一次,他的夫人想惹他发脾气,就在他穿好朝衣准备上朝时,特意让侍女端来一碗鸡汤给他喝,侍女在他面前故意失手,鸡汤洒在了他的朝服上。侍女赶紧揩擦,然后低头站在一边准备挨骂。刘宽不仅不生气,反而关心地问:"你的手烫伤没有?"侍女很感动,夫人对他的涵养也十分佩服。刘宽温和的性情、宽宏的气度,受到了人们的尊敬。

刘宽之所以受人尊敬,就是因为他性情温和,从不对人发脾气,为人保留尊严。言论自由的现代社会,除了不希望自尊受到别人的威胁外,人们一样也有忌讳心理,有自己与人交往所不能提及的"禁区"。因此,生活中,我们要懂得怎么样去体现自己对别人的尊重。不懂得体现对人的尊重,即便你在心中对他没有任何成见,他依然会把你当做不尊重他的人来处理,"撕下面皮"与你作对。

尊重他人就是尊重自己。为自己留口德就是避免了"祸从口出"。避讳不仅是处理人际关系的技巧问题,更是对待朋友的态度问题。人与人相处当中,我们也不免会有一些朋友,他过去曾经遭到一些痛苦之事。当我们知道他有这样一段不为人知、不愿意人家知道的隐痛后,就应该替他保密。总之,我们一定要记住一条社交规则:打人不打脸,骂人不揭短。

参考文献

[1] 吴文铭.受益一生的心理学启示[M].北京：中国纺织出版社，2008.

[2] 成果.心理学的诡计[M].北京：中国纺织出版社，2010.